中国印度之智慧：

印度的智慧

The Wisdom of China and India: The Wisdom of India

林语堂 著

杨彩霞 译

CIS
PUBLISHING & MEDIA

湖南文艺出版社
HUNAN LITERATURE AND ART PUBLISHING HOUSE

博集天卷
CS-BOOKY

先知
CLASSICS
体味经典的重量

目 录
Contents

第三部分　佛教_233

序　言

　　我不是梵语学者，也不是巴利语学者，而是因智慧而永恒的书籍爱好者。把印度智慧与中国智慧合在一起，目的是把对印度这个国家文学的美丽和智慧的快乐体验表达出来，与我的读者分享。在编撰过程中，就算是我亲身去了一趟印度欣赏也不过如此。又怎么会是别的样子呢？与诗人、森林圣人和这片土地上最智慧的人接触，瞥一眼古印度智人在探索精神真理和生存意义时的最初萌醒，他们有时候孩子气般地天真无邪，有时候则带着深刻的直觉，不过总是认真诚挚，充满激情。这种体验一定会令大家都很兴奋，尤其因为印度文化与其他文化大相径庭，因此可以有许多东西奉献出来。印度文学里展现出来的东西，可以让人们一窥这个国家的思想和社会思潮，三千年来，这些内容一直在激活和塑造着这个民族。只有看到印度思想的丰富性及其本质精神，我们才能理解印度，才能奢望分享其各民族的自由和平等，而这些正是我们试图从这个道德和政治上都混乱不堪的世界创造出来的东西，尽管显得有些蹩脚和踌躇。

　　出于中国人的礼节，我把印度的智慧这部分放在了前面，跟书名的顺序恰好相反。之所以把中国放在书名的前部，是因为我特别怀疑一般读者是否相信印度跟中国具有同样丰富的文化，同样富有创造性的想象力、睿智和幽默，印度在宗教和想象文学方面是中国的老师，在三角学、二次方程式、语法、语音学、《一千零一夜》、动物寓言、象棋以及哲学方面是世界的老师，她也启发了薄伽丘①、歌德、赫尔德、叔本华、爱默生，可能还有伊索。

然而，西方欣赏印度文学和哲学的伟大时代，威廉·琼斯爵士、弗朗兹·博普和埃德温·阿诺德爵士的时代已经过去了。伴随着梵语的发现和直接由它激发的印欧语系文献学学科的建立而来的热情也很快烟消云散了。1860 年是个转折点。G.T. 加勒特在他那篇资料翔实的文章"印度—英国文明"（《印度的遗产》）里写道："这个词语注定不会长久。他（指威廉·琼斯爵士）的后继者很快开始接受那种略微敌视且带优越感的态度，这种态度标志着英国人撰写印度问题著述的特点……大约从 1836 年始，这一传统已经坚固地确立了下来。印度是'惋惜的土地'，在这片土地上，英国人流亡了许多年，生活在一个半野蛮、半颓废的民族之中。""在叛乱之后……新型英国人往东部走去，其中有记者和学校校长。他们带着妻子，有旅游者去看他们。在印度，定居的英国人和欧亚人正在大量增加，形成了他们自己的生活……英国人很快发展成为一个独立的阶层，得到新官员、种植园主和商人的极大充实，这些人是在 1860 年之后蜂拥到东部地区的。作家们有一种自然的趋向，更为集中描写被流放同胞的这片聚居地。"由此产生了大量廉价小说，"几乎所有这些小说对（印度）种族都十分冒犯。""大约 1870 年直到本世纪末，英国在这片土地上最静止不动、最沾沾自喜、最死气沉沉时期的官僚统治，在小说中彰显得非常清楚，因而十分有趣。拉迪亚德·基普林关于印度的大部分著述都直接处于这个传统之中，尽管他自身的天才使之光彩夺目……"除了这些"丛林"书籍，他的大部分印度小说和诗文还关注（欧洲和亚欧）这两个小社会、行政官员和军官以及隶属的欧洲人和亚欧人。在他们周围涌起了印度的海洋，但是这个从属民族中几乎所有以个体身份出现的人都是小人物，大部分是英国人的家仆或他们收留的女人。他笔下为数很少的几个受过教

---

① 薄伽丘（1313—1375），意大利文艺复兴时期作家，反对贵族势力，拥护共和政权，作品有传奇、史诗短篇故事集等，人文主义的重要代表，代表作为《十日谈》。

育的印度人给介绍进来，似乎是为了满足英国人在印度那种根深蒂固的偏见……基普林让自己对印度的两重性和谎言或某些种族身体上的怯懦作了最为惊人的概括。大约1860年，埃德温·阿诺德爵士在他的译著《嘉言集》前言中这样写道，"现在谁也不会把这个伟大民族的高度文明视为'野蛮的'鲁莽无知"，他真不知道自己在说些什么。如今的印度已经成为一个碰不得的话题，而最碰不得的话题是关于英国人在印度的碰不得的种姓制度——我现在必须避免去碰这个话题。

　　西方对印度的一般态度可以用一句话来概括，"我对印度的了解是，印度人是佛教徒，因为佛教教义的涅槃意味着灭绝，显而易见，印度对世界文明没有做出什么贡献。"这句话有四层不真实：第一层不真实是，印度人是教徒，但他们作为一个民族却不是。具有典型意义的是，像犹太人拒绝基督教一样，印度人也拒绝了佛教。第二层不真实是这种假想：涅槃的意义被人类那有条件的、有限的、富有逻辑的智慧所理解。第三层不真实是从以下的事实而来：除了佛教之外，实际上，印度已经产生了一个巨大丰富的想象文学和哲学，而且印度文化特别富有创造性，事实上已经以那种离奇古怪的幽默丰富了世界文学，我们常把这种幽默与《一千零一夜》联系起来。第四层不真实是认为，印度教和佛教中人类的基本精神概念，它们根本上否认唯物主义，以及它们对于从那些宗教而来的非暴力立场，这些对现代世界没有什么教益。佛教认为，最大的罪是无知或无思想，神圣的生命肇始并奠基于道德渴求和探索与自省的精神。关于印度无思想的这一罪必须得停止了。把印度或英国在印度的统治问题弄成一个碰不得的话题，谁也不会从中受益。我坚信，这一代的年长政治家已经无望了，我们必须以教育下一代对印度这个民族有一个更为正确的看法而开始。

　　关于印度教信仰、当今印度人的国家宗教以及像甘地和尼赫鲁[①]这

---

① 尼赫鲁（1889—1964），印度独立后首任总理（1947—1964）、国大党主席（1927—1964），万隆会议和不结盟运动倡导人之一，著有《尼赫鲁自传》《印度的发现》等。

些印度领导人的基本资料，可以在第一部分印度信仰里看到。印度思想的特征是：在印度，宗教和哲学是分不开的。在这个国度，重提哲学和宗教之间的"关联"就没有必要了，在现代世界也不存在找到缺少这一环节的关键问题。印度哲学和关于上帝的知识是分不开的，正如中国哲学和人格问题不可分一样。我们不知晓我们是否正处在一个世纪的结束，不知晓我们高度专业化和部门化的思想家是否有能力把科学、哲学和宗教联合起来。不过，印度显然是一片充满宗教和宗教精神的土地。印度出现了太多的宗教，中国则太少了。印度宗教精神的涓涓细流流淌到了中国，充盈了整个东亚地区。印度的麻烦不是太少，而是太多了。但凡一个人若是缺少宗教精神，转向印度而非世上其他任何国家，看起来似乎更符合逻辑，更为合适。显然，如今宗教还是一种活生生的情感，基督教把另一边脸转过去的教义，只能在印度而非世上其他国家才可以转化成一个由大众进行的国家性运动。印度的悖论是全世界不抵抗主义者的悖论。然而，和平只能从非暴力和不相信武力而来，非暴力只来自印度，因为印度人似乎真正相信非暴力。

在想象文学的王国，伟大的印度史诗将会自圆其说。与《伊利亚特》和《奥德赛》的比较是无法避开的。我倾向于把《罗摩衍那》的整个故事呈现出来，而不是把两部史诗都拿出来，但哪一部都不完整。感兴趣的读者不妨读读人人图书出版的《摩诃婆罗多》。由于篇幅缘故，我还觉得有必要省去"印度的莎士比亚"迦梨陀娑 ① 的《沙恭达罗》（人人图书版）中引人注目的伟大诗歌和《小泥车》② （阿瑟·威廉·赖德译，哈佛东方系列丛书）这一流行的经典戏剧。

动物寓言体裁和《一千零一夜》的许多故事归功于因寓言而著称

---

① 迦梨陀娑，四、五世纪时期的印度笈多王朝诗人、剧作家，梵文古典文学代表作家之一，传世的作品有叙事长诗《罗怙世系》《鸠摩罗出世》、剧作《沙恭达罗》。

② 相传为首陀罗伽所作，十幕剧，是古典戏剧中少有的现实主义作品，它以进步的观点直接反映了古代印度城市人民的生活与斗争。

的印度人，此类寓言在佛教和非佛教文学中都非常丰富，这一发现也可能是一个完整的启示。H.G. 罗林森在《印度遗产》里"欧洲文学和思想中的印度"一文中写道，"在格林或汉斯·安徒生作品里看到的许多欧洲神话，包括魔镜、一步七里格靴、杰克与豆茎都可以在印度找到起源。许多此类故事可以在《罗马人的事迹》①《十日谈》和乔叟的《坎特伯雷故事》中看到。"《威尼斯商人》中采用的三个小匣子的故事在《巴拉姆和乔刹法特》中可以看到，这显然是佛的故事，被乔装改扮成了基督教装束，后来被封为如圣乔刹法特一样的基督教圣人！大家当然都听说过挤奶女工的故事，她梦想着自己的婚礼，结果把牛奶桶打翻了。这一故事可以在婆罗门的一大罐麦片的故事里看到其原型，后者收在《五卷书》的选篇里。

最后，我把佛教教义和非教义著作中的重要文章收录在此，主要是从摩诃衍那②即"大乘派"或者"北方佛教"流派而来。我承认带有个人偏见，大多使用以译自梵语的中文本为基础的大乘文本。约在1880年，对巴利语的研究开始重要起来，重心转移到"南方佛教"流派的小乘文本。我认为，除了研究巴利语的学术方便以外，普通人对于佛教作为一门宗教的令人满意的理解必须来自大乘文本。我试图在《首楞严经》选篇的前言中讲清楚这一点。尽管巴利语异常丰富，我还是认为，对于研究人类大真理的学者而言，最终搜集到的零星材料作为活生生的信仰一定还有点儿荒芜。

我认为可以把三个选篇——《梨俱吠陀》颂诗、《薄伽梵歌》和《法句经》（本书把后两篇完整地呈现出来了）——看成是印度思想发展历程中的里程碑，此中可以看到印度对于人类在世上生存意义的最优秀思索成果。

自然，本书没有把印度在实证科学领域的发展包含在内。非常有

---

① 《罗马人的事迹》，是十四世纪用拉丁文写的一部故事集，乔叟、莎士比亚等人的作品常取材于此书。字面意义为"Deeds of the Romans"。

② 摩诃衍那，佛教的一派，亦意译为大乘，主要流传于中国、朝鲜、日本等地，强调一切众生皆可成佛，一切修行应以自利、利他并重。

趣地看到，英国雅利安[①]主义的使徒休斯敦·张伯伦想证明雅利安的优越性时，他须把帕尼尼[②]作为世上第一位语法家。感兴趣的读者可以在《印度遗产》的相关篇章里读到，也可以在萨卡尔的"古印度人的实证科学"里看到，但这篇文章不容易找到。

　　我要感谢纽约市立大学的塔拉克纳思·达斯博士，他帮我找到一些参考资料，还向我解释了一些令人模糊的印度术语，并且浏览了本书中印度部分的校样。

---

① 雅利安人（Aryans），欧洲十九世纪文献中对印欧语诸民族的统称，公元前
　　1500年定居在印度。借助于印度和伊朗古文献的比较研究可推知：远古时
　　期，中亚地区曾存在一个自称"雅利阿"的部落集团。公元前2000年至前
　　1000年间，一支南下，定居于印度河上游地区；一支向西南流徙，进入伊
　　朗；另一支迁入小亚细亚地区。

② 帕尼尼，活动时期公元前400年，印度语法学家，著有梵语语法（八章
　　书），经 William Jones介绍到西方（1786）后，对描写语言学的发展产生
　　重要影响。

《梨俱吠陀》颂诗

序　言

　　印度是沉醉于上帝的国度和民族。读完《梨俱吠陀》颂诗，接下来看《奥义书》，一直到公元前 563 年佛的到来，都会产生这种印象。① 印度人太过于关注世界灵魂（brahma）和个人灵魂（atman）的问题，所以有时候在不太属灵的人看来似乎过于压抑。我怀疑世上除了犹太人以外，还有哪个民族能像印度人那样具有如此强烈的宗教情愫。因此，我们看到，印度最早形成的精神形式和情感与《旧约》的《诗篇》非常相似，这完全自然。

　　马克斯·马勒把《梨俱吠陀》（rig 意为"诗篇"，veda 意为"知识"，书名意为"精神知识之歌"）叫做"雅利安讲出的第一个词"。《吠陀》② 有十卷，共有一千零二十八篇颂诗。讲到古老性，最早的

---

① "梵书"（梵文Brahmana），婆罗门教重要经典，为婆罗门教奠定"吠陀"天启、祭祀万能、婆罗门至上三大纲领；成书于公元前1000年至前500年间。每一"吠陀"学派均有其特定的"梵书"；现存十五部，主要附属于《梨俱吠陀》中的《爱达罗尼梵书》和《夜柔吠陀》中的《百道梵书》。

② "吠陀"（梵文Veda音译），婆罗门教、印度教最古老的经典，印度最古的宗教文献和文学作品的总称。相传为古代仙人受神启而诵出，最后由广博仙人整理而成；历来被奉为"圣典"。"吠陀"一词的本义为"知"、"知识。""吠陀"作为文献典籍，有广义狭义之分。狭义系指最古老的四部"吠陀"本集，即：《梨俱吠陀》、《娑摩吠陀》《夜柔吠陀》《阿闼婆吠陀》四部本集，是印度婆罗门教最古经典。《梨俱吠陀》的主要内容为对自然神祇的赞颂，《阿闼婆吠陀》为法术、咒语的汇集，旨在祈福禳灾；《娑摩吠陀》和《夜柔吠陀》，则是附丽于《梨俱吠陀》的典籍：前者为配曲演唱的歌词汇集，后者是如何运用这些歌词进行祭祀的说明。所谓广义"吠陀"则兼指附于"诸本集"的其他上古文献。

《吠陀》可能追溯到公元前 1500 年到前 1200 年，囊括八百多年的历史，此间发展到如今的形式。从这一整个发展过程直到今天的印度教，我们看到对神的全神贯注和神秘的宇宙观。印度人是自然神秘主义者，神秘主义指的是要达到与上帝直接结合的一种宗教形式。要达到个体灵魂与万物背后的世界灵魂的结合，可以说是雅利安哲学的全部努力。

在这些颂诗中，人们看到，这种宗教精神的一开始，就表达了人类灵魂、好奇和疑问、启示和智力探寻的苏醒，这种独特方式使人眼前一亮。说印度人沉醉于神始于饮用甘露——苏摩酒①，即"苏摩"的蔓草之茎发酵酿制而成的一种酒，在雅利安仪式中使用。这话听起来毫无意义，但却千真万确。因为，早期印度诗人写道：

> 即使"五大族"都出现在旁，
> 也够不上我一瞥眼光。
> 是否我多饮了苏摩酒浆？

> 连天地两者都算上，
> 也配不上我的一只翅膀。
> 是否我多饮了苏摩酒浆？

> 我的伟大超过天上，
> 超过这大地茫茫。
> 是否我多饮了苏摩酒浆？

---

① 苏摩酒（梵文Soma），一种饮料，撷取称为"苏摩"的蔓草之茎，以石压榨，加牛乳、麦粉等发酵酿成。印度古代常以此酒祭神，视为"圣饮"。天神首长因陀罗饮祭祀用的苏摩酒。

　　好吧！我将这块大地
　　放在这里，或是放在那里。
　　是否我多饮了苏摩酒浆？

　　我的一只翅膀在天上，
　　在大地上我曳过另一只翅膀。
　　是否我多饮了苏摩酒浆？

　　陶醉于神的情形因而得以确立。读者不妨把这些诗篇看成是印度宗教哲学的第一口鸡尾酒。

　　读到下面拉尔夫·T.H. 格里菲思那娴熟的诗文时，必然令人想到它与《诗篇》的相似性。

　　伐楼那，请远离我，劫去一切危险，
　　恩赐接受我，您这神圣的主宰。
　　切断我的忧虑，就像砍断拴牛的绳索，
　　没有您，我甚至连眼帘都张不开。

　　伟大的伐楼那哟！现在和未来，甚至到古昔，
　　我们都会把我们的敬拜大声诵出。
　　因为在您这位不可征服的神身上，
　　您的身躯稳如高山，不可移动。

　　　　　　　　　　　　　　　　　《伐楼那》

　　聆听看到黎明日出的光芒时发出的第一声喜悦的欢叫，就不禁令人想起它与《诗篇》的相似之处。

我们的眼睛看到快乐声音的明亮领导者，

她光芒四射，显露出了门口。

她搅动了这个世界，向我们展示了丰饶，

黎明唤醒了每个生命。

黎明产生英雄、奶牛和马匹，

照耀着奉献祭品的人。

那些人唱完快乐的歌儿，

声音比瓦宇还要响亮。

《黎明》

同样令人想起《诗篇》的是因陀罗——"狂暴的神"颂诗。

他们还不知自己的危险，

他就用猛掷的武器击倒了众多悲哀的罪人。

他不宽恕激怒他的人的鲁莽，

他杀掉了达斯宇，

这就是因陀罗哟！

就连天地都在他面前弯腰，

他一呼吸大山就发抖。

众所周知喜喝苏摩酒，

带着雷电，操着弩箭，

这就是因陀罗哟！

《因陀罗》

才智的探寻和怀疑的感觉自然紧随惊奇和崇敬的感觉：

> 是什么样的树，事实上是什么样的木造出了它，
> 此中形成了天与地的样子？
> 智者在您的神灵中探求答案，
> 这神灵是他创造万物时所站居之地。

> 《毗首羯磨》

《创造之歌》的结尾出现了怀疑的情绪：

> 这创造是从哪里出现的？
> 或者是造出来的？或者不是？
> 它的看管者在最高的天上，
> 他才能知道？或者他也不知道？

等等，直到在普罗阁婆提（生主）颂诗——马克斯·马勒用"致未知的神"作标题——里，雅利安诗人在接连十诗节的诗文中问道，"我们该崇拜供奉什么样的神？"

我注意到，在一些学印度教的欧洲学生中，经常有人带着责备口吻对多神教进行影射。《奥义书》中发展的印度一神论带有吠檀多看法，认为万物背后的一是个次要点。我认为，崇拜什么样的神完全不重要，无论是一神论或是多神论，重要的精神是信仰应该在崇拜者生活中产生真正的信仰精神。用现代的话说，重要的是，宗教是"生效的"，也就是说，宗教必然产生结果。可以说，人们相信树木和岩石、山脉河流的灵性时，现代一神论就不太奏效了。

《梨俱吠陀》颂诗

拉尔夫·J.H.格里菲思 英译

致因陀罗①

如此，如此，我心里想，
我将得牛马给人分享。
是否我多饮了苏摩酒浆？

如同暴风向前飞扬，
饮下去的使我飘荡。
是否我多饮了苏摩酒浆？

饮下去的使我飘荡，
如迅急骏马之于车辆。
是否我多饮了苏摩酒浆？

颂祷词前来到我近旁，
像鸣叫的牛对爱子一样。
是否我多饮了苏摩酒浆？

---

① 因陀罗（梵文Indra），古印度神话中备受崇敬之神，雅利安时代最受人喜爱的国神；嗜饮苏摩酒，又名"饮苏摩酒者"；手持金刚杵，又名"金刚手"。相传，他的最大业绩为杀死妖蛇弗栗多、劈山释水，故有"杀弗栗多者"和"水中获胜者"之称；他并攻陷为数众多的城堡，其中属弗栗多的便有九十九座，故又有"城堡摧毁者"之称。

如同木工围绕车夫住房，
我盘算颂祷词，用心思想。
是否我多饮了苏摩酒浆？

即使"五大族"都出现在旁，
也够不上我一瞥眼光。
是否我多饮了苏摩酒浆？

连天地两者都算上，
也配不上我的一只翅膀。
是否我多饮了苏摩酒浆？

我的伟大超过天上，
超过这大地茫茫。
是否我多饮了苏摩酒浆？

好吧！我将这块大地
放在这里，或是放在那里。
是否我多饮了苏摩酒浆？

我以热力将这块大地
冲到这里，或是冲到那里。
是否我多饮了苏摩酒浆？

我的一只翅膀在天上，

在大地上我曳过另一只翅膀。
是否我多饮了苏摩酒浆？

我是强中之强，
高升入云中央。
是否我多饮了苏摩酒浆？

我走了，华丽的住房，
将祭品向天神送上。
是否我多饮了苏摩酒浆？

〔第十卷第一百一十九首〕

创造之歌

那时既没有"有"，也没有"无"，
既没有空中，也没有那外面的天。
什么东西覆盖着？
什么地方？在谁的保护下？
是不是有浓厚的深沉的水？

当时没有死，没有不死，
没有夜、昼的标志；
那一个以自己力量无风呼吸，
这以外没有其他任何东西。

起先黑暗由黑暗掩藏，
那全是没有标志的水；
"全生"由空虚掩盖，
那一个以"炽热"的伟力而产生。

起先爱欲出现于其上。
那是心意的第一个"水种"。
智者们在心中以智慧探索，
在"无"中发现了"有"之联系。

他们的准绳伸展了过去，
是在下面呢？还是在上面？
有一些持"水种"者，有一些具伟力者，
自力在下方，动力在上方。

谁真正知道？这里有谁宣告过？
这世界从哪里生出来？这创造是从哪里来的？
天神们是在它的创造以后，
那么，谁知道它是哪里出现的？

这创造是从哪里出现的？
或者是造出来的？或者不是？
它的看管者在最高的天上，
他才能知道？或者他也不知道？

[第十卷第一百二十九首]

普罗阇婆提①

起先出现了金胎②；
他生下来就是存在物的唯一主人。
他护持了大地和这个天。
我们应向什么天神献祭品？

他是呼吸的赐予者，力的赋予者；
一切听从他的命令，天神们听他的命令；
他的影子是不死，他的影子是死。
我们应向什么天神献祭品？

他以伟力成为能呼吸的，能闭眼的，
能行动的一切的唯一的王。
他主宰这有两足的和有四足的。
我们应向什么天神献祭品？

由他的伟力而有这些雪山；
大家说海和河流③是他的；

---

① 普罗阇婆提（梵文Prajapati），意译为"生主"，古印度神话中创造神，宇宙的主宰。"吠陀"中系指因陀罗、婆维德丽、苏摩、金胎等；《摩奴法典》中则指梵天，有时亦指摩奴，又指梵天"心生"的十子。其数和称谓均不确定。
② 太阳神（梵文Hiranyagarbha）。
③ 苍穹中神秘的河流。

这些四方八面都是他的，是他的两臂。
我们应向什么天神献祭品？

由于他，天高强；地坚定；
由于他，天宇支撑稳；由于他，天穹稳；
他在空中使大气得流行。
我们应向什么天神献祭品？

呐喊的两军对垒求支持，
心中颤抖着对他望。
那里照耀着升起的太阳。
我们应向什么天神献祭品？

洪水那时来到世界，
持着胚胎，生出了阿耆尼①；
由此众天神的唯一精灵出现了。
我们应向什么天神献祭品？

他以伟力观察水，
水持有陀刹能力，产生祭祀，
他是众神之上的唯一天神。
我们应向什么天神献祭品？

愿他莫伤害我们，那位地的产生者，
或者那位天的产生者，有真实的"正法"者，

———————————
① 雷电之神。

那闪烁发光的洪水的产生者。
我们应向什么天神献祭品?

生主啊! 除你以外没有
环抱这一切生物的。
愿我们向你献祭的欲望实现!
愿我们成为财富的主人!

[第十卷第一百二十一首]

伐楼那①（之一）

这片光辉灿烂的大地,
智慧的阿帝亚②统治一切伟大之物。
我向至高的伐楼那祈求,
他对敬拜之人慈爱安详。

伐楼那啊, 用精心的爱护赞美你,
愿我们享有您最高的庇护。
每天都颂扬您, 像到来的祭火一般,
愿每个早上牛羊满圈。

---

① 伐楼那（梵文Varuna）, 古印度神话中备受尊崇之神。据《梨俱吠陀》所述, 伐楼那为宇宙的主宰、宇宙秩序和正义的维护者, 并同宇宙之水紧密相关。相传, 他以天宇为座, 着金色衣裳, 以阿耆尼为面, 以苏利耶为目, 以伐由为呼吸器官, 以星辰为使者, 常巡行天宇。他掌河川, 司降雨, 主祭仪, 并维护道德, 赏善罚恶。

② 阿帝提之子。伐楼那和太阳神都是阿帝亚。

统治一切的伐楼那啊，众英雄之神，
愿我们在您的呵护之下。
阿帝亚哟！我们永远忠于您，
神啊，宽恕我们，接受我们的友谊。

阿帝亚这位护持者，
他让伐楼那统辖的大河流淌。
没有疲惫，水流不止，
在我们周围像鸟儿一样飞翔。

就像把捆绑我的东西拿掉一样，把我从罪恶解脱出
来吧，
伐楼那，秩序的春天啊！让我们兴旺起来。
不要让我编织之歌的丝线扯断，
不要让我的作为在时候未到之时被粉碎。

伐楼那，请远离我，劫去一切危险，
恩赐接受我，您这神圣的主宰。
切断我的忧虑，就像砍断拴牛的绳索，
没有您我甚至连眼帘都张不开。

请不要用那戕害罪人的可怕武器，
来打击我们，伐楼那哟！
不要让我们远离光明，到那流放之地。
把憎恨我们的人全部粉碎掉。

伟大的伐楼那哟！现在和未来，甚至到古昔，
我们都会把我们的敬拜大声诵出。
因为在您这位不可征服的神身上，
您的身躯稳如高山，不可移动。

把我的罪行挪走吧，国王，
不要让我遭受别人的罪过。
那么多黎明还要降临在我们身旁，
伐楼那哟！在我们的有生之年，请指引我们。

国王哟！无论是谁，亲戚还是朋友，
在我们睡眠之中说要惊吓我，
要是有狼或强盗想伤害我们，
伐楼那哟！请您保护我们。

伐楼那哟！愿我不要活到那个时候，
亲眼看到我那富有、慷慨、亲爱的朋友的贫匮。
国王啊，愿我永远不要缺少井井有条的财产，
愿我们与英雄一起大声讲话。

[第二卷第二十八首]

伐楼那（之二）

唱出庄严肃穆的歌曲，

向帝国的统治者——荣耀的伐楼那——表示感激。
他像戕害无辜者的人一样，
把大地敲开，就像苏里亚 ① 面前铺开了一层皮。

他让空气弥漫在树梢，
让母牛产奶，马儿跑得飞快。
让人心有智慧，水域有火，
天上有苏里亚，山中有索摩。

伐楼那让那极大的酒桶口朝下，
流过天地和中间的风层。
困而用宇宙的统治之水浇灌大地，
就像用水滋润大麦。

伐楼那想要牛奶的时候，
他滋润天空、大地直到大地之基。
用雨云笼罩着山脉，
英雄们使出活力放开了它们。

我要宣布这位神奇之神的伟绩，
荣耀的伐楼那，永恒存在的神主。
他站在苍穹中，用太阳把地球测量出来，
就像用一个标度一般。

从来没有什么命令或阻止这一切，

---

① 太阳神。

这位最智慧的神的伟大神绩。
清澈透明的河流泛起洪水，
把水注入不止一个大海当中。

要是我们对爱我们的人犯了罪过，
要是冤枉了兄弟、朋友或同志，
我们的邻居，还是陌生人，
伐楼那哟！请把我们的过失移开去。

如果我们像游戏中的赌棍那样欺骗，
愚蠢地干了错事，或故意犯了罪过，
伐楼那，请像解开锁链一样，把这样罪行扔掉，
让我们成为您永远的所爱。

[第五卷第八十五首]

毗首羯磨①

他坐在那儿，像祭司②，圣人③，
我们的父，奉献所有存在之物。
通过他的愿望，得到一大笔财物，
流传到地上人手里作为原型。

---

① 毗首羯磨（梵文Visvakarman，意即"造一切主"），诸神创造能力的神格化形象。据《梨俱吠陀》所述，他可见一切，天、地和宇宙万物均为他造化而成。在本颂诗中，毗首羯磨被描述为万物的创造者，诸界的建筑师。
② 祈求神灵接受祭祖的祭司。
③ Rishi为常用词，意为"圣人、隐居修道者或隐士"。

他站的位置在什么地方？
支撑他的是什么？又是怎样支撑的？
毗首羯磨看见了这一切，
造出了大地，用伟大显露出了诸天。

他四边都有眼，
四边都有嘴和足。
他这位大神造出了天与地，
用翅翼般的双臂把它们铸合在一起。

是什么样的树，事实上是什么样的木造出了它，
此中形成了天与地的样子？
智者在您的神灵中探求答案，
这神灵是他创造万物时所站居之地。

您最高、最低的祭祀本性，
这些在您的最里面，毗首羯磨哟！
教导您的朋友祭祀，神主啊！
高高在上接受我们的敬拜。

毗首羯磨哟！请充满喜悦地接受
这天与地敬奉的祭献。
让我们周围的其他人生活在愚蠢之中，
让我们拥有一个富有慷慨的庇护者。

让我们今天向语言之神、思维敏捷的毗首羯磨，

祈求他保佑我们的劳动。

愿他能慈爱地听到我们所有的祈祷，

帮助我们，他的作业是正义之业。

[第十卷第八十一首]

因陀罗

他为崇高神灵之主，拥有大力，

他是众神的庇护者。

因为他的勇武，他的呼吸便让两界发抖。

这就是因陀罗哟！

他让摇摇晃晃的大地稳如磐石，

他让骚动不安的大山平息下来。

他测量出中间空气层，支撑着天，

这就是因陀罗哟！

他杀掉了巨龙，放开了七条河流，

从瓦拉洞里赶出来母牛。

在两石间击出火，勇士战场上的破坏者，

这就是因陀罗哟！

他使宇宙发抖，

他赶跑了卑微的魔鬼。

他像赌棍收取赢物般地抓住敌人的财富，
这就是因陀罗哟！

人们问道，这可怕者，他在何处？
人们说起他，他却不是那样。
他像鸟儿一样把敌人的财物卷走。
虔信他吧，因为他就是因陀罗哟！

穷人、底层人、祭司和颂扬他的恳求者，
喜欢他这位爱苏摩酒者，为他准备好之人，
他是这些人行动的煽动者，
这就是因陀罗哟！

在他最高统治下的是
马、战车、村民和奶牛。
他产生了太阳和拂晓，引导着诸水，
这就是因陀罗哟！

两支大军短兵相接，冲他呐喊，
两敌有强有弱。
两者向他祈求登上一辆战车，
这就是因陀罗哟！

没有他的帮助我们的军队不会战胜，
战斗中他们祈求他的救助。
对他而言，世界只是一个临摹，

他摇动万物使其不动，
这就是因陀罗哟！

他们还不知自己的危险，
他就用猛掷的武器击倒了众多悲哀的罪人。
他不宽恕激怒他的人的鲁莽，
他杀掉了达斯宇，
这就是因陀罗哟！

他住在众山之中，
他在第四十个秋天发现了娑罗巴拉。
他用力量杀掉巨龙，那个魔鬼躺在那儿，
这就是因陀罗哟！

他用七道缰绳放开了七条大河，
随意流向各方。
大臂力神啊！丈量上天时把罗黑那 ① 撕成碎片。
这就是因陀罗哟！

就连天地都在他面前弯腰，
他一呼吸大山就发抖。
众所周知喜喝苏摩酒，
带着雷电，操着弩箭，
这就是因陀罗哟！

---

① 旱魔。

他恩赐帮助，他酿造、猛饮苏摩酒，

他是祭祀者、歌唱者。

祈祷颂扬他，把我们的奉献——苏摩酒倾倒给他，

这就是因陀罗哟！

你很凶猛和真诚，

把力量赋予酿造、倾倒奉献之人。

愿我们永远成为你的朋友，因陀罗，

跟我们的英雄一起大声颂赞您。

[第二卷第十二首]

人类颂歌

布卢沙① 有千首，

有千眼，有千足；

他从各方包围了地，

还超出了十指。②

唯有布卢沙是这一切，

过去的和未来的；

而且还是主宰不死者，

---

① 布卢沙，人格化的神灵或人，被认为是宇宙的灵魂和最初的起源，万物生灵的人性和赋予生命的排表原则。据说有千（意指无数）首、千眼、千足，所有创造出来的生命的一体。

② 人的心灵、灵魂寓居其中。尽管作为宇宙的灵魂，他遍布整个宇宙；但作为个体灵魂，他则被包围在一个狭小的空间里。

和超越借食物生长者。

他的伟大是这样，
布卢沙比这更强；
他的四分之一是一切存在物，
他的四分之三是"不死"在天上。

布卢沙的四分之三向上升了；
他的四分之一在这里又出现了；
由此他向四方扩散，
向着进食者和不进食者。

由此生出毗罗陀 ①，
在毗罗陀之上有布卢沙；
他生出来就超越了
地的后方和前方。

当天神们举行祭祀时，
以布卢沙为祭品；
春是它的酥油，
夏是柴薪，秋是祭品。

他们在草垫上行祭祀，
灌洒首先降生的布卢沙；
天神们以此行祭祀，

---

① 一种存在源起。

沙提耶^①们，还有仙人们。

由这献祭完备的祭祀，
聚集了酥油奶酪；
造出了那些牲畜，
空中的，森林的和村庄的。

由这献祭完备的祭祀，
产生了梨俱（颂诗）、娑摩（歌咏）；
由此产生了曲调；
由此产生了夜柔（祭词）。

由此产生了马；
还有那些有双行牙齿的；
由此产生了母牛；
由此产生了山羊、绵羊。

当他们分解布卢沙时，
将他分成了多少块？
他的嘴是什么？他的两臂？
他的两腿？他的两足叫什么？

婆罗门^②是他的嘴；

① 天神。
② 印度第一等种姓的婆罗门祭司。

两臂成为罗竭尼耶^①；
他的两腿就是吠舍^②；
从两足生出首陀罗^③。

月亮由心意产生；
太阳由两眼产生；
由嘴生出因陀罗和阿耆尼；
由呼吸产生了风^④。

由脐生出了太空；
由头生出了天；
地由两足，四方由耳；
这样造出了世界。

他的围栅有七根，
还造了三七（二十一）柴薪，
当天神们将那祭祀举行时，
缚住了布卢沙牲畜。

天神们以祭祀献祭祀；
这些就是最初的"法"。
那些伟力到了天上，

---

① 印度第二等种姓的国王。
② 印度第三等种姓的贾商。
③ 印度第四等种姓的劳动者。
④ 风神。

有先前的沙提耶天神们在那里。

[第十卷第九十首]

慷　慨

神还没有下令让我们饿死，
就连吃饱喝足的人，死亡也以各种样子来到。
慷慨者的财富永远不会浪费，
不施予者将找不到宽慰之物。

穷人来乞求面包，脸上带着痛苦神情，
存有食物之人，硬着心肠不施，
即使这人从前曾为他服务，
这样的人找不到宽慰他的人。

乞丐来到他这儿索要食物，身体虚弱，
施予者慷慨大方。
战斗的欢呼声中他胜利，
在未来的麻烦中他结交了一位朋友。

朋友、同志来哀求食物，
非但不给予，还让他走开，
这样无家可归的人，反而去寻求陌生人的帮助，
这样的人不是朋友。

让富者满足贫困的哀叹者，
把眼光放得更长远一些。
财富轮流转，
正像不停转动的车轮。

蠢者不劳而获的食物，
这样的食物——说真的——将会把他毁掉。
他不赡养可信赖的朋友，没有人会爱他。
无人与之分享食物者罪行很大。

犁铧犁地长出了养育我们的食物，
用它的犁铧穿过了经过的土地。
言语胜过沉默的婆罗多，
慷慨的朋友胜过不施予者。

单足者远远超过二足动物，
两足动物捕捉到三足者。
四足动物听到两足动物的呼唤，
来到那儿站住，看五足动物在何处聚合。

双手都相似，劳动不一样。
同样的奶牛产量不一样。
就连双生子力量和活力也不同，
就连两位亲属慷慨程度也不一样。

　　　　　　　　　［第十卷第一百一十七首］

信 心

阿耆尼由信心点燃，
祭品通过信心奉献。
我们用颂赞之词，
庆贺信心的快乐之巅。

保佑施予者，信心哟！
保佑愿意施予的人。
保佑慷慨的敬拜者，
保佑我说过的话。

即使神灵对大力量的阿苏拉斯^①有信心，
这样我说出的这个希望，
就在慷慨敬拜者身上实现。

由瓦宇守护，祭祀的人走近信心，
通过心灵的渴望和大量的信心，
人们获得信心。

我们要在黎明时分，
还要在正午和日落时分，
祈祷信心，
信心哟！请赐予我们信仰。

①　雅利安原始神，后来被认为是与上帝作对的魔鬼。

夜

夜女神^①来了。
她用许多眼睛观察各处，
她披戴上一切荣光。

不死的女神布满了
广阔区域，低处和高处，
她用光辉将黑暗驱除。

夜女神来了，
引出姊妹黎明；
黑暗也将离去。

你今天向我们来了；
你一来，我们就回到家里了，
如同鸟儿们回树上进窠巢。

村庄的人们回去安息，
有足的去安息，有翼的去安息，
连贪婪的鹰隼也安息了。

请赶走母狼和公狼，

———————————

① 是"夜"的拟人化说法。

请赶走盗贼，夜女神啊！
请让我们容易度过去。

装扮一切的，黑暗，
明显的，黑色，来到我面前了。
黎明啊！请像除债务一样除去它吧。

我向你奉献，如献母牛，
白天的女儿啊！请选中收下，
这如同对胜利者的颂歌吧！夜啊！

黎　明

这光来了，在所有光中最美丽。
最光辉灿烂生出来了，各处光明一片。
太阳①的升起驱散了夜晚，
宣告了黎明的诞生。

带着她那白色的光线，美丽明亮者来了，
黑暗因她而消退隐去了。
这两个永恒的同类，轮流着变幻色彩，
两个天都在向前移动。

这姐妹俩走着无止境的常道，

---

① 梵语Savitar：太阳，赋予生命者。

受神的教导，轮流着来回。
美丽的不同色彩，但一心一意，
夜晚和黎明不相撞，也不停留。

我们的眼睛看到快乐声音的明亮领导者，
她光芒四射，显露出了门口。
她搅动了这个世界，向我们展示了丰饶，
黎明唤醒了每个生命。

富丽的黎明涉足到蜷缩的睡眠者，
一来为了享乐，二来为了财富或敬拜。
那些看不到很远的人，
所有生命都被黎明唤醒。

有人向着权势，有人向着极高的荣耀，
有人追求赢利，有人去劳作。
所有人都有不同的使命，
所有生命都被黎明唤醒。

我们看见她在那儿，天上的孩童哟！
清晰可见的少女，穿着闪亮衣装映红天空，
地上珍宝的最高女神映红了我们，
吉祥的黎明，这个早晨。

她前面是无数的早晨，
身后又是逝去的早晨之道。

黎明一起来，唤醒了生命，
她不会唤起沉睡中的死者。

黎明点燃了阿耆尼，
太阳的眼睛显露出了创造物。
她唤醒人去敬拜，
向神举行崇高的仪式。

要多长时间，它们才会在一起？
已经照耀的黎明和将来要照耀的黎明。
她急切渴望从前的黎明，
欣然与其他黎明普照大地。

在我们之前瞻望黎明升起的人，
现在已经逝去。
我们现在活着的人看见了她的光耀，
以后将要看到她的人临近了。

追赶敌人者，生于律法，律法的庇护者，
赋予快乐者，唤起所有悦耳声音者。
吉祥，为神带来享乐果，照耀着我们，
最明亮的黎明哟！这个早晨。

从亘古永恒时候起，黎明女神已经照耀，
到今天还在抛洒光芒，满载富丽。
她将会照耀未来的日子，

她永远照着自己的力量行走，亘古不变。

她在天边上光芒四射，
女神已经扯掉了黑暗的面纱。
黎明驾着驯服的马车来了，
她那紫色的马儿唤醒世界。

她发出光芒万丈的光辉，
带来滋养生命的祝福，露显出身形。
无数凌晨的最后一个消失了，
黎明升起了第一道拂晓的光线。

起来吧！呼吸，生命，又来到我们身边，
黑暗已经过去，光明已经来临。
她为太阳留出了一道路线，
我们已经来到了人类延长生存之处。

祭司、诗人都起来了，
用那颂歌赞美辉耀的早晨。
富丽的少女啊，今天照耀着颂赞她的人，
照耀着我们，并带来生命和后代。

黎明产生英雄、奶牛和马匹，
照耀着奉献祭品的人。
那些人唱完快乐的歌儿，
声音比瓦宇还要响亮。

众神之母啊！阿帝提的荣光，
祭祀的标志，高高地照耀下来。
起来吧，赞美我们的奉献。
我们丰富慷慨的奉献，使我们成为众人之首。

黎明带来光辉灿烂的礼物，
赐福那些颂赞、敬拜她的人。
即便如此，愿米特拉、伐楼那赐予我们，
还有阿帝提、辛都胡①，还有那天与地。

---

① 印度河或其他大河。

《奥义书》①

序　言

人们认为叔本华曾经读过《奥义书》波斯文版本的拉丁文译本，这影响了他对于世界作为意志和概念的哲学思索。我认为许多英国读者听到《奥义书》，也会把它与叔本华联系起来，如果不是与爱默生联系起来的话。"婆罗门"超验主义时代已经过去了，而 W.B. 济慈、乔治·罗素和许多当代诗人似乎对于《奥义书》神秘形而上的人、上帝和宇宙观怀有好奇之心。读《奥义书》时，许多人可能对济慈称一些学术译著中"使信仰停滞的多种语言混用、用连字号连接、拉丁化、曲解的、模糊的混乱状态"产生排斥情绪。此外，《奥义书》是关于宇宙的最早思考，包含有一些非常天真的教条以及后来发展得更为成熟的观点。它通常不太容易理解或欣赏，被学者的评述弄得更加糟糕了。这些学者作了琐细的分析，但古印度的森林圣人却分得不够细。因此，筛选时就有必要区别对待。从我个人来讲，我一直跟许多世界经典无缘，因为我年轻的时候碰巧看到的是一些作品的糟糕版本或译本。

《奥义书》据说大多是在佛教时代之前写成的，尽管有些（本书选取的最后五个）可能写于公元前 400 年。它们代表着可能是三四百年来的发展，这一事实表明，不同的《奥义书》对于现代读

---

① 《奥义书》是《吠陀》经典的最后一部分，又名"吠檀多"。其中多数是晚出的宗教、哲学著作，现存总数达一百余部。但在公元前六世纪前后写成，至多只有十三部。较早的书中提出了"梵"和"我"的问题，是吠檀多学派的重要经典。

者具有不均衡的价值。比如说，把目前卷本的第一篇与最后一篇进行比较，可以很容易看出语言和思想上的差异。整部《奥义书》被当今印度人视为圣经，有学识的婆罗门人至今仍作为一种祈祷形式每日吟唱。然而，与《旧约》进行类比，应该使事情明晰起来。《旧约》各书代表耶和华的不同观点，他一会儿是部落神，一会儿又是最高统治者，一会儿报复式地妒忌凶狠，一会儿又慈善怜悯，这一事实对于基督教的一般信仰者没什么区别。信仰上帝是所有人的父的现代基督教徒有可能喜欢约书亚[1]的故事，他向上帝祈祷把太阳停下来，给他时间去把敌人消灭掉。

严格意义上讲，《奥义书》是对于印度森林圣人世界体系的思索，由此跟《梨俱吠陀》颂诗非常不同。泰戈尔[2]说"正是对于生存意义的思索，才把颂诗的精神跟《奥义书》区别开来"。整部书散发出困扰地探寻现象背后的现实、个体灵魂和世界灵魂的问题的精神。终极自我是什么呢？宇宙的精神是什么呢？思维是什么？物质是什么？意识背后的个性是什么？最后，上帝是什么？他是超越的，还是无所不在的？数论派哲学家认为，世界包括两个原则，灵魂和物质世界（Prarriti，即大自然），而吠檀多哲学家信仰一个包容一切的整体。从这样的森林探讨中产生了这些书。这些问题就其本性来说令人烦恼，无论对古人还是对现代人都是如此。有两个重要的结论，第一，终极现实（即大梵）是不可理解的，它超越了所有的理解力。"他（个体灵魂）只能被描述为不，不！"第二个结果也是最重要的发现，即内在的个体灵魂（即自我）与外在的灵魂是相

---

① 约书亚：基督教《圣经》故事人物，摩西的继承者，以色列人的军长。《约书亚记》为《圣经·旧约》中的一卷。

② 泰戈尔（1861—1941），印度诗人、作家、艺术家，一生创作丰富，在印度文学史上占重要地位，主要作品有诗集《吉檀迦利》和《奉献集》、长篇小说《戈拉》、剧本《邮局》等，获1913年诺贝尔文学奖。

似的，通过发现这个真正的自我，人类从摩耶（即幻觉）中获得自由和解放。而且，正如泰戈尔指出的那样，整个方法太具智性，雅利安哲学的最后圆满可以在《薄伽梵歌》里找到。《薄伽梵歌》可能是在两百年之后写作的，当时对个人神的狂热虔诚代替了这些沉闷的思索。据佛教记载，在佛的时代（前 563—前 483 年）有多达六十三个令人困惑的哲学流派，这就说明了佛对它们无用的推论和崇礼主义的厌恶。佛以巨人的形象出现，从人的角度攻击了同样的问题，宣讲了四层真理：人类有罪受，这个受罪有原因，有一种逃避，他的从幻觉、感觉和欲望解放出来的教义构成了这一逃避。在婆罗门教背景之下，佛教透现出方法和目标上的简朴清晰，但从《奥义书》里将会看到，佛的教义正是在这块土壤上自然地发展起来了。

正是人类追求灵魂及其道德的"困惑的激情"似乎构成了《奥义书》的价值和意义。也不可以说今天可以忽略《奥义书》的最后寓意：

"人谁衣太空，卷之似柔革，不知有神主，而谓苦可息。"——《白净识者奥义书》

《奥义书》

马克斯·马勒　英译

创世故事[①]

太初，宇宙唯"自我"，其形为人（Purusha）。此人环顾四周，则舍己之外，别无所见。始呼曰："此我也！"由是而有"我"之名。是故至今有被呼叫者，始必应曰："此我也！"然后对人乃称其名。盖在此万物之先，已焚尽其一切罪恶，故彼称为"神我"。有如是知者，凡欲居其先者，必尽焚之。

彼觉畏惧，故人独居，则畏惧。彼自问曰："若舍我之外别无他者，我何所畏焉？"于是彼之畏惧消失。彼何所畏哉？唯有第二者，才有所畏惧。

然彼无快乐。故人独居，则无乐。彼愿有第二者。彼之大，犹如一男一女相抱持，彼自分为二。由是夫妇生焉。故如雅若洼基夜所言，"故吾两之身，有如半片。"故此空虚为妇充满，彼与之相拥而人生焉。

其妇思曰："彼既从自身而生我矣，何以与我相拥耶？我其隐矣！"遂自化而为母牛。彼乃化为公牛，而与之相拥，于是生群牛。又化而为母马，彼乃化为牡马；又化而为母驴，彼乃化为牡驴，而与之相拥焉，于是而生蹄趾之兽。又自化而为雌羊，彼乃化为雄羊；又自化而为母羊，彼乃化为公羊，而与之相拥焉，于是而

---

① 这一不可思议且相当原始的创世故事包含了印度教的许多早期思想。

生山羊绵羊之属。——如是，凡有公母者，乃至于蝼蚁，彼皆创生之。

彼知："我确为造物，盖我创造此万物。"于是彼得造物之名。有如是知者，则存在彼造物之中。

于是彼乃摩擦生火，以口（如火洞）和双手而生火。故此二者，因火洞内无毛也。

是故人曰："敬此神！敬彼神！"诸神皆为其显现彼所造，盖因彼即诸神也。

凡此为湿者，皆彼自精液所造，而此为梭摩（Soma）也。此全宇宙，皆食物与食者而已。梭摩，食物也；火，食者也。此大梵之最高创造，盖因彼从优胜部分造诸神，从死者创造永生者。有如是知者，则存在彼之最高创造之中。

太初，凡此宇宙皆无。而后有形和名而生。故曰："彼叫某某，此人也。"故至今宇宙唯以形名显现，如说："彼叫某某，此人也。"

彼（大梵①或"自我"）进入宇宙万物之中，直至指尖，如刀之藏于刀架，如火之隐于壁炉中。

彼不可见，可见则不全。彼呼吸，则名为气息；彼言，则为言语；见，为眼；闻，为耳；思，为意；凡此皆为其作业②之名也。人若敬此或敬彼，是不知彼者也，因彼一分也，人当敬拜彼为"自我"，盖因其中万有皆化为一。自我为万有之踪，由之而识万物。

①　"大梵"即梵天，该词有多种用法。可能造成混乱。这是因为在梵文中根据一个名词的性，可产生不同的意思。"大梵"作为无差别的神性是中性的。当大梵具有属性，在物质世界显现时，他的名字就成为阳性的了。作为阳性的具有属性的大梵，就成为创造者，或中性的最高神灵的创造性的一面，注意这一特点是非常重要的。

②　"业"（梵文Karma，的意译，音译"羯磨"），意为"造作"，泛指一切身心活动；一般分为三业，即身业（行动）、语业（言语）、意业（思想）。

如循足迹而可追踪所失。人如是知者，则得荣耀与颂赞。

其可贵有逾于子，可贵有逾于财，可贵有逾于其余万事万物，此"自我"深在内中。

说有其他可贵之物异于"自我"者，彼将失其可贵之物，如其意将如是。人当敬"自我"为可贵者。有唯敬"自我"为可贵者，其所贵者弗失。

或曰：人思以大梵明而将成为大全，则大梵所明由之而成为大全者，何物耶？

太初，宇宙唯有大梵。彼唯知（其）自我，曰："我为大梵！"故彼成为大全。故诸天中有如是觉知者，彼乃化而为此（大梵）。仙人者凡人者皆为然。涡摩提婆仙人见于此，唱言：

"我曾是摩奴（月亮）兮，又是太阳！"此至，有如是知"我为大梵"者，则化为宇宙大全；是则虽诸天亦无能阻之，盖彼已化为彼等之"自我"矣。

若有敬拜异神者，思神为一而我彼，是不知也。彼犹如诸天之家畜然。唯然，如诸牲畜之有用于人也，人人有用于诸天。若夺其一牲，固不悦，而况于多乎？故凡人之知此也，诸天不悦。

太初，宇宙唯大梵独一。唯一则未显。彼乃创造超上权能，即刹帝利。诸天中为刹帝利者，因陀罗、波楼那、梭摩、楼达罗、帕遮尼亚、琰摩、密替像、伊商那。固无高于刹帝利者。故邦君登位典礼中，婆罗门坐刹帝利之下。彼唯以此荣誉授予刹帝利族姓。唯婆罗门是刹帝利之归藏。故凡邦君至于尊极也，终亦依于婆罗门，为其归藏。有毁婆罗门者，是损己之归藏也。其所毁愈高者，其罪也滋甚。

彼犹未显也，乃创造吠舍，生为天神，以顺序不同而称为：诸婆苏。诸楼达罗、诸阿底梯耶、诸维施涡提婆、诸摩楼多。

　　彼犹未显也，乃创立戍陀族姓，为是普商，此土地即为普商。盖土地养物万物。

　　彼犹未显也，遂创造超上法。凡为法者，乃刹帝利之权能，故无有高于法者，于是弱者以法而统服强者，如以邦君。故法者即为真理。故说真理者，人谓其说法；或说法者，人谓其说真理。如此，盖二为一也。

　　是则婆罗门、刹帝利、吠舍、戍陀。此大梵在诸天以火神显现，在人中以婆罗门显现。以（神道）刹帝利而为（凡人）刹帝利，如（神道）吠舍而为（凡人）吠舍，如（神道）戍陀而为（凡人）戍陀。故人唯通过火祭冀其将来在诸天之世界，在凡人则通过婆罗门。盖大梵以此二形而显。

　　复次，人若舍离斯世，而未见己（"自我"）之世界，则此无祝福彼，以其未知也；如未读《韦陀》，或如未为事业。倘非如未知而为此世大功业，其末也必灭彼。故当唯敬"自我"为己之世界。有如是敬拜"自我"为其世界者，其功业不灭；凡彼所彼愿望，彼自"自我"尽造之。

　　复次，此（无知之人之）"自我"为一切众生之所居世界。人奉献牺牲于此，"自我"化为诸天之世界。人而唱诵《韦陀》，化为仙人世界。人祭奠祖灵，且冀得后嗣，化为祖灵世界。人供给安居，布施饮食，化为凡人世界。人为牲畜求水草，化为牲畜世界。若野兽飞禽以至于蝼蚁，皆得依存养活于其家，化为凡此之世界。如人愿意己之世界得安乐，众生亦如是愿其人安乐，唯此为已知且经推断者。

　　太初，宇宙唯自我，独一。彼愿望曰："我愿有妇，则将有后代；我愿有财，则将作事业。"其欲望有如此者。欲望再多，其所得不多乎此。故至今独居之人，则愿望曰："我愿有妇，将有后嗣；

我愿有财，将为事业。"若其一者未得，则自思为不全。其为全心思，为其自我（夫）；语言，为其妇；气息，为后嗣；眼，为人间之财，盖以眼见而有获；耳，为天上之财，盖以耳而得闻；身，为其事业，盖以身而行业。此为祭祀之事五，牺牲之事五，人亦五重，凡此世间万物皆为五重。彼如是知者，一切皆得焉。

[摘自《大林间奥义书》]

精　微①

"吾儿！如蜂之酿蜜，采集遥远花树之菁华，化此菁华为一液。

"如菁华间无由分别盖或曰，'我，此树之菁华也。''我，彼树之菁华也。'吾儿，世间一切众生，当其臻至于真者（熟睡或死亡时），不自知其臻至于真者，亦复如是。

"世间彼等动物，或狮，或狼，或猪，或虫，或蜢，或蚋，或蚊，皆一一复为其所是者。

"是彼为至精微者，此宇宙万有以彼为自性也。彼为'真'，彼为'自我'，施伟多凯也徒，彼为尔矣。"

子曰："愿阿父教我更多！"

父曰："吾儿！可也。"

"吾儿！如此诸水也，东者东流；西者西注，出乎海，归于海，而化为海；如是于海中，而不自知我为此水也，我为彼水也。

"吾儿！世间一切众生，当其来自真者，不自知其来自真者，

---

① 这是乌达腊卡·阿鲁尼对其子施伟多凯也徒的教导。

亦复如是。世间彼等动物，或狮，或狼，或猪，或虫，或蜢，或蚋，或蚊，皆一一复为其所是者。

　　"是彼为至精微者，此宇宙万有以彼为自性也。彼为'真'，彼为'自我'，施伟多凯也徒，彼为尔矣。"

　　子曰："愿阿父教我更多！"

　　父曰："吾儿！可也。"

　　"吾儿！此大树也，若伐其根，则液出，而犹生也。若伐其干，则液出，而犹生也。若伐其杪，则液出，而犹生也。其生命由自我弥渗，吸滋润，敷荣华，挺然而立。

　　"若其生命离其一枝，则其一枝萎；又离其一枝矣，则其一枝枯；更离其一枝矣，则其一枝槁；若离此全树，则全树绝矣。吾儿，正如是也，汝当知。"则曰：

　　"唯生命已舍离，此身死矣，而生命不死也。

　　"是彼为至精微者，此宇宙万有以彼为自性也。彼为'真'，彼为'自我'，施伟多凯也徒，彼为尔矣。"

　　"阿父教我更多！"

　　曰："吾儿！可也。"

　　"由彼无花果树摘一果来！"

　　"此是也！阿父！"

　　"破之！"

　　"破之矣！阿父！"

　　"其中汝何所见耶？"

　　"殊微细之子也！"

　　"再破其一子！"

"破之矣！阿父！"

"其中汝何所见耶？"

"无物矣！阿父！"

曰："吾儿！此至精微者，汝所不见也，然由此至精微者，此一大无花果树而挺生。

"吾儿！汝信之。是彼为至精微者，此宇宙万有以彼为自性也。彼为'真'，彼为'自我'，施伟多凯也徒，彼为尔矣。"

子曰："阿父教我更多！"

父曰："吾儿！可也。"

"置此盐于水中，明晨复来见我！"

彼依嘱为之。

父谓之曰："取汝昨夜置水中之盐来！"

子于水中探之而不得，盖盐已尽溶。

父曰："汝由上边饮之。如何？"

子曰："咸也！"

"汝自中间饮之。如何？"

子曰："咸也！"

"汝由下方饮之。如何？"

子曰："咸也！"

父曰："弃之！尔来此坐。"

彼坐已，而盐固常在。

父乃曰："诚哉！吾儿！汝于此身中固不能见彼'真者'，然彼固在其中也。

"是彼为至精微者，此宇宙万有以彼为自性也。彼为'真'，彼为'自我'，彼为尔矣！"

“愿阿父教我更多！”

“吾儿！可也！”

［摘自《唱赞奥义书》］

真正的大梵

此皆大梵也。人当静定观此有形世界，此为万物从之而生，往焉而灭，依之而呼吸之世界。

人为心志动物。人在斯世之心志为何，则其离世为何。故当其有此心志与信仰：

才智者，以生气为身，以光明为形，以真理为念虑，以无极为自我，涵括一切业、一切欲、一切香、一切味，涵括万物而无言，静然以定。

斯则吾内心之性灵。其小也，小于谷粒，小于麦粒，小于芥子，小于一黍，小于一黍中之实。是吾内心之性灵，其大，则大于地，大于空，大于天，大于凡此诸世界。

斯涵括一切业，一切欲，一切香，一切味，涵括万物而无言，静然以定者，是吾内心之性灵者，大梵是也。而吾身后，将归于彼。有此信仰者无疑，将归于彼。说此言者，商质里耶①，商质里耶说此。

［摘自《唱赞奥义书》］

---

① 本节多节选自商质里耶。

解　放

唵！于此大梵城（身）中，有一小莲花屋，中有小空间。此空中何有，是当探寻。此为人所当知者。

诸人若曰："在此大梵城中，有一小莲花屋，中有小空间，此空中何有，是所当探寻者也？是何者为人所当知耶？"

则当答曰："宇宙空间如此之大，此内心空间亦如此之大。天与地皆涵括其间，火与风，日与月，电与星，及斯世人之所有者，人所无者，皆涵括于其间也。"

人若谓曰："倘凡在斯世所有者，皆萃聚于此大梵城中，一切众生与一切欲望。若老年已至，消亡之，何物为所余者耶？"

彼当答曰："空间不与年俱老，不以身死而亡。此乃真大梵之城。愿望萃聚其中，此乃'自我'，离乎罪孽，亦无老、死、悲、饥、渴。所欲者为所当欲者；所志者为所当志者。如人在斯世，依令而从役，依赖其所隶属者为生，或为一国，或为一分土田。

"如在斯世以行业而得之物，有灭；如是，以在此世祭祀和功德而得之物，亦复有灭。是故，若人无知于自我及其真欲望而逝世者，于一切界皆无自由；若已知自我及其真欲望而逝世者，于一切界皆有自由。"

［摘自《唱赞奥义书》］

征服死亡

一

涡遮舍婆萨，愿望世间报，布施尽所有。其人有一子，名为那启凯也多。

布施其时，子方幼年。施物予祭司，信心忽至那启凯也多，乃自思维：

"牛已饮水、啮草、挤乳，且布施此等牛，生天必无悦。"

他（知晓父已许诺布施尽其有，因而包括其子）于是对父言：

"父施我与谁？"

二问复三问。父乃答之云：

"施尔与死神！"

（祀事中言不可追。其言既出，必言而有信，遂施其子与死神琰摩。）

子曰："众中我行前，众人我行中。有何琰摩（死神）事，以我而为之？"

"反顾前辈人，环顾望后人，众人皆如此。宛如田间黍，生人乃尔死。宛如田间黍，死落又重生。"

（那启凯也多赴琰摩宅，无人见之。琰摩侍者告之曰：）

"若有婆罗门，为客入人家，其客乃如火，和平祭祀水，息此火止。嗟尔太阳子！速取敬客水。"

"若有愚蠢人，婆罗门在家，为客不奉食。凡其所愿求，财物与正义，敬事与善事，子女及家畜，皆为彼所坏。"

（琰摩三日后归来，不受之。乃曰：）

"三夜居吾家，为客未奉食。为酬三夜故，汝可发三愿。礼拜皈敬汝！祝我有福德！"

二

那启凯也多曰："第一，愿乃父乔答摩，意绪遂安静，思念归和悦，怒嗔皆已彻。琰摩君！释我从君别，彼更欢我迎。"

琰摩曰："汝父阿豪多罗启·阿垄尼，释安如当初，夜睡宁以舒。见汝脱死口，怒嗔皆已除。"

那启凯也多曰："呜呼琰摩君！天界了无怖。君非在天界，呜呼琰摩君！天界亦无老可怖，饥渴留身后。忧患既已无，天上安乐趣。

"呜呼琰摩君！有彼天上火，天界我敬信君。得居天界上，永生自有获。是我第二愿。"

琰摩曰："那启凯也多！我当为汝说，听我天上火，尔当知此火。到达尽世所蕴，其坚实支撑，潜藏至深隐。"

琰摩乃为之说此火，是世界之始。祭祀用何砖，其数复何砌。那启凯也多，复述尽如旨。琰摩闻之欢，谓言更有以：

琰摩中怀已欢愉，谓言"我今日更有以赠汝。此火以汝名，无数形色成。

"有谁举之三，复与三者合（父、母、师）；参与三行业（修习、祭祀、布施），斯人度生死。有谁知此火，有谁知此皆大梵生，崇敬神圣神，此人永得宁静。

"人有此三焰，知此三重者，最先破死网，离忧在天乐。

"此是天上火，那启凯也多！是汝第二愿。人言及此火，皆称唯属汝。更择第三愿，那启凯也多！"

那启凯也多曰："若人长逝已，众说多分殊。或谓彼仍在，或谓彼灭无。愿君以教我，明此知不诬。此为我第三愿。"

琰摩答："纵是诸天神，自古于此惑。此事非易知，其法微妙极。汝择其他求，于我幸无逼。那启凯也多！此愿尚可抑。"

那启凯也多曰："纵是诸天神，于此信多疑。亦复如君言，此事非易知。善为说此事，舍君更其谁？亦复有何求，而可同于斯？"

琰摩言："可求子与孙，寿皆百岁者；可求牛、象、黄金与骏马，蓄多无比；可求广大地，居住数世年，亦随汝意收成。

"若汝思与汝求愿同，可求大年寿，还有财富丰。那启凯也多！汝可主大国，在此广大地。享受福乐事，我皆使汝得。

"种种欲乐事，世俗罕能冀。凡此一切乐，任汝愿择之。美人载车乘，清吹世难得。吾皆以赠汝，取之侍汝侧。那启凯也多，死事莫再问！"

那启凯也多曰："此等世间乐，皆终迄明朝。诸根明敏力，以此潜摧凋。人生亦微幺，留君之车乘，女乐兼清谣。

"人非财可慰，见君可求富，君主人乃生，三愿则如故。

"况生低下世，人近其前，深知不朽永生者，老耄无尽年，谁软于此间，复乐寿永延？

"嗟呼琰摩神！天路中何有，其告我辈知！较此一求愿，深入玄秘义。那启凯也多，不欲其他赐。"

三

琰摩言："善良是一事，愉乐迥不同。两皆强制人，旨趣非贯通。彼择善良者，何用不美崇。呜取愉乐流，人生失无终。

"善良与愉乐，两俱来就人。明智妙观察，宛转能辨甄。智者择善良，宁使欢乐屯。愚人因贪欲，故遴愉乐事。

"那启凯也多，参透可欲事。虚相之欢乐，尔能弃无着，不入财富道。世间多少人，缠此竟沦落。

"悬远两乖背，所谓明，无明。那启凯也多，我意尔求明。多少欲乐事，未能移尔情！

"居暗无明内，私智居自狂。自视为学者，如盲导盲者，往复劳彷徨。

"痴愚醉财富，凡庸如儿童，自不现天路。'更无他世界，唯有此世趣。'如是思虑人，隶我归频数。

"多人未得闻，多人闻而昧。更难有彼者，善教学以知'彼'（自我），此为稀罕最。

"庸者若说'彼'，汝未善易知，任尔穷虑思。然非他人教，汝路无由之。'彼'微深妙微，超轶智量规。

"信由他教入，非可以理推。嗟汝吾爱徒，如汝易得知。汝也求真道，坚定志不移。似汝问学人，但愿常见到。"

那启凯也多曰："我知财富皆暂假，因无常物不能达永恒。那启凯多火，故我烨火光，以无常物而臻永常。"

琰摩言："所欲得具有，世界之奠基，权力揽无穷，彼岸安不危，声誉伟大扬，安立极远睡，凡此汝皆舍，智定忍不移……

"'明者'非所生，亦复无有死，不自何处来，无物自此生。太古为无生，恒常永存在。身躯可杀戮，未以杀戮毁。

"杀者思能杀，所杀思被杀，二者俱无知，非杀非被杀。

"微者逾妙微，大者逾庞大，'自我'寓生灵，深藏在幽昧。祛欲悲情者，清净心意根，'自我'见大奄。

"'彼'坐而远游，卧而无不至。是乐又超乐，舍我谁堪知?

"无体居体中，恒常寓变中，伟大而遍漫。知者为智者，不为忧心悲。

"'自我'可得之，不以善辩才，不以领悟力，不以多学闻。唯'彼'所择人，自体示可即。

"不除恶行者，不自安宁者，不自敛止者，心意不静者，不可凭智慧，而得至'自我'。

"婆罗门可啖，刹帝利可饫，死亡为醢醢，谁知'彼'之处？"

[摘自《羯陀奥义书》]

独一神

独一张网者，统辖有权能，以其主宰力，护持此众生。彼为万物始，万物自彼成。得而知之者，此生为永生。

独一楼达罗，所拜无二神。以其主宰力，统治着世界。彼立万人后，创造诸世后，保护诸生物。万物终尽时，卷裹起诸世。

神为独一神，处处见其面，处处见其目，处处见其臂，处处见其足。彼以其臂翼，鼓铸此天地。

彼创诸天神，又为护之者。是为楼达罗，万物主与圣人。曾是生金胎，愿彼赐智慧。

楼达罗神兮！彼为慈爱神。相与无怒嗔，无显罪恶之。彼居山安者！示我福德身！

嗟居山安者！手持弓箭张。用以发必中，作之为吉祥！嗟呼山中神，毋伤人与兽！

大梵为更高，众生体潜隐。涵括遍万有，得知主宰者，永生庶可得。

我知彼神人，如日超黑暗。知此越死神，舍其无他途。

世间皆神充，其外无更高，其外无他异，其外无更小，其外无更大，独立如天树。

彼超此世间，无形亦无苦。知彼得永生，昧者忧患迋。

彼存面、头、颈，寓居万物心，遍漫世界中，无处不在神。

彼为大神王，彼为主宰者，彼拥洁净力，直至万物边。彼为光明者，永远不消亡。

彼大似拇指，常居众生心。情心、思心、超心皆可见。得以知彼者，永生庶可得。

彼长一千头，千眼又千足，遍漫盖大地，十指又高之。

一切独神我，已是和将是。主宰永生性，彼为食生类。

其手、足遍及，头、目、耳遍及，遍漫盖大地。

遍离诸感觉，又具诸觉功，万物之主宰，万物之大归。

灵居九门城，天鸿外游翔。身为世界主，又为动静万物王。

无手而摄持，无足而疾驰，无目而可窥，无耳而能听。而无知彼者，可知皆可知。凡夫名之曰原始大神。

自我寓众生，深藏在幽昧。微者逾妙微，大者逾庞大。祛欲去情者，神主见大奄。

余知此不衰，古老，遍是我，永恒而遍在，诸生永无堕。大梵明者言，彼是恒常者。

[摘自《白净识者奥义书》]

神无处不在

彼（日）无形色，以定权能力，赋予众形色。为万物始终，终于消逝彼。维愿彼天神，赐我以智慧。

维彼是火神；维彼是日神；维彼是风神；维彼是月神。彼是繁星苍穹；又为大梵身；维彼是诸水；造物之至真。

汝为妇为夫，为童为稚女。汝为老父者，拄杖行蹒跚。汝生又以长，遍面对诸处。

维汝是青鸟，赤睛绿鹦鹉。维汝蕴雷电，是季是大海。遍漫于万有，万物从汝起，维汝自无始。

母性赤、白、黑，无从生而来。自身多相似，生子多样形。一公乐与嬉，其啄果实时，一公离其去。

两羽相亲侣，同树栖一枝。一啄甘果实，一止唯视之。

人栖同此树，坐叹忧苦衰。昧觉自无能，痴惑自伤情。时若见彼神主，得睹其荣耀，遂尔离忧苦。

自我似苍穹，众神寓其中。若人不知彼，唱赞复何益？我辈知彼者，栖此心满足。

唱赞与供奉，祭祀兼灵丹，过去及将来，《吠陀》之述作，凡此固皆是，摩耶主所拓；其余一于此，亦被摩耶缚。

自性即摩耶。当知摩耶主，宇宙遍其仆。

唯彼独安存，统辖万物源。万物居其内，万物离其散。彼为主宰者，彼为赐福者，神圣敬仰神。若人得见此，永静臻宁魂。

楼达罗大圣，诸天为彼造，亦又护持之。彼为大先知，是为宇宙主。曾见生金胎，愿彼赐智慧。

彼为天神主，支撑诸世界。二足四足类，皆彼为主治。此为大神仙，吾人当祭之。

微逾微妙者，乃在混沌中。宇宙创造主，形色为无穷。唯彼独安存，万类皆涵融。若知此福神，安静得无终。

彼在大宙中，唯是护世主。宇宙之真宰，隐秘居万有。在彼身心中，梵道神仙合。如若得知彼，乃断生死网。

微妙过于酥，轻清似浮沫。知有此福神，隐匿万有中。惟彼独安存，万类接涵融。有知彼天神，尽解诸缠缚。

巨灵创宇宙，常处人心内。对情心、思心、超心皆现。有能知彼者，永生庶可得。

光亮升起时，昼夜乃俱泯。非有非无有，存者唯福神。"耀灵"

可爱悦，是不变灭神。智慧出自此，自古为其因。

无有超其上，无有在对方，无有居中间。彼自无匹对，彼名"大荣光"。

无有见彼形，无谁能目见。居于情心中，对心、超心现。有能知彼者，永生庶可得。

"彼是永生者"！遂尔求近彼。吁嗟楼达罗！君有慈颜仪。但愿常似此，于我长护持。

吁嗟楼达罗！毋伤我于子！毋毁我于孙！毋损我牛马！毋害我生存！毋戮我英雄，以君之威怒！我辈以牺牲，奉君常祷诉！

[摘自《白净识者奥义书》]

神在人内

至上之大梵，不灭又无极。是明与无明，二者其中匿。无明臻变灭，而明自永历。双主明无明，彼信为别一。

唯彼独监临，统辖万物因。宇宙罗万象，万物于此妊。太古由斯起，智者胎黄金。是彼乃得见，育之以思心。

天神张恢网，一一多方投。乃于此田间，彼复皆收尽。更化为主神，是主是巨灵。造诸神主，统治靡不周。

如日照诸方，上下又左右。如是彼天神，神圣可敬仰。"自性"胎生者，独一皆统治。

彼为独一神，监临万物象。是堪圆成者，功能与分订。

《奥义书》密旨，《吠陀》中秘义，即是梵道源，大梵乃知此。天神与智士，自古已明是。彼等与之合，遂尔臻不死。

彼具诸功德，求果乃造业。由其所作业，果报自享受。彼具一切形，备三德三道 ①。唯此生命主，流转随业操。

低者亦别现，其细如豪芒。大唯似拇指，明亮如日光。赐有个性与思想，赐有超思与身形。

发端百分一，一分又分百。当知性命微，又可至无极。

彼非阴非阳，亦复非中性。凡所擅形体，一一与合并。

以思、触、与情，彼为情命起。一随所作业，如欲、食所进体。此处或彼处，相续成形体。

道成肉身者，依自德行选，粗细唯多形。以行业德行，以自我德行，作为结合因，见此又见彼。

无始亦无终，原居混沌内。万物创造者，形色皆万种。唯彼独安存，万类皆涵融。人知彼天神，尽除所缠网。

无体亦无称，可以持真性。创造有和非有，真神是仁慈。作成有分体，蜕身由此知。

[摘自《白净识者奥义书》]

认知神

斯有万物源，思士说自性，他士说时间，是皆愚暗人。唯由神大力，旋转大梵轮。

恒常固由彼，漫遍此万物。创造时间者，彼自为圣哲。具有诸德性，一切明智通。业运为主宰，地水火风空。

彼即为此业，而后退藏隐。自我与实性，全与合为一；与一或为二，与三或与八。又合以时间，自我微妙德。

---

① 构成世界的三种元素：光、情与网。

始创诸业初，业与三德 ① 结。分属此万有，无此皆灭业。诸业坏灭已，如实彼为别。

彼为始起初，聚合灵与身，彼生其本因。彼超三时际，过去、现在与将来，又见是无分。众生崇拜彼，初敬可颂神。形色多样种，万有之真源，寓居吾心中。

彼高于万物，时间与诸形。彼为皆异是，世界由彼转。福祉带来者，罪恶泯除者，福德主宰者，永生不朽者。知在自我内，护持万有者。

吾辈识认彼，无上大自在，诸神为至尊，诸主至真宰，可敬宇宙神，超上真天神。

彼之无因果，无见与彼同，不见超彼神。彼之最高能，显现呈多样。自性所具有，智力二者行。

世孰为彼主，又谁能制彼？彼自无形相，万物因彼始。诸识有主宰，而彼又主之。无彼所从生，主宰更伊谁！

彼神独一尊，譬如蛛吐丝，自性生元素。以此自隐幻，许吾归大梵。

天神是独一，隐匿万物中。遍及诸界内，万物中自我。监临一切业，寓居万物内。见证者，察觉者，唯一者，彼无功德居。

无为事物多，彼一为主宰。以其一种子，化之为万倍。智定人观之，见彼于已在。斯人得永乐，众士未几迫。

常者中为常，智者中为智。彼虽为独一，欲乐赐多人。以僧佉，瑜伽，此因皆可度。知此是主者，解脱一切缚。

彼处日不照，星月无光辉。无论世间火，闪电尚未及。彼投光明至，凡物得光辉。由彼之光明，万象斯昭示。

---

① 指的是上节提到的三德。

唯彼一天鸿，彼亦如日阳，落入涛海中。真正知彼者，死域超骧之，舍此无他路。

彼为造物者，彼为知万者，彼为自生者，彼为智慧者，彼为毁时者，彼为定功德者，透知万物情。彼为天人主，彼为三德主宰，缠缚存在因，解脱宇宙者。

彼成由此体，彼为永生者，永为主宰者。遍入为遍明，守护此世间。永恒治此世，而无其他因，足以成统治。

彼为唯一神，自智明光华。原始创大梵，授之以《吠陀》。我有解脱愿，皈依归往之。

无分，无为，静，无疵，不染尘。永生最高桥，如火明烬薪。

人谁衣太空，卷之似柔革。不知有神主，而谓苦可息。①

以苦行之力，以天神之恩，彼白净识仙，已证大梵尊。以之教修士，无上清净度。于以足乐欣，正等仙人聚。

吠檀多学中，劫初所宣说，无上秘密义。不可教躁人，不子，或不弟。

若有此巨灵，无上敬爱神，如是爱师辈②；诉之诸教义，教义乃光大；诉之诸教义，教义乃光大。

---

① 此可谓《奥义书》最后的教义。
② 导师。

《薄伽梵歌》

序　言

　　《薄伽梵歌》与印度教的关系，犹如山上训道与基督教教义的关系一样。《薄伽梵歌》被描述为"吠陀之精髓"。一位印度圣徒说，"所有的《奥义书》都是奶牛，神主就是挤奶者，阿周那是小牛，那些纯粹通晓之辈乃为饮牛奶之人。"

　　《薄伽梵歌》最初是印度伟大史诗《摩诃婆罗多》第六篇的一部分。采用对话形式，是武士阿周那和驾驭他的战车者——其实就是"恩赐神主"克里希纳神的对话。般度诸子（阿周那即为其中一个）和他们的堂兄弟朵踰哈那及其兄弟——盲国王持国诸子之间的战争必然爆发，简言之，即班度族和俱卢之间的战争势在必发。就在开战之际，阿周那看到自己将要伤害自己的亲属，便拒绝作战。克里希纳神向他解释说，不会有人被杀死，因为人的灵魂会永远存活下来。谈话就此开始，一直扩展到十八章，涉及伦理和宗教问题的方方面面。他们谈到有为瑜伽、仪式和祭祀的根据、上帝在这个有形世界的显现，最后结尾是重要的训谕，接受克里希纳作为各阶层人的庇护神，他们都可以来他这儿找到和平和拯救。老盲国王眼睛看不到战斗，一位大圣人给了他视力，但他谢绝了，因为他不希望看到自己亲属之间的残杀。接下来，大圣人授予桑遮耶力量，让他在远处观看战场上发生的事情。因此，主要是在开头和结尾的地方，才可以看到桑遮耶有关战斗的评论，而阿周那和克里希纳神之间的问答——正如桑遮耶报告的那样——构成了作品的主体。

　　整部书散发出印度思想和宗教氛围的气息，尽管有些教义，比如强调有为以及做事不考虑自私的利益而是出于对上帝的虔诚，尤其是否认唯物主义以及明显的《吠陀》式断言——万物背后的精神，是目前或现代世界极需的观点。不管怎么说，差异性与相似性同样重要，正因为《薄伽梵歌》是典型的印度宗教精神最重要的产物，它在印度的影响和地位才如此巨大。E.J. 托马斯博士称之为"最伟大的世界宗教现象之一"和"印度宗教最早但仍是最伟大的里程碑"。

　　对我而言，《薄伽梵歌》不具佛教《法句经》那样的魅力，但这并不是它对印度民族不太重要的原因。重要的是，要注意到印度思想从《奥义书》到《薄伽梵歌》的发展以及其愈发清晰的思想和愈发接近我们的思想方式。该作品大概创作于公元前二世纪，其大约日期不详。它在印度宗教思想中非常重要，因而每个政体都得与《薄伽梵歌》的教义相吻合。其中泛神论、一神论、有神论和自然神论交织一起。后来的作家们是否有所增添并不重要，重要的是从过去直到现在，印度人仍把这些教义作为宗教智慧的最终体现。西方高级批评家试图把《薄伽梵歌》中的几股信仰分离开来，"重新恢复""原文"，这些尝试注定都非常愚蠢荒唐。有些学者则预设一个人只能拥有一种始终如一的信仰体系，这一体系必定是他认为最原初的体系，而忽略了这样的文本必定是许多影响潮流的综合，从而令其信仰者满意这一事实，他们因而尝试决定其原初构成的愚蠢任务。他们从来没有想到世界可能是上帝，同时也可能存在一位个人上帝，这是仅存在于学者们头脑中相当细微的区分。《薄伽梵歌》的伟大力量在于这样的事实：它教导了一个"爱的信仰"，即对一位个人神克里希纳的虔诚（bhakti）。克里希纳的最后寓意是："当您超脱了所有达摩，就来祈求我的福佑，我将求您出罪恶之海，请

不要悲伤不要忧愁。"（第 18 章，66）

这样公开表白的印度宗教精神不应该由梵语学者来翻译，而应该由印度信徒翻译，因为后者谙熟这一语言，并与其教义精神吻合，他知晓不同诗节对印度人——直接简单——意味着什么，这一点非常重要。

《薄伽梵歌》耗费了许多译者充满深情的辛劳，许多优秀的译本才得以存在，比如莱昂内尔、D.巴雷特的《主歌》（坦普尔经典）有很长的序言和翔实的注释，E.J.托马斯的《神主之歌》（东方智慧系列），安妮·贝赞特的著名译本（神智学出版社），埃德温·阿诺德的《神仙歌》（特里尔本涅），M.M.查特济的《主歌》（休斯敦），有评注和与基督教圣典的参照，还有泰朗的东方圣书所作的学术翻译。但我却挑选了斯瓦米·帕拉曼纳达（吠檀多中心）的译本，因为我觉得，与其他译本相比，该译本表现出了语言的娴熟通畅以及对思想内容的深刻理解，这样的结果正像应该出现的那样，是一个易懂、表达力强的成熟译本，没有学术翻译的笨重，或是过火翻译的个人释意。正如该书编辑所言："文字一定被精神阐明了；任何人读了这个译本，都会相信，理智、情感和生命都已经融入翻译之中。"这是极高的赞誉之词。我保留了斯瓦米·帕拉曼纳达的脚注。

《薄伽梵歌》

斯瓦米·帕拉曼纳达 英译

第一章

持国问道：

1. 桑遮耶！我方将士和般度诸子，聚集于圣地俱卢之野，奋奋欲战的他们干了些什么？

桑遮耶说：

2. 难敌见到般度诸子的军队已经摆好了阵势，便上前告诉他的老师：

3. 您看，您那聪颖的高足都鲁波陀之子部署了般度诸子的庞大队伍。

4—6. 军中善射的英雄比比皆是，阵前都如同伟大的勇士毗摩和阿周那，其中有尤尤坦那、维罗陀以及都鲁波陀。再就是骁勇的逊施计都、掣岂丹那、英勇无畏的迦尸之王、布卢芝和恭底波遮，以及尸卑这位人中豪杰。刚勇无畏的尤坦曼牛、英勇果敢的乌多没赭、缫婆陀之子和陀劳波提诸子，个个勇武而战绩赫赫。

7. 最优秀的再生者 ①，也要听听我们这边的豪杰哟！那些英勇的将领，我这就把他们的名字讲给您：

8. 有您、毗湿摩、迦尔纳、战无不胜的羯利波、阿湿婆他摩、维羯那，还有索摩达多之子缫末陀底。

---

① 婆罗门被称作再生者，他因为精神生活而接受圣线或圣徽时，他就第二次再生了。

9. 还有许许多多善战的英雄，手执各种兵器，都能为我捐躯舍生。

10. 我军由毗湿摩率领，兵力却非常稀松。而由毗摩率领的敌军，兵力却很充沛。

11. 诸位将士！要坚守自己的岗位！保卫我们的统帅毗湿摩！

12. 俱卢族元老（毗湿摩）和诸位尊长，顿时犹如狮吼大声呼喊，吹响了螺号，这使朵踰檀那王好生喜欢。

13. 顷刻间，号角齐鸣，大鼓小鼓响作一片，诸多声响热闹非凡。

14. 此时，摩阆婆（克里希纳）和般达婆（阿周那）乘坐着巨大的战车，几匹白色骏马挽络待命，他俩也吹响了天赐贝螺。

15. 赫里史给舍 ①（克里希纳）吹的旁伽涅，檀南遮耶 ②（阿周那）吹的是提婆达多 ③，那位功绩显赫的乌里乔陀罗 ④ 吹响了他的螺号旁陀罗。

16. 恭底之子坚战王吹响的是胜无涯，无种吹的是妙声，偕天吹的是宝石花。

17. 最优秀的射手迦尸王，伟大的英雄施康底，逊施特丢幕那、维拉陀，还有不可战胜的萨铁基。

18. 都鲁波陀、陀劳波提诸子、力大无穷的缫婆陀，吹起了各自的贝螺。大地之主啊！

19. 这声音震天动地，使持国诸子肝胆欲裂。

20. 此刻，大地之主啊！般度之子（阿周那）以猿帜为旌旗，

---

① 感官之神。

② 征服财富者。

③ 贝螺的名称，"神赐"。

④ 拥有老虎的肚子，表明这位英雄的形体。

看到持国诸子摆好阵势正准备挥戈进攻，便挽起他的弓，对克里希那讲起了下面的话：

阿周那说：

21—23. 阿逸多（不变的阿里希纳）哟！把我的战车赶到急切开战的两军中间，让我看看战争一开始我将和谁上阵交战。看看集聚在这里跃跃欲试的将士，他们想在战争中讨好心肠狠毒的持国之子。

桑遮耶说：

24—25. 婆罗多哟！听了古塔给舍 ① （阿周那）的上述之言，阿里希纳便把那乘战车赶到了两支大军中间。面对毗湿摩、德罗纳，面对许多王国的国君，克里希那说：帕尔特（阿周那）！你看集结的俱卢人群！

26. 帕尔特（阿周那）向那边摆阵的人群看去，映入眼帘的是：祖辈、父辈、舅父、兄弟、表兄、子孙、朋友、老师都站在对面。恭底之子还看到了他的岳父。

27. 恭底之子（阿周那）看到两支大军中间尽是列阵以待的亲属。于是便产生了强烈的怜悯之情，他将悲哀的心情作了如下陈述：

阿周那说：

28. 克里希纳！我看到的是在那里列阵欲战的亲族，感到四肢发软，口干舌燥；

29. 浑身发抖，毛发悚然。乾提婆（弓箭）从我手中滑落，浑身发烫。

30. 凯舍婆（克里希纳，凯舍的杀戮者）！我两腿站立不住，心烦意乱没了主张。我看到了各种不祥的征兆。

---

① 征服睡眠者。

31. 克里希纳！上战场屠杀自己的亲族，什么好处我都看不到。我不希望胜利，也不愿获得王国和享乐。

32—34. 我希望获得王国、幸福和享乐，是为了这些列阵以待的人们，众师长和岳父，诸位祖父和父亲，还有内兄和内弟，以及亲朋和子孙。而他们却要为战争献性命抛财富。歌温陀（克里希那）！王位、欢乐和生命，对于我们又有什么用处？

35. 即使这些勇士冲来将我杀戮，我也不愿意杀死他们。即使是为了三界的王位，我也不愿意杀死他们。更何况是仅仅为了大地，摩涂苏陀那！

36. 瞻纳陀那（克里希纳，赋予兴旺和救赎者）！杀了持国诸子，还有什么幸福可言？杀死了那些罪人之后，罪过也就归属于我们。

37. 因而我们不该杀害持国诸子！他们是我们的亲属，摩闼婆（克里希纳）！杀了宗亲还谈什么幸福？

38. 我们的敌人因为贪欲把他们的心窍迷惑，他们看不到杀灭亲友的罪过。

39. 瞻纳陀那哟！如今我们看到了毁灭宗亲的罪恶，为什么还不赶快挣脱？

40. 宗族一旦毁灭，传统的宗法必废。宗法一废，邪恶就会将全族支配。

41. 克里希纳哟！邪恶泛滥，家族的女子便会失贞。女子一不贞，种姓的混乱便会产生。

42. 混乱会招致地狱之祸，降灾于毁族者和宗亲，因为无人举祭供奉饭水①，祖先也会跟着他们倒霉。

43. 毁灭宗族者造成这些罪过，导致种姓混乱。它使传统的种

———————————

① 为去世的人举行的葬礼，供奉其食粮。

姓之规丧失，它使传统的宗族之法溃崩。

44. 瞻纳陀那哟！我们曾经听说：毁了宗法的人们，永住地狱，这确凿而毫无疑问。

45. 哎呀！我们竟然横下心来去招致不容宽恕的罪过，为了贪求王权和享乐去诛戮自己的宗亲。

46. 如果说持国诸子用武器把我杀死在战场，我将放下武器而不抗争，如此倒觉得坦然舒畅。

桑遮耶说：

47. 阿周那在阵前说了这番话，说完他心里万分悲伤，于是他扔掉手中的弓箭，一屁股倒坐在车座上。

上述为《薄伽梵歌》第一章，名曰"阿周那的忧伤"。

第二章

桑遮耶说：

1. 阿周那满怀怜悯之情，心中充满悲伤，眼里泪水汪汪，摩涂苏陀那（克里希纳）对他说了下面的话：

薄伽梵说：

2. 阿周那哟！在这紧要关头，你怎么会产生这种不良的思想！这不是高贵的人所应有，更不是升天之道，反而会招致毁谤。

3. 不要屈服于软弱，帕尔特！这对你的身份很不合适，敌人的惩罚者！站起来吧！快抛弃你心中的卑微怯懦。

阿周那说：

4. 毁敌哟！摩涂苏陀那（克里希纳）！毗湿摩值得尊敬，德罗纳值得推崇，在战场上，我怎么能用羽箭向这两位值得敬佩的人进攻？

5. 我宁愿行乞，也决不诛戮那些拥有伟大灵魂的尊长。杀死了他们，我们享受的财富和欲望将会沾上血渍。

6. 是我们战胜他们，还是他们战胜我们，二者哪一种更好，我却搞不清。持国的儿子们就站在前面，杀死了他们，我们也痛不欲生。

7. 我的天性已被怜悯和郁闷控制，什么是我的本分，我实在糊涂。请你（克里希纳哟！）一定告诉我究竟应该怎么做？我皈依你，请教导我！我是您的门徒。

8. 即使授予我统治众神的权力，在大地上得到富饶无比的王国，我看也不能消除我的悲怆，这悲怆使我忧心如焚。

桑遮耶说：

9. 古塔给舍（阿周那）这位敌人的惩罚者，对赫里史给舍（克里希纳）说了这些，便说："歌温陀哟！我不打仗了！"说完他就陷入了沉默。

10. 在两军之间，阿周那正在忧愁伤感。赫里史给舍（克里希纳）面带笑容，打开话题向他进言。

薄伽梵说：

11. 你嘴里说着聪明话，却为不应忧伤者忧伤。贤者不忧死者与尚存者。

12. 我未曾不存，你与诸王亦是如此。以后，我们大家也并非不存而亡。

13. 正如灵魂所寄宿的形体，经历童年、青年和老年；同样，灵魂也有形体的变更，对这一点，智者决不受惑乱。

14. 恭底耶！与物境接触，能给人带来苦乐寒暑，这些感觉来去无常，有始有终，婆罗多！你可要（勇敢地）忍住。

15. 人群中的豪杰哟！若感安详平静，接触物境不会烦恼。此人一定享有永生，把苦乐视为等同。

16. 无中不能生有，有中也不能生无。二者的自性与最后终极，唯真知者才能通晓。

17. 你要知道：不灭者遍及一切。永恒常存者，谁也不能把它毁掉。

18. 人体可以毁灭。宿于人体的灵魂，永恒常存，不可毁灭，不可言说。所以，战斗吧，婆罗多！

19. 有人认为它（自我）在杀伐，有人认为它（自我）可以被诛戮，这两种人都不懂得真理。因为它既不能杀，也不能被杀。

20. 任何时候它（自我）都不生不灭，曾经存在过，也不进入无。它不曾出生，它永恒常存，太始无变。形体可毁灭，它也不会灭。

21. 帕尔特！懂得它不生不灭，永恒常存，不曾出生，永远不变，那么他怎能使人杀伐？他又怎能诛戮别人？

22. 正如有人脱掉了旧衣，换上了新衣，同样，灵魂解脱了旧身，另入了新体。

23. 剑不能将它（自我）砍，火不能把它焚，水不能让它湿，风不能使它干。

24. 它的确不能砍、不能焚，它不能湿、不能干。它遍于一切、万劫不灭，它亘古长存、永恒不变。

25. 据说它隐而不显，不可言诠，绝无变异。因此，你就不该再忧愁伤感。

26. 即使你认为它不断地死和生，大力士哟！你也不该忧心忡忡。

27. 因为生者必有死，死者也必有生。所以，对不可避免之事，就不该如此忧伤。

28. 婆罗多哟！万物最初隐而不明，中间阶段它才显现，最后它又复归隐没。对此有何值得伤感？

29. 有人将它视为奇异，有人将它说成奇异，有人将它听成奇异，然而却无人将它听懂。

30. 灵魂宿于众生的体中，它永远不会受到毁坏。所以，婆罗多哟！对于芸芸众生就不必那样忧愁悲怆。

31. 即使从你自己的达摩①来看它，也不应该犹豫不定，因为对于刹帝利（勇士）而言，没有什么高于正义之战。

32. 那些刹帝利，帕尔特！他们却是那样的幸运，偶然遇到的这场战争，便是敞开的通天之门。

33. 倘若你不参与这次正义之战，就会丧失责任和盛名，就会招致罪恶的到来。

34. 世人就会永传你的恶名，对于高尚的人说来，恶名比死亡更加让人讨厌。

35. 勇士们将会这样认为：你因怯懦而临阵脱逃。那些曾经尊敬你的人，将会对你轻蔑。

36. 敌人也将对你进行毁谤，流言蜚语一定不会很少，你的能力也会受到怀疑，还有什么比这更让人苦恼！

37. 你若在战场上倒下，你将会升入天堂。你若能获胜，你将拥有大地。所以，请站起来，恭底耶！下定决心去战斗！

38. 你要视胜败等同，等同看待得失苦乐。快去打仗吧！不然，你就会招致罪过。

39. 帕尔特！以上所述是数论的哲学观点。现在我来讲解瑜伽思想，知晓了它，你可挣脱业（因果）的束缚。

---

① 道德和宗教的责任。

40. 在此（瑜伽）中，业既始则不废，也不会有什么恶果。只要有少许瑜伽，便可免除巨大恐惧。

41. 俱卢难陀那！本质为判断的智慧，只有一种。无判断能力的智慧，种类繁多，无穷无尽。

42. 帕尔特！喜欢蠢材的巧语花言，只信吠陀经典，声称："其他皆无"。

43. 那些蠢材利欲熏心，视天 ① 为最高目标。为了达到享受和荣华的目的，做烦琐的特殊仪式，其作为只会导致生和业的报应。

44. 其心为美辞所迷惑，故耽于富贵和享乐。此人不可入三昧，又不可冥想我。

45. 吠陀讲三德 ② 的内容，阿周那哟！愿您从三德中得到解脱，愿您要坚持永恒真理、脱离双昧（苦乐冷热），丢掉财产幸福，只专注于自我。

46. 在洪水遍地的时候，一口井的用处能有几何；对于有学识的婆罗门，全部吠陀的用处就有几多 ③。

47. 您的责任就在于履行职责，任何时候都不要追求它的结果。切勿使追求业果成为动因，也不需要将那无为执着。

48. 如果您舍弃了迷恋又坚信瑜伽，那就该履行你的职责，檀南遮耶！对于成功失败应该等同看，等同看待也就是所谓的瑜伽。

49. 檀南遮耶！若把有为（追求业果）与智瑜伽相比，确实差得很远，所以，您要在智慧中寻求庇护！而贪求业果的人显得卑微可怜。

50. 在此生中，有智慧的人将把善恶全都抛掉，因此，您要修

① 天是最高幸福的暂时寓所。

② 萨埵：善的本质；罗阇：活动和情感的品质；答摩：愚暗和懒惰的本质。

③ 本节表明纯粹书本知识与直接的道的视界之间的区别。

习瑜伽！在有为中瑜伽则是诀窍。

51. 有智慧的那些智者将业的结果全部舍弃，他们解脱了生的束缚，达到了无灾无难的境地。

52. 将来，当你的智慧超脱了迷惑的疑团，您就不会再被已闻和将闻的事情惑乱。

53. 你那判断事物的能力被吠陀经文弄得迷乱颠倒，一旦它坚定地处于三昧，您就会把那瑜伽得到（数论或与神结合）。

阿周那说：

54. 凯舍婆！已经入定的智慧坚定者如何形容？智慧坚定者如何说话？如何安坐？如何行动？

薄伽梵说：

55. 当摒弃了心中的欲望，而又满足于自我，帕尔特哟！这时候，他才被称为智慧坚定者。

56. 处忧患不为忧患所惊，居安乐不为安乐所动，抛却情欲、畏惧和嗔怒，此人才称为智慧坚定之圣。

57. 无论逢吉祥还是遇凶险，既不喜悦也没有怨憎。对于任何事物均无爱意，此人的智慧方称为坚定。

58. 犹如乌龟从四方缩回肢体，而将诸根抽离于根境。这种闭锁所有感官的人，他的智慧才称得上坚定。

59. 对于戒食的人说来，物境虽去其味尚存。当体验到无上我之后，原有之味将消失净尽。

60. 恭底耶！即使是一个智者，一个奋发努力的人，那躁动不安的诸根，也强烈地诱惑他的心。

61. 专注我的人既然控制了诸根，就应该继续将瑜伽修行。一个完全控制了诸根的人，他的智慧才算是坚定。

62. 一个人思念诸种物境，对物境的迷恋便会生出。由迷恋则能产生欲望，由欲望又会产生嗔怒。

63. 由嗔怒再生出迷惑，因迷惑而记忆消散。记忆消散而智慧泯灭，智慧一灭他就完蛋。[①]

64. 人若携诸根漫游于根境，诸根屈服于自我而远离爱憎。这样一个自我克制的人，便可以获得安逸平静。

65. 当放逸平静出现之后，各种痛苦则会全部消除。这种心境平静的人，智慧很快就能显露。

66. 不坚持瑜伽则无智慧，不坚持瑜伽则无专注。无专注者则无平静，无平静者何谈幸福？

67. 因为诸根如若躁动，心将随之波动不安。波动之心会夺走智慧，犹如风卷水中之船。

68. 因此，无论于何处，都应使诸根脱离根境。诸根脱离根境者，其智慧才称得上坚定。

69. 众生沉睡的夜晚正是克己者清醒的时间，众生清醒的时间则是善察仙人的夜晚。[②]

70. 犹如千流入大海，盈溢之海无波动。诸欲进入无欲者，所得到的是平静。诸欲进入贪欲者，所得却是不安宁。

71. 如若有为而无所求，既无我所亦无我慢，诸种欲望全被弃绝，那他会有平静安恬。

72. 这就是梵界（绝对真道），帕尔特！达到了此界，则无愚

---

① 贪婪之人看到一袋金子，便开始想金子的价值，对物的迷恋便在他的心中滋生；由迷恋，他有种强烈的愿望，渴望占有金子。若有人或有物妨碍了他欲望的满足，便会滋生嗔怒。由嗔怒再生出迷惑等，智力混乱，然后记忆消散，他便忘记自己在生活中的位置和责任。他要是处于这种状态，便是非不分，所作所为导致自己的毁灭。

② 对一般人而言，精神就像充满黑暗的夜晚；对智慧的人，精神就像充满清晰和光明的白昼；诸根在一般人大脑中大大清醒，非常活跃；在智慧人大脑中好像沉睡一般，他们通晓诸根欲望的无用。这是夜晚和白昼所代表的人类生存的两极。

阁。如能安住于此界，寿终则能达到梵涅槃。

上述为《薄伽梵歌》的第二章，名曰"数论和瑜伽"或"智慧之道"。

第三章

阿周那说：

1. 瞻纳陀那！凯舍婆（克里希纳）！如果您认为智慧比有为更加优越，那您为什么还劝我从事可怕之业？

2. 您那似乎混乱的言辞 ① 把我的头脑弄得糊里糊涂。请快给我以明确回答，好让我靠它获得更大幸福。

薄伽梵说：

3. 在此界有两种信仰，很久以前我就将它阐述。安那客！一种属于数论派，它借智慧瑜伽立其足。一种属于瑜伽派，而以有为瑜伽为基础。

4. 一个人不从事任何事业，也不能到无为的目的。如果单是通过舍弃，也不能将那成功获取。

5. 无论谁如果完全休止无为，他就连一瞬间都不能维持。人之所以有为而不由自主，乃因受出于原质的三德驱使。

6. 所有业根虽被克制而心却盘旋于根境，这个本质愚昧的人，只能给以伪善之称。

7. 有人用思想克制知根，实践有为瑜伽而靠业根。他没有一丝一毫的迷恋，阿周那！他便是高尚之人。

8. 由于有为胜于无为，所以您一定要为之！对于无为的人说

---

① 有时颂扬有为，有时颂赞智慧。

来，连身体都不能维持。

9. 除为祭献 ① 的事情之外，这个世界均受业的束缚。恭底耶！你要为祭献而为！如此你就可以将迷恋解除。

10. 远古，生主创造了众生和祭祖，而后便说出了如下言语："愿祭祀成为你们的如意牛 ②！将来你们要靠它繁衍生育。"

11. "你们要用祭祀供养众神！众神也要将你们抚育。神和人彼此相互滋养，你们将获得最大神益。"

12. "依靠祭祀维生的众神，将给你们所渴望的享受。"只受神的恩施而不回报，这种人只能算是小偷。

13. 食祭祀余物的善人，免除了各种罪过。为自己烹煮的罪人，只能自食其恶果。

14. 众生依食而生，食物来自雨水，雨水出于祭祀，祭祀源于有为。

15. 要知道，业生于梵，梵由不灭所生。因此，遍于一切之梵，永远处于祭祀之中。

16. 这种周而复始的循环，在此界人若不去顺应，却一味作孽纵欲，帕尔特！这种人活着亦属虚生。

17. 人若满足于自我，只从自我寻求欢乐，唯于自我尝到甘甜，那么他将无事要做。

18. 在此界，他决不靠有为去得到什么，也不靠无为失去什么。对于这样的人说来，则没有东西要向万有索取。

19. 因此，您不要有任何迷恋，经常从事应当从事的事业。从事其业而无迷恋的人方能达到至高无上的境界。

① 宗教仪式、祭祀、崇拜等。

② 具有象征性的牛，它拥有非凡的品质，可以给予扔奶者渴望得到的任何东西。

20. 以禅那迦①为首的那些人，通过有为获得了成功。所以，您着眼于世界幸福，也该做你应该做的事情。

21. 无论高贵者做什么，平庸者也都做什么。人们之所以仿效他的作为，是因他树立了作为的准则。

22. 帕尔特！在三界之中，我没有应得而未得之物，也没有任何应为之业，然而我仍然在业中忙碌。

23. 因为假如我在业中，不是不知疲倦地劳作，人们就会完全循着我的道走。啊！帕尔特！

24. 假如我休止不为，诸界则会崩溃毁坏。②我就成了种姓③混乱的制造者，众生也会遭到灭顶之灾。

25. 婆罗多哟！愚蠢的人劳作而迷恋于业。智者不应迷恋于有为，一心只想造福于世界。

26. 愚者虽然迷恋于有为，智者也不要使其思想混乱。从事诸业而坚持瑜伽的智者，应使其从事诸正义业。

27. 三德隶属于原质，诸业均由三德所做。心灵被我慢迷惑的人，才认为"我是做者"。

28. 大力士哟！真道者！德业（品质、诸根和有为）本有别，谁对这种本质已经了然，认为"诸德运行于德中"，谁就不会陷入迷恋。

29. 因其为原质的三德所惑，才对三德之业产生迷恋。这些知之不全的愚夫，全知者不应将其扰乱。

30. 您将诸业献给我，心里只念纯自我，离却欲望④亦无我

---

① 伟大的王，以其智慧和没有迷恋而闻名。

② 由于缺乏社会、道德和精神榜样。

③ 人的品质顺序或区分。

④ 渴求结果。

所 ①，焦躁之情已经平息。战斗吧！阿周那哟！

31. 那些虔敬笃信之士，永远听从我的劝说，他们没有丝毫怨恨之心，那定将从业中获得解脱。

32. 不听从我的教诲者，总喜欢吹毛求疵，那些白痴毫无头脑，须知，他们定将泯没殄逝。

33. 即使是一位贤哲，也得随其原质而行，众生也得顺其原质，那强制不为尚有何用？

34. 爱憎皆属于知根，二者都基于根境。它是人们的仇敌，故不当受制于爱憎。

35. 自己的达摩虽然有些缺陷，也较善施他人之达摩优胜。履行他人之达摩确有危险，顺应自己的达摩虽死犹荣。

阿周那说：

36. 然而，瓦湿内耶（阿里希纳）！究竟是什么强迫人们去作孽？似乎有一种力量使人违愿。

薄伽梵说：

37. 一种是罪大恶极的嗔怒，一种是毁灭一切的贪欲，二者皆由罗阇之德（情感品质）产生，在此世二者皆为仇敌。②

38. 正如火由烟所遮，明镜由灰尘所蔽，胎儿由子宫所包，智慧则由二者隐匿。

39. 恭底耶哟！贪欲之火难以满足，智慧则由欲火蒙蔽。难以满足的贪欲之火，永远是智者的大敌。

40. 诸根、心识和智力，被认为是贪欲的住所。贪欲靠三者蒙蔽智慧，并将那灵魂迷惑。

41. 因此，婆罗多的俊杰哟！你首先控制诸根。你要抛弃罪恶

---

① "我"与"我所"的根。

② 贪欲与嗔怒二者不可分，因为嗔怒是由贪欲受阻引起。

的贪欲，因为它能把智、识毁灭。

42. 众说诸根优胜，心识却在诸根之上，智力优于心识，而他（Atman，自我）则比智力更强。

43. 大力士哟！您既然明白了他高于智力，那您就要自己克制着自己，即克服以贪为貌的难克之敌。

上述为《薄伽梵歌》的第三章，名曰"有为瑜伽"或"行业之道"。

第四章

薄伽梵说：

1. 这一永恒不朽的瑜伽，我曾对毗婆思万讲述，毗婆思万又授予了摩奴，摩奴又传给了伊刹瓦古。

2. 瑜伽就这样相互传承，王仙们这才将其了然。敌人的惩罚者（阿周那）哟！随着时间的流逝，瑜伽在这界长期失传。

3. 古代的这种瑜伽是最高的机密，因为您是我的好友和信徒，所以我就把它传给了你。

阿周那说：

4. 毗婆思万生于前，而你却在他之后。我应该怎样理解瑜伽始于您的讲授？

薄伽梵说：

5. 阿周那，往世您我皆历多生，以往诸生我全都知晓。敌人的惩罚者！您却对以往诸生全不明了。

6. 尽管我自己不生不灭毫无变化，尽管我是万有的神主，然而我是以自己的原质，靠自我的摩耶（神秘力量）生出。

7. 每当达摩衰竭，而非达摩盛行之时，婆罗多！那时候，我就让自己降生于世。

8. 为了保护善良，为了剪除邪恶，我每时必现，来重新建树达摩（美德与宗教）。

9. 我这神圣的生和业，谁要是真正将它懂得，谁就会在抛却身体之后，不再投生而是归溶于我。

10. 离却情感、畏惧和嗔怒的人，求我庇护、心中唯有我存在，他们靠智慧苦行得到了净化，而后便能进入我的性态。

11. 谁要是皈依于我，我就会满足他的愿望。帕尔特！在各个方面，他们都会沿着我的道走。

12. 在此界，人们崇敬众神，是希望事业获得成功。这是因为，在人世间，成就很快能从业中产生。

13. 是我依据不同的德和业创造了四个种姓。① 要知道，我既是创造者，又是无为者且亘古常恒。

14. 我既不追求业的结果，又不为诸业所玷污。这样，认识我的人才不会受到业的束缚。

15. 业由欲求解脱的古人所为，这种情况你已经如实了解。了解之后，你就该从事曾由古人从事过的事业。

16. 什么是有为？什么是无为？即使智者对此也十分迷惑。我要给你讲讲什么是有为，懂得了它便能从邪恶中解脱。

17. 对于有为应该知晓，对于非为应该明了，对于无为应该懂得，有为之道确很深奥。

18. 谁能在有为中见到无为，又能在无为中见到有为，在众人中

---

① 大梵代表精神品质，如善、静等。喀沙特耶代表萨埵（善）和罗阇（情感、雄心）的结合。商贾阶层吠舍由罗阇（情感）和达摩（愚钝）代表。侍仆阶层首陀罗由答摩（愚钝、无明和懒惰）代表。简言之，这四个种姓给出了有组织的劳动分工形式，根据每个人的品质和能力把他放在合适的位置。

谁就算最有智慧。他是有确定智慧的人，是所有有为的真正实行者。①

19. 谁在从事诸业的活动中，把各种意愿全都舍弃，并用智火把诸业焚烧净尽，智者们就把谁称为智者。

20. 常满足亦无所赖，且不执着于业果，尽管在业中忙碌，却等于任事没做。

21. 诸贪求舍弃净尽，无欲望而制身心，唯借体从事其业，故不会罪过染身。

22. 随其所获皆大满足，超越双昧（苦乐寒暑），消除嫉妒，同等看待成功失败，纵然有为亦不受缚。

23. 无迷恋、却双昧，只为祭献而活动，思想坚信此智慧，所为之业方消融。

24. 祭祀、祭品皆为梵（常道），祭品由梵掷梵火（梵的另一种形式）。唯信诸业为梵士，方能将梵来获得。

25. 有一些瑜伽者把祭品献给神明；另有人通过祭祀，把祭品献于梵火中。

26. 有人将耳等知根奉献给控制之火；有人将声音等根境奉献给知根之火。

27. 另有人将诸根的作为，以及生息的活动，均献于被智慧点燃的自我克制的瑜伽火中。

28. 有人祭献财物，有人祭献瑜伽，另有人却以苦行作为牺牲，那些严守誓言的禁欲者，祭献的却是智慧和自我习诵。

29. 有人把呼气奉献给吸气，又将吸气奉献给呼气，那些控制了呼吸气道的人全都专心致志于调息②。另有节制饮食的人，将生息

---

① 本节意为：真正明智的人，知道如何把身体、心识和诸根与自我区分开来。即使在物质层面上，活动在继续，他知晓真正的自我并不在活动。

② 控制调息（Pr·na）的一些呼吸活动；生命力。

奉献给生息。

30—31. 他们全都通晓祭祀，靠祭祀把诸罪净涤。食祭祀剩余的甘露，才能达到永恒的梵境。啊，俱卢之雄！不祭祀就连此界都不可得，更何谈他界。

32. 展现在韦陀（梵的显现或常道）前的祭献，种类是那样繁多。要知道诸祭均由业生，懂得了它，您就会解脱。

33. 帕尔特（阿周那）哟！智慧祭优于财物祭献，敌人的惩罚者哟！诸业均在智慧中臻于完善。

34. 那些通晓诸谛的智者将要把智慧教授给你。您可要好生侍奉他们，不懂就恭敬地向他们学习。

35. 您懂得了它，般达婆！您就不再迷离懵懂，您将靠它见到万有寓于我又寓于自我之中。

36. 若与那些罪人相比，唯独您的罪恶滔天。所以，只有乘智慧之舟，才能渡过那罪恶之渊。

37. 阿周那！犹如烈火将柴薪化作灰烬，同样，智慧之火将诸业烧成灰粉。

38. 因为在此界的净化，没有哪个能与智慧类同。借瑜伽而获圆成的人，必将净化于自我之中。

39. 谁有信仰并控制了诸根，便得到了智慧且对它专诚。谁就在得到智慧之后，很快体验到无上平静。

40. 如若愚昧又无信仰，心神疑惑，他必亡故。心惑之人既无今世，亦无来世，更无幸福。

41. 檀南遮耶哟！若靠瑜伽舍其所为，用智慧断其所疑，自我克制了自我，那诸业就不会将他缚系。

42. 疑虑寓于内心而生于无知，您要用自己的智剑将它斩杀。杀灭之后，婆罗多！您就起来专心致志修习瑜伽。

上述为《薄伽梵歌》的第四章，名曰"依靠智慧舍弃有为瑜伽"或"智慧之道"。

第五章

阿周那说：

1. 克里希纳哟！你既称赞舍弃有为，又称赞有为瑜伽，二者哪一个更好？请你给我以明确回答。

薄伽梵说：

2. 舍弃有为和有为瑜伽均能导致无上自由。二者中间，有为瑜伽比舍弃有为更加卓著。

3. 如若无所欲亦无所憎，此舍弃者则被认为十分坚定。大力士哟！却除了双昧（寒暑苦乐等），就很容易获解脱于束缚之中。

4. 愚夫说数论和瑜伽有别，智者与愚夫则迥然不同。只要正确坚持其一，也能喜获双成。

5. 信数论者能达之境，信瑜伽者也能够到达。把数论和瑜伽视为一体，才算是正确的观察。

6. 大力士哟！不修有为瑜伽，舍弃很难获得成功。修习瑜伽的智者，可以迅速达到梵境。

7. 修习瑜伽净化心神，控制自我克服诸根，把自我视为众生之我。纵然有为，他也不会染身。

8—9. 明了诸谛坚持瑜伽的人认为"我不做任何事情"。观看、视听、触摸、嗅觉、品尝、呼吸、睡眠、走路、言谈、排泄、捉握，还有眼睛的闭和睁，他坚信上述种种都是诸根在根境中的活动。

10. 他将诸业归于梵，虽然有为无迷恋。此人不会染诸罪，犹如莲叶 ① 水不沾。

11. 为了净化自我，瑜伽者舍尽迷恋，以身心从事其业，还用智慧和诸器官。

12. 既瑜伽者能有无上平静，是因为完全舍弃了业果。非瑜伽者为欲望所驱使，受束缚是因对业果执着。

13. 灵魂由心舍诸业，自我克制不妄行。不使他为非已为，只是安宿九门城。

14. 神主未造世间诸业，也未将其为者创生，未使有为与果相连，悉皆归于原质运行。

15. 神主不曾给谁以罪过，也不曾给谁以善为。无知所蔽智慧暗，由此众生变愚昧。

16. 众生心中之智慧，一旦将那愚昧销毁，那智慧则犹如太阳，向其无上我投射光辉。

17. 若将心智倾注于它（无上我），对它虔诚以它为终的，则不再进入轮回，其罪恶也会被智慧净涤。

18. 无论是博学谦恭的婆罗门，还是母牛、大象、小狗及贱民，贤人哲士对待诸类，一视同仁而无尊卑之分。②

19. 在此界，诸君能降创造之物（世上的生命），是因君心坚持等同。梵即等同而无云翳，因此诸君居于梵中。

20. 遇所恶不应苦悲，逢所好不必高兴。智慧坚定者不会受惑，通晓梵的人居于梵中。

21. 心灵不与外界相触，反从自我寻求安舒。心神已入梵瑜伽者，才能享受永久之福。

---

① 荷叶出淤泥而不染。

② 他们看到处都是同样的潜在自我。

22. 相触能产生愉快，这是痛苦的孕育者。愉快却有始有末，智者却不会从中取乐，恭底耶哟！

23. 在从躯体解脱前，贪嗔冲击忍得住。圆满实现瑜伽者，方能品到乐与福。

24. 内有幸福与安恬，犹有光亮心中闪。此瑜伽者已成梵，故能得到梵涅槃。

25. 诸仙克已破疑团，济助众生心喜欢。一切罪恶全消尽，而后方达梵涅槃。

26. 诸苦行者离贪嗔，控制思虑止杂念。自我也已被领悟，身边自有梵涅槃。

27—28. 心神凝于双眉间①，不与外物相接触。调气息于两鼻孔，匀呼吸于纳和出。离却欲望与惧嗔，克制诸根及心识，唯想解脱之仙人，永远化作超然士。

29. 我是祭祀、苦行的享受者，我是全世界的大自在天，我是一切创造物的朋友，懂得我的人便能得到安恬。

上述为《薄伽梵歌》的第五章，名曰"舍弃有为瑜伽"或"舍弃之道"。

第六章

薄伽梵说：

1. 为所应为而不念其结果，此人方为舍弃者和瑜伽者。舍弃者并非舍弃有为，也不是不去点燃祭火。

2. 所谓舍弃乃瑜伽，般达婆啊！您要知晓：如若业果欲念不

_____

① 克制心神的一种形式。

舍净，修持瑜伽谁都做不了。

3. 仙人意欲攀瑜伽，有为称之为途径。仙人所以至瑜伽，其道称之为无为。

4. 当他无耽于根境，也不迷恋于业中。万般欲念皆舍弃，方称登瑜伽上峰。

5. 自我应由自我拯救，不要使自我沮丧泄气，因为自我既是自我之友，自我又是自我之敌。

6. 如果自我克制自我，自我便是自我之友。倘若不能克制自我，自我如敌而结怨仇。

7. 一旦克制了自我，心境安恬平静自若，其无上我便能等视荣辱、凉热和福祸。

8. 自我满足于智与识，克制诸根而志不拔，泥土金石等同看，此瑜伽士方为"既瑜伽"（智慧已定的圣人）。

9. 对于同心者、朋友、仇敌，对于中立者、公证人、仇人和亲戚，对于圣贤和罪人，一视同仁者无与伦比。

10. 无欲望的瑜伽者[1]，克制心神和自我，独自处于清幽处，当与我常相结合。

11. 净处为己设坐席，切勿过高和过低。席上铺垫谷舌草，覆盖布片和鹿皮。

12. 端坐于席止根动，控制心猿和意马。凝聚心神于一点，为净自我修瑜伽。

13. 头颈躯体要端直，保持安稳不摇荡。意注自己鼻尖顶，切勿顾盼于四方。[2]

---

[1] 通过克制心神和沉思冥想而力图达到与神的结合。

[2] 克制心神的一种形式。

14. 心神平静无惶惧, 梵行之誓 ① 守不移。制心念我持瑜伽, 端坐以我为终的。

15. 修持瑜伽的瑜伽者, 控制心识、停止思虑。与我相应持之以恒, 方可达到平静安谧。这种平静建立于我上, 它以涅槃为无上终的。

16. 阿周那哟! 饮食过量或不食不餐, 那也不能将瑜伽修炼。昏睡不醒或不睡不眠, 要修瑜伽也很难。

17. 饮食娱乐要适当, 睡眠清醒亦合度。从事诸业不过分, 瑜伽方能灭痛苦。

18. 一旦心虑被调服, 绝灭欲望唯念我。此无欲之士, 称为离诸欲的相应者。

19. 止息思虑的瑜伽者, 自我已与瑜伽相应。他好像无风处的灯盏, 其灯焰静直毫不摇曳。

20. 靠瑜伽阻止狂奔的心意, 狂奔之心才能被降服。唯有通过静观自我, 才能在自我之中得到满足。

21. 于此方觉到无幸福, 此福不为知根触。唯由心灵所领受, 既入其中不复出。

22. 若认为既得之物最好, 再无他获价值更高。对此信念坚定不移, 那就不为痛苦所扰。

23. 须知, 与苦羁之脱离, 其名就被称做联系。修持瑜伽应有决心, 而决不要颓丧萎靡。

24. 产生想象之欲望, 尽被舍弃无剩余。用心克制诸知根, 不与各方相联系。

25. 凭借着坚定毅力, 渐渐地获得平息。将心神都凝聚于我, 切勿产生任何杂虑。

---

① 神仙生活和禁欲的誓言。

26. 动荡不定的心识，四处漂游无静止。多方约束勿使狂奔，将其纳入自我控制。

27. 瑜伽者的情感已经平复，他纯洁无瑕又与梵合一。无上幸福来到他的身旁，其心境已现恬适安谧。

28. 涤除罪恶的瑜伽者，只要与我常结合，涤除掉罪恶，他便容易尝到幸福的甘味，那是与梵接触的最大欢乐。

29. 如果自我达到了瑜伽态，处处等观而无丝毫差别，他便会在一切中见到自我，也会在自我中见到一切。

30. 他在我中能见万有，也能在万有中见到我。我既不能失去他，他也不能失去我。

31. 我遍居于众生之内，瑜伽者对我十分崇敬。同一的观念他信守不渝，任其所为仍居于我中。

32. 阿周那哟！谁能把一切比成自我，处处等视苦和乐，谁就可以被认作最高的瑜伽者。

阿周那说：

33. 摩涂苏陀那（克里希纳）哟！你说瑜伽具有等同性，我却看不见它的坚实基础，因为我烦躁不安心神不宁。

34. 克里希纳哟！心识强大且有力，躁动狂奔而无息。故把心识比作风，想要制伏它颇不易。

薄伽梵说：

35. 大力士哟！心识诚然难以控制，它躁动不安游荡飘忽。然而，恭底耶哟！通过反复修习，离却欲望即能把它调服。

36. 我认为：不克制自我瑜伽状态确实难达，善于克己奋发努力者才能够获得瑜伽。

阿周那说：

37. 克里希纳哟！有信仰却不能克制自我，心别瑜伽而四处漂移。修习瑜伽不能成功，还有什么地方可去？

38. 大力士（克里希纳）哟！若在通向梵的途中，迷茫动摇而踟蹰不前，两失之人岂不像残云而随风飘散！

39. 克里希纳哟！您应该彻底消除我的疑问，因为能消除我这疑问的，除了你而无别人。

薄伽梵说：

40. 帕尔特哟！无论是今生还是来世，他都不会殄消，因为任何一个行善者都不会踏上灾难之道。

41. 他可以到达贤人的境域，在那里长久地居住。而后，这个失掉瑜伽的人，便降生到纯洁的豪门富户。

42. 或者他投身于明智的修习瑜伽者的家室。要得到这样的投生，在世上可是一件难事。

43. 在那里，他又悟到了前生所形成的智慧印象。于是乎，俱卢难陀那哟！为成功他又重新奋发向上。

44. 这是因为他不由自主地为前生修习所强制的结果。所以，即使向往瑜伽，也会胜过吟诵吠陀①。

45. 奋发努力的瑜伽修习者，经努力才能涤除自己的罪孽。这成功并非一生一世，历多生方达此最高境界。

46. 瑜伽者优于苦行者，甚至比智者还要出色，瑜伽者还胜于祭仪执行人。因此，阿周那哟！你要成为瑜伽者。

47. 在瑜伽修持者中，唯怀虔信者能凌瑜伽之顶。他们以皈依我的赤诚，一心一意地将我崇敬。

上述为《薄伽梵歌》的第六章，名曰"自我克制瑜伽"或"沉思冥想之道"。

---

① 举行经书上的仪式和礼仪。

第七章

薄伽梵说：

1. 请听啊，帕尔特哟！你已经把我当做了庇护者，你修习瑜伽将我冥想，无疑你能够完全懂得我。

2. 我要把智慧和知识毫无保留地告诉你。你懂得了它，在此界，再无其他所要知道的东西。

3. 努力追求成功的人，千人之中只有一个。在努力且成功者中，仅有一人真正知我。

4. 地、水、火、风、空，心、智慧和我慢，是我那原质的八个不同方面。

5. 这还是比较低级的原质。须知，大力士！我还有高级的原质。这种高级原质化成了生命，整个世界皆由它所载持。

6. 它孕育了世间万有，这一点你应当了解。我既是全世界的起源，又是全世界的毁灭。

7. 檀南遮耶（阿周那）哟！高于我的，没有其他任何东西。宇宙万物均系于我，犹如一线将群珠穿起。

8. 恭底耶！我是水的滋味，我是太阳和月亮的光芒。我是吠陀的"唵"音①，我是人的英气和空中的声响。

9. 我是大地的清香，我是火中的光焰。我是众生的生命，我是苦行者的苦行。

10. 帕尔特哟！你要知道，我是万有的永恒之种，我是智者的

---

① 或神的话。同基督教神学的逻各斯。

智慧，我是光荣者的光荣。

11. 婆罗多的英雄！对于众生，对于强而有力的人们，我是舍弃欲望和情感的力量。我是不违达摩（精神责任）的欲望。

12. 要知道，属于萨埵（善的本质）、罗阇（情感）和答磨（无明、惰性）的万有都来源于我。它们均含于我内，而我却不为它们所包括。

13. 迷惑全世界的万有，皆由三德所演生。受惑的世界，并不知我高于万有且亘古常恒。

14. 我的摩耶也由三德所成，它神圣奥妙难以克服。唯有皈依我的人，才能将这摩耶超度。

15. 受惑作恶的卑贱者，却不肯皈依于我。其智慧已被摩耶掳走，其本性则属于阿修罗。

16. 阿周那——婆罗多俊杰哟！有四种善行者将我敬慕。他们是疾苦者和求知者和贪财好利之徒和贤哲。

17. 其中最优良的是贤哲，因其常修瑜伽信仰专一。他们为我所至爱，我为他们所至喜。

18. 上述均为尊贵者，唯贤哲被认做我自己。因其心与我相应的哲人，对我笃信，以我为终的。

19. 贤哲经历多生，最终却要归于我。万有皆为婆苏天，这个大我很难得。

20. 智被诸欲掳走的人，便皈依于其他诸神。他们为其原质所强制，只得将各自的礼仪遵循（以期获得享乐和权力等）。

21. 心怀虔诚的信仰者，无论想崇拜什么形象，我都会让他们坚守各自的信仰。

22. 有的人怀着那种信仰，对那种形象敬仰尊崇。他从中满足了欲望，这欲望也都是由我所规定。

23. 那些智力浅薄者，得到的是短暂之果。敬仰神者归于神，虔信我者归于我。

24. 那些没有头脑的蠢材，认为无形之我有形象。其实，他们并不明白，我的最高存在永恒至上。

25. 我受瑜伽摩耶①的掩蔽，对万有均不出露显现。这一受到迷惑的世界，并不知道我不生不变。

26. 往昔和现在的万有，阿周那哟！我全都知晓，我也知道将来的万有。然而，对我却无人明了。

27. 愿望和仇恨产生于双昧，敌人的惩罚者，婆罗多哟！创造物世界的众生都因双昧陷入了迷惑。

28. 有些人根绝了罪恶，在有为中积聚了功德。他们坚守誓言始终不渝，脱离了双昧且敬仰我。

29. 努力奋发求我佑，为从老死获解脱。他们全知梵和业，亦能全知纯自我。

30. 我含超神、超万有，也将那超祭祀囊括。心我相应的瑜伽士，即使在寿终也知我。

上述为《薄伽梵歌》的第七章，名曰"智和识瑜伽"或"智和识之道"。

第八章

阿周那说：

1. 人中的俊杰（克里希纳）哟！何为纯自我？何为梵？何为

---

① 迷惑包括三德。

超万有？何为超神？何为业？

2. 摩涂苏陀那哟！在人体中，何为超祭祀？克制自我的人在临终时，又该怎样将你认识？

薄伽梵说：

3. 最高的不灭则是梵，所谓纯自我即自性，创造则被称做业，业能使万物诞生。

4. 人中的俊杰（阿周那）哟！变灭性则为超万有（有形世界），超神亦即布鲁舍（普遍精神），体中的超祭祀（寓居的祭祀庙）就是我。

5. 寿终之时思念我，捐弃躯体而别离，他会溶入我的状态。此真真切切而毋庸置疑。

6. 恭底耶哟！在寿终时，无论对何物思慕，脱体后必归其所思，此因对所思常念之故。

7. 因此，你就参加战斗吧！无论何时都要把我回忆。将心神和智慧都用于我，您将归于我而毋庸置疑。

8. 反复修习瑜伽使心识平静，约束它，不让它四处漂移，使其专念无上的布鲁舍，方能将神圣的布鲁舍皈依。

9. 他应该沉思先知和古人，思念万有的浮载和君王，浮载小于极微亦不可名状，它胜过黑暗而色如灿阳。

10. 一个人在临死之前，心神宁静坚守信仰。他凭瑜伽之力准确地把生息凝于双眉中央，这样方能将那神圣无上的布鲁舍归往。

11. 有一境，知吠陀者称之为不灭，离却情感的苦行者 [1] 方能进入其中，过梵行生活 [2] 的人都渴望把它得到，我这就简要地把它讲给你听。

12. 他把诸窍全都封闭，而将思虑禁锢于心底，置生息于自己

---

[1] 自我控制的弃绝者。

[2] 禁欲和纯洁的生活。

的头顶（双眉中央），执着瑜伽而坚定不移。

13. 称梵为神秘的"唵"音，专心致志地将我思忆。这样一个舍身而去者，方能达到最高目的。

14. 凝思自我经常不断，心无杂虑始终如一。帕尔特哟！此瑜伽者常修不懈，得到我就十分容易。

15. 高尚的人已获圆成，归我之后亦不再生。再生则为痛苦之源，它易消失且无常恒。

16. 阿周那哟！梵界之下，尽是充满轮回的世界。恭底耶哟！一旦归我之后，便不会再生。

17. 历千世为梵一夜，越千载为梵一日。明了此种情况者，方为懂得昼夜之士。

18. 当白昼来临时，万物由晦而现；夜晚来临又复逝，此时称为不明显。①

19. 帕尔特哟！再三出露的万物必然覆没于夜晚。当白昼来临，万物又会再现。

20. 超越冥有，另有冥性永存。万物尽皆消逝，唯有冥性不泯。

21. 所谓永恒不灭的冥性，被称之为最高的终点。这正是我的无上住所，达到之后便不再复返。

22. 帕尔特哟！至高无上的布鲁舍，唯靠虔诚的信仰才能获得。万有均寓于他内，一切均由他遍充囊括。

23. 婆罗多族的俊杰哟！瑜伽者何时逝而再生，何时逝世而不再返，我将告诉你那个时间。

24. 火、光、白昼、白半月（月满），太阳北归的那半年，通晓梵者此时逝，便会趋向于梵。

---

① 这两节表明由梵的昼夜所代表的宇宙能量总和的发展和衰退。

25. 有烟、夜晚、黑半月（月缺），太阳南去的那半年，此时若至月光界，瑜伽之士仍复还。

26. 两条宇宙的永恒之道，被认为是一明一暗（智慧之道和无明之道）。循前者不再投生（自由），循后者仍旧复返。

27. 帕尔特哟！瑜伽者搞懂了这两条道路，他就不再受迷惑。因此，阿周那哟！你无论在什么时候，都要修习瑜伽。

28. 瑜伽者弄通了上述道理，便能超越吠陀中讲到的祭祀、苦行和布施的功德果，也才能达到太古无上的住所。

上述为《薄伽梵歌》的第八章，名曰"不灭梵瑜伽"或"不灭梵之道"。

第九章

薄伽梵说：

1. 因为你是不爱挑剔的人，所以我要把那最高机密对你解说。如果你懂得了这种智和识，就会从罪恶的深渊中得到解脱。

2. 它是学问之王，机密之首，它很神圣且又无上至极。它明白易懂合乎达摩，永恒不逝而且行之也易。

3. 般达婆（阿周那）哟！不信这种达摩（纯我之学）的人，就不能归于我，而会重蹈那伴有死亡的轮回覆辙。

4. 全宇宙尽我所充，而茫茫不显我形。那万有均涵于我内，我却不涵于万有之中。

5. 万有却又非含于我内，请看我的瑜伽多神圣！我的自我为万有之源，维持万有而不为万有所容。

6. 犹如大气弥漫各处，而且常居太空。要知道，那万有同样寓于我中。

7. 恭底耶哟！劫末万物都归入我那原质。到劫初，我又将万有创始。

8. 我用自己的原质，再三把群有创生。群有皆不由自主，是因受原质所控。

9. 檀南遮耶（阿周那）哟！任何业（创生和终止）都不能束缚我，因为我处之泰然，又不将诸业执着。

10. 恭底耶哟！在我的监督之下，原质产生了动静之物。正是由于这种原因，宇宙才会周而往复。

11. 我依附于人的形体，愚昧者却将我轻侮。他们不识我的无上性，不知它是万有的大自在主。

12. 有些人行事徒劳愿望虚空，智慧贫乏而心地愚蒙，他们所具有的是罗刹①（不洁净、情欲强烈、邪恶的动物）和阿修罗（愚暗、无明的动物）的迷惑之性。

13. 恭底耶哟！那些高尚者所具有的却是神的属性，他们知我是不灭的万有之源，而且诚心实意地将我崇敬。

14. 他们经常将我礼赞，坚守誓言努力奋争，常修瑜伽向我行礼，对我敬仰心怀虔诚。

15. 有人以智为祭品向我奉献，将我视为一体而对我尊崇，或者将我分别视为多类敬仰我，我却为遍宇之容。

16. 我是火②，我是神圣的赞词③，我是祭品④，我是药草，我是酥

---

① 罗刹（梵文R·ksasa）古印度神话中的恶魔，最早见于《梨俱吠陀》，相传原为印度土著部族的称谓；雅利安人征服这一地区后，"罗刹"一词成为恶人的代称，并演化为"魔鬼"的称谓。

② 某种雅利安仪式。

③ 祭祀。

④ 为已故祖先供奉的物品。

油之清^①，我是祭祖的供品，我是祭祀，我是祭祀的举动。

17. 我是这个宇宙的父母，也是宇宙的浮载者和先祖，我是《梨俱》《夜柔》和《娑摩》^②，我是"唵"音和可知之物。

18. 我是终的、朋友、主人和见证，我是庇护所、住所和载承，我是起源、毁灭和存在，我是贮藏所和不朽之种。

19. 阿周那哟！我放射着光和热，我操纵泼洒着雨水。我为永生又为死灭，我亦是亦非（显现和不显现）。

20. 有人懂得三吠陀^③，罪恶净尽饮苏摩^④。他们欲求升天路，借以祭祀敬慕我。帝释净界既达到，在天享受天神果。

21. 广阔天宇任享受，功德耗尽入死域。众生如此蹈三规，贪图享乐获来去。

22. 谁敬仰我，专心思念我，而没有一丝一毫邪念，谁坚持修习瑜伽，我就将给谁以幸福财产。

23. 恭底耶哟！即使有些信仰者，虔诚地将它神崇敬，这也等于崇敬我，纵使其方式不合规定。

24. 我为诸祭之主，又为诸祭的享受者。有人之所以失足，是因没有真正知我。

25. 虔信神者归于神，虔信魔者归于魔，虔信先祖归先祖，虔信我者归于我。

26. 有人献我以花叶，又献水果表虔诚。我受虔诚之供物，是因奉者心纯净。

27. 恭底耶哟！把你的所为和所食，把你的苦行和施舍，把你

---

① 吟唱、沉思冥想的神圣文本，人们以此得到纯洁。

② 《吠陀》的不同分支。

③ 第17节提到的内容。

④ 甘露，祭祀的残余物。

的祭献和供物，都当做祭品献给我。

28. 您将解脱业的束缚，也将脱离善恶之果。自我修习舍弃瑜伽，解脱之后则能归我。

29. 我对万有一律等观，既无所爱也无所憎。虔敬我者寓于我内，我也寓于他们之中。

30. 即使罪恶多端品格低劣，只要他专诚敬仰我一个，那他也当被认为是善者，因为他已做出正确抉择。

31. 只要他趋于永久的平静，便能速成达摩的化身。你应该懂得，恭底耶哟！虔信我的人永不凋殒。

32. 即使是出身卑贱者——妇女，犬舍（商贾阶层）、首陀罗（侍仆阶层），只要求我庇护，帕尔特哟！也能达到无上目的。

33. 更何况有功德的婆罗门，以及虔诚的诸王和仙人！[1] 这样一个痛苦无常的世界，你既已进入，就要对我笃信。

34. 专心于我吧，要向我献祭！虔信于我吧，要向我敬礼！您要把我作为最高归宿，您完成了瑜伽就将与我合一。

上述为《薄伽梵歌》的第九章，名曰"王学王秘瑜伽"。

第十章

薄伽梵说：

1. 大力士哟！你既然高兴，就请听我的金玉良言。我把它讲给你，是出于良好的意愿。

2. 不论是群神还是大仙，均不知我的始初。而我却是天神的

---

① 他们达到无上目的是多么的容易。

起源，又是大仙们的始祖。

3. 谁知我是诸界的大自在，是非生而且没有始初，谁就是人中不受迷惑者，谁就能把所有罪过消除。

4. 智、识、无惑、宽恕、真理、克制、平静、快乐、痛苦、生死、畏惧与无畏。

5. 戒杀、平等、满足、苦行、施舍、荣辱，凡此众生的不同气质皆由我生出。

6. 七位大仙、以前的四位①。还有摩奴，皆为我的思想产物，带着我的天性。在此界，世人皆出自此。

7. 谁真正弄懂了我这表现，真正弄懂了我这瑜伽，谁就能达到永恒的瑜伽之境。我说的真切而无一点虚假。

8. 我是万有的起源，万有皆由我产生。如此认识我的智者，敬仰我而心怀至诚。

9. 如果时常思念我、谈论我，把毕生都奉献给我，且能互相鼓励劝勉，那就会知足而常乐。

10. 对于那些常持瑜伽，且又虔心敬我的人，我便授之以智慧瑜伽，依靠它方能向我趋近。

11. 我寓于每个人的内心，我用明亮的智慧之灯，照亮他们心中的愚暗，是出于对他们的同情。

阿周那说：

12—13. 您是无上梵和最高住所，您是神主和最高的净化者，您不是所生而遍满一切，您是永恒和神圣的布鲁舍。仙人和天仙：那罗陀、阿悉多、提婆罗和毗耶娑，他们都曾讲到过您，说您是永恒光辉者，是原初神灵，天生而遍满一切。而今天您却亲自向

———————

① 比七位大仙更年长。

我述说。

14. 凯舍婆（克里希纳）哟！您对我说的这番话，我全都信以为真。的确谁都不知您的表现，无论是鬼还是神。

15. 唯有您亲知您的自我，万有之源啊！神中之神！至高无上的布鲁舍！万有之主哟！世界之君！

16. 您的自我显现很神圣，您借以将那诸界充盈。您存身赖以这弥漫之态，请仔细地把它讲给我听！

17. 世尊（克里希纳）哟！我总在考虑您，可我不知道如何将您认识。现在，我当从哪些方面思考您？啊，瑜伽师！

18. 瞻纳陀那（克里希纳）哟！请再将您那表现向我细说，请再把您那瑜伽对我详谈。此因为，听者不满足于您那甘露之言。

薄伽梵说：

19. 好吧！俱卢族的英雄啊！我这就给你概要地讲讲我那神圣表现，我广远辽阔无垠无边。

20. 古塔给舍（阿周那）哟！我为众生之始，我为众生之中、末，我为众生心中之自我。

21. 在阿提帖中，我是毗湿奴。在光明中，我是太阳。在风神中，我是摩利支。在群星中，我是月亮。

22. 在吠陀中，我是娑摩吠陀。在诸神中，我是伐裟婆（因陀罗）。在知根中，我是心。在众生中，我是知觉。

23. 在婆苏中，我是帕伐羯。在夜叉罗刹中，我是维帖奢。在群山中，我是迷卢山。在楼陀罗中，我是商羯罗。

24. 要知道，帕尔特哟！我是家庭祭司之主：蒲厉贺斯帕底。在众多将领中，我是塞建陀。在所有湖泊中，我是浩瀚之海。

25. 在大仙中，我是步厉古。在语言中，我是单一的"唵"声。

在祭祀中，我是默祷祭。^① 在群山中，我是喜马拉雅之峰。

26. 在树木中，我是阿湿婆陀。在天仙中，我是那罗陀。在干达婆中，我是吉多罗罗他。^② 在成就仙中，我是仙人迦毗罗。^③

27. 在马群中，我是长耳马，须知它生于甘露之浆。在佳象中，我是蔼罗婆特。在人群中，我就是君王。

28. 在兵器中，我是金刚杵。在母牛中，我是如意牛。在生殖者中，我是矜达婆。在群蛇中，我是伐苏启。

29. 在水族中，我是伐楼拿。在龙群中，我是阿难多。在先祖中，我是阿利耶曼。在执法者中，我是焰摩。

30. 在鬼怪中，我是蒲罗贺拉陀。在计度中，我是时刻。在飞禽中，我是金翅鸟。在兽群中，我是狮子。

31. 在净化者中，我是风。在勇士中，我是罗摩。在鱼类中，我是鲨鱼。在河流中，我是恒河。

32. 阿周那哟！我是一切创造物的始、末、中。论学说，我是纯我之学。对于雄辩者，我则是论证。^④

33. 我是字母中的"阿"字母，我是离合释的相违释，^⑤ 我是无尽无休的时间，我是形貌遍宇的载持。

34. 我既是吞灭一切的死，又是将要诞生者的生，阴性名词中我是声望、兴旺、语言、记忆、才智、坚定、宽恕。

35. 在赞词中，我是普利诃娑摩。在韵律中，我是伽耶特利之韵^⑥。

---

① 默诵经书。

② 天上的乐师。

③ 数论派（一译"僧法派"）哲学的创立者。

④ 寻求真理的辩论。

⑤ 系词性同。

⑥ 二十四音节的诗节。

在月份中，我是摩伽湿利舍。在季节中，我是烟花之春。

36. 我是发光者的光辉，我是有力者的勇猛，我是胜利，我是坚持，我是高尚者的美德。

37. 我是诗人中的乌商那，我是仙人中的毗耶婆，我是般度后裔中的檀南遮耶，我是雅度族的婆苏提婆。

38. 我是惩罚者的棍杖，我是求胜者的良策，我是严守秘密的沉默，我是智者的智慧。

39. 凡万有之种，阿周那哟！那都是我。假如没有我的存在，也就没有动者和静者。

40. 敌人的惩罚者哟！我那神圣的表现，无尽无休。这种表现的辽阔邈远，已由我概要地向您述说。

41. 任何存在，不论它力量超人，还是威严壮丽、灿烂辉煌，它的产生，您要知道，都是出于我的一份光芒。

42. 好了，阿周那！对您说来，知道得那么多又有何用？我只需要用我的一部分即可将那全宇宙充盈。

上述为《薄伽梵歌》的第十章，名曰"表现瑜伽"或"神圣表现之道"。

第十一章

阿周那说：

1. 您出于对我的宠爱，才对我倾诉了金玉良言，称为纯自我的最高秘密驱散了我的疑团。

2. 莲花眼（克里希纳）啊！关于万有的生和灭，我从你那听了个仔细。我还详尽地听了你那常存不灭的威严和壮丽。

3. 至高无上的自在天啊！您已经如实地把自我讲了讲。至高无上的布鲁舍哟！我还想看看您那神奇的形象。

4. 神主啊！如果你认为，你的形象可以给我看看，瑜伽之主啊！那就请您将不灭的自我显现。

薄伽梵说：

5. 帕尔特哟！请看！我的形象变化万千，种类殊多，奇妙动人，形态不一，五彩斑斓。

6. 啊，婆罗多！请看阿提帖、楼陀罗、婆苏、双马童、摩录多！① 请看那未曾见过的诸多奇景！

7. 古塔给舍（阿周那）哟！整个宇宙成为一个整体，动静之物均由它所包容，现在就请您仔细观看！想见之物都在我的形体之中。

8. 然而，靠你的肉眼，却不能将我观察。我赠您一对神奇的眼睛，来观看我的神奇瑜伽。

桑遮耶说：

9. 这位伟大的瑜伽主刚把上面的话讲完，便把无上的神奇容貌呈现在帕尔特面前。

10. 面目不一，众多奇观；天上神饰，杂沓纷繁；武器高擎，种类殊多；兵刃不同，神妙非凡。

11. 身着天衣饰花绣，肤擦香膏神圣油。尽是奇辉映异彩，诸方神貌多无休。

12. 若论大我光辉，唯有千日同升，齐照耀于太空，方可与之类同。

13. 整个宇宙归于一体，千差万别各不相同。般度之子在此所

---

① 天上神灵的名称。

见，均在神上神的体中。

14. 檀南遮耶见到这种形象，毛骨悚然，大为惊异。躬身合十向神敬礼，平身之后，便开口言语。

阿周那说：

15. 神啊！在您身上见到了诸神，见到了神龙和诸位仙人，见到了梵主坐于莲座，还有那万有荟萃于汝身。

16. 见您有无数臂、腹、口、目，您的形貌繁多无尽无穷，形貌遍宇哟，宇宙之主！于各方均不见您的始、末、中。

17. 我见你头戴王冠，手执钉锤，神轮托在掌上，你身躯高大无法测度，光芒四射灿烂辉煌。从各方都难以正视，您的光焰恰似那炽火灿阳。

18. 您是可知的不灭终极，您是常恒不逝的布鲁舍，您是宇宙的最高归宿，您是永恒达摩的不朽卫护者。我知道，您是古老的存在。

19. 我见您没有始、中和尽头。您威力无穷、生有无数双手。您以日月为目，面如炽火，以自己的光辉普照宇宙。

20. 天地之间唯为您所漫布，四面八方唯为您所渗透。看到您那奇异可怕之形，三界都被吓得发抖。

21. 神群络绎不绝地进入你的躯体，那些惶惧者双手合十对你称颂，大仙和悉檀仙众同声祝愿"您好"！并以最美的赞词将你歌咏。

22. 楼陀罗、阿提帖、婆苏、萨睒耶，毗湿婆、双马童、摩录多、乌湿摩波、干达婆、夜叉、阿修罗和悉檀诸仙，他们都凝望着您而惶恐惊愕。

23. 巨臂之神啊！你那硕大的躯体有无数面、目、腹、股和胳臂，因为口生獠牙而令人生畏，诸界见到你和我一样恐怖战栗。

24. 毗湿奴哟！你高耸云霄，光辉灿烂，大口如盆，巨目闪闪。见到您，我的心瑟缩颤抖，我不能宁定泰安。

25. 神主啊！你的口犹如劫末之火，颗颗巨齿而令人恐怖，见到它我失魂落魄。平息吧！宇宙之归宿！

26. 持国的儿子们，和那些护世之王，还有毗湿摩、德罗纳、苏多之子和我方的良将。

27. 瞬息之间都被吸进您的口，您嘴里的巨齿让人畏惧。见到已经化为齑粉的头颅，还挂在您那牙齿的缝隙。

28. 宛如条条川溪江河向着大海汹涌奔流，人世诸雄也纷纷进入您那喷焰吐火之口。

29. 好似习蛾迅速扑向炽烈的火焰而毁灭，众人也迅速冲进您的许多大口而终绝。

30. 毗湿奴哟！您用喷焰吐火之口向四周吞噬舔吮着众人，您以光辉充满宇宙，又用可怕的烈焰将它烤焚。

31. 平息吧，无上神！向您敬礼，请告诉我形象可怕的您是谁？我想了解您这位太初之神，因为我不知道您有何种作为。

薄伽梵说：

32. 我是永恒的毁世之时，我的责任就是毁灭众人。那敌方的勇士，即使没有您，也都会荡然无存。

33. 请您站起来吧！克敌之后，您将拥有富国，取得美名。那些人早已被我杀死，您只是充当工具，左臂子弓（阿周那）哟 ①！

34. 德罗纳、毗湿摩、遮耶达罗他、迦尔那以及其他善战的英雄，他们已经被我杀灭，请诛戮吧！不要畏惧，战斗吧！您将无敌于阵中。

———————————

① 阿周那用左手就可射箭。

桑遮耶说：

35. 着冕者（阿周那）听了凯舍婆（克里希纳）这番话，如鲠在喉喛嚅不能成声，哆嗦着双手合十再次弯腰行礼，开口讲话而心里却极度惶恐。

阿周那说：

36. 正因为您的威名，赫里史给舍（克里希纳）！全世界都为之欢欣鼓舞拍手称颂。诸成就仙群都会向您弯腰行礼，所有的罗刹也都被吓得四散逃命。

37. 崇高之神啊！无限者啊！神主哟！宇宙的寓所啊！您为创始者且比凡高，您怎能不令仙群竞折腰！您为非变异，又是亦非是，或高于二者。

38. 宇宙之归！无尽无了！您是原神，您是原人，您是宇宙的最终归宿。您是知者、被知者和至上终极，貌无穷哟！宇宙皆由您遍布。

39. 您是风神、死神、火神、水神，您是月神、生主和人类的祖宗。向您行礼、行礼、千次行礼！向您致敬、致敬、再次致敬！

40. 万有啊！在前后向您行礼！从四面八方向您致敬！因为您力量无限，遍充万有，威力无穷！所以，您是万有。

41. 认为您是朋友，才冒昧地喊："嗨，克里希纳！""嗨，雅达婆！""嗨，朋友！"我未觉察到您的伟大，是因对您至亲或因疏忽之过。

42. 我单独与您相处或在他人面前，出于玩笑，于食、睡、坐和游戏诸方面，对您皆有失敬。为此，恳请您宽恕，阿逸多！您宽宏大量浩渺无边。

43. 你是动静两界之父，你是先知而令人敬慕。既然三界已无物与你匹比，哪还有比您更高的它物？

44. 因此，我向您弯腰行礼五体投地，受人称颂的神主，请求您开恩！就如父亲对其子、朋友对朋友、亲者对其所亲那样宽恕我！大神！

45. 我高兴地见到了从未见到的奇观，然而，恐惧仍使我瑟缩抖动。神主哟！请平息，宇宙之归宿！神啊！请为我现出您那本来面容。

46. 我想看到您以前那副模样；执钉锤、托神轮、王冠戴在头上。啊！千臂者！遍宇貌哟！请再现出您那四只手的形象（毗湿奴的形象）。

薄伽梵说：

47. 阿周那！由于我对您宠爱，我才靠自我瑜伽现出了最高形象。除您之外，从来没人见过，它遍及一切，太始无穷，灿烂辉煌。

48. 啊，俱卢之雄！无论靠吠陀、祭祀、布施、习诵，还是靠礼仪和严酷的修行，在人界，除您之外，再也没人见过我这形象。

49. 您看了我这可怕的形象，不要受惑也不要惶恐。待您惊魂已定，心情转喜时，再来看看我那另外一副面容。

桑遮耶说：

50. 婆苏天（克里希纳）对阿周那说毕，他自己的形象即刻复现。崇高之神恢复了温柔模样，便对恐惧者进行慰勉。

阿周那说：

51. 瞻纳陀那哟！我看到了您那凡人般的温柔面容，我的心方始宁定，有了知觉，又恢复了我那本来性情。

薄伽梵说：

52. 您已经见到了我这难以见到的形象。观看我这形貌，连众神也一定渴望。

53. 无论靠布施、祭祀，还是靠苦行、吠陀，谁都不能像你那样见到这副形象之我。

54. 只有靠虔诚的信仰，才能真正看到我、理解我，也才能归于我。阿周那啊！敌人的惩罚者！

55. 啊，般达婆！无迷恋而为我操持他的事业，以我为最高目的且虔信我，对所有存在之物均无敌意，这样的人才归于我。

上述为《薄伽梵歌》的第十一章，名曰"呈现遍宇形貌瑜伽"或"呈现遍宇形貌"。

第十二章

阿周那说：

1. 有些人经常修习瑜伽，敬仰您而且十分虔诚；有些人敬仰冥有和非变异，他们中谁对瑜伽最为精通？

薄伽梵说：

2. 常修瑜伽对我专诚，怀以至高信仰对我崇敬。这样的人在我看来，才配享有最高瑜伽者之称。

3. 他们所敬仰的是永恒不灭、不可名状、非显非现、遍及一切、不可想象、固定不动、常存不灭。

4. 善于控制诸知根，处处坚持等同观念，并且乐于济助众生，定能与我化为一同。

5. 凡凝思于冥有者，均有无穷无尽的烦恼。因为无形的冥有之态，有形者很难体验到。

6. 有人以我为最终目的，唯借瑜伽把我冥想，将诸业全都奉献给我，并且虔诚地将我敬仰。

7. 啊，帕尔特！将心神专注于我之人，我便迅即成为他们的拯救者，救他们脱出生死轮回之海。

8. 全神贯注于我吧！把您的智慧奉献给我！而后，您将常寓我内，这丝毫不必疑惑。

9. 檀南遮耶哟！如果不能全神贯注于我，您就反复地修习瑜伽。通过瑜伽的反复修习，就有希望得到我。

10. 假如您无力进行修习，那就专做有利于我的事情。为我做了许多事情之后，您就会获得圆满成功。

11. 如果您仍然做不到，那就依赖我的神奇之力，对自我严加控制，把诸业之果全都舍弃。

12. 因为智慧比修习优胜，禅定却比智慧更高，舍弃业果胜禅定一筹，而平静比舍弃更好。

13. 对待万有，友好、怜悯而无仇怨，等视苦乐宽厚忍让，既无我所，亦无我慢。

14. 对我虔信，坚定不移，而将心、智对我奉献，自我克制，总觉满足，此瑜伽者方如我愿。

15. 人若不厌恶他人，亦不为他人所厌，他能超脱喜怒怯勇，这才为我所喜欢。

16. 无所盼望，纯洁伶俐，没有烦恼，冷漠无牵，对我虔信，从不创新，这才为我所喜欢。

17. 谁能做到不计福祸，不悲不喜，无欲无恨，且怀有虔敬笃诚之心，谁就是我所喜欢的人。

18. 谁能等视敌友，等同看待荣辱，等视严寒酷暑，谁能驱除迷恋。

19. 谁能等视毁誉，沉默无言，事事满意，居无定处，思想坚定，对我虔信，谁就是我所喜欢的人。

20. 谁把我看做最高终的，怀有信仰并有虔敬之心，遵从上述合理的不朽教诲，谁就是我最喜欢的人。

上述为《薄伽梵歌》的第十二章，名曰"虔信瑜伽"或"虔信之道"。

第十三章

（阿周那说："我想了解什么是田和知田，凯舍婆！什么是原质，我想了解什么是布鲁舍，什么是智慧，什么是可知。"）

薄伽梵说：

1. 恭底耶哟！这身体称为"田"，明白这个道理的人们把知身者称为"知田"。

2. 你要知道，婆罗多！在诸田中，我也是知田，有关田和知田的智慧，被认为属于我。

3. 什么是田，有什么性质，它来自何物，变化如何；知田是谁，有何性能，听我概要地把它们叙说。

4. 此为不同仙圣以各种不同韵律所歌颂，亦以富于推理的梵经格言所吟咏。

5. 五大（地、水、火、风、空）、我慢、觉、非显（本性）、十根（诸根和有为）、一心和五根境和；

6. 欲、嗔、苦、乐、和合、觉、坚毅，凡此合称则为田，共寓之性为变异。

7. 谦卑、诚实、戒杀、宽恕，以及正直、尊敬师长和纯洁，还有刚直与克己；

8. 不贪根境，亦无我慢，生、老、病、苦、死，悉皆被洞穿；

9. 不恋妻、子，不牵家庭，一切顺逆，视作等同；

10. 专修瑜伽，对我忠贞，结庐僻静，不与人群；

11. 对纯我论坚信不疑，对诸谛学的洞察穷原竟委，以上所述称为"智慧"，与之不同的只能称为"愚昧"。

12. 我将把那可知讲述，领悟了它便得到了永恒；它就是无始的最高之梵，"非有非无"则是它的称呼。

13. 它到处都有手和足，到处都有口和目，到处都有首和耳，它将全世界充漫周布。

14. 它不具备各种知根，却似有诸知根的性能。无牵连却维系着万有，无三德却享有着德行。

15. 它在万有之外亦在其中，它既是静物又是动物，它极近却又相距辽远，它不可知乃微妙之故。

16. 它既独立完整不可分割，却又分别居于万有之中。它是毁灭者又是创生者，它被称为万有之载承。

17. 它被称做超越黑暗者，是诸种光线中的光明，是智慧、可知、凭智可悟，它却存在于万有的心中。

18. 以上便是我所描述的田、智慧和可知的梗概。我的信奉者懂得了它，便能达到我的性态。

19. 须知原质和神我，二者皆无始初。转变与三德，皆由原质生出。

20. 因果相衔，原质为因；感受苦乐，神我为因。

21. 寓于原质之神我，享有原质之三德。投生于好坏之胎，是因对三德执着。

22. 寓于体中的最高神我，被称为见证者和允诺者，也称为载乘和大自在，或曰享受者和无上我。

23. 如此懂得了神我，懂得了原质和三德，此人便不会再生，无论其行为若何！

24. 亲证自身之我，有人靠僧佉瑜伽，有人靠禅定，有人靠有为瑜伽。

25. 另有人不明这种道理，听了他人之言才敬仰我。即使他们依赖于所闻，也不能将那死亡超脱。

26. 婆罗多的俊杰哟！无论生者何物，动者静者，知晓它是原质与神我的结合。

27. 有人见到无上自在均匀地寓于万物，万物有逝而他永存，此人所见确切无误。

28. 因其见到自在天均匀地漫布于天际，故自我不伤自我，此人便能达到无上终的。

29. 有人如若发现唯有原质从事诸业，自我却是无为者，其看法才算确切。

30. 谁将万有的多样性，看做统归于一，并由一扩大之时，谁就算达到了梵的境地。

31. 恭底耶哟！永不泯灭的无上我，既无诸德又无始初。虽宿体内亦无所为，且不被那有为（业果）玷污。

32. 犹如遍及一切的空气，因其微妙而不受染。同样，无所不在之我，虽寓体内而不被玷。

33. 婆罗多哟！宛如一轮红日将整个世界普照，有田者，同样把诸田照耀。

34. 谁以慧眼看到了田与知田的区别，见到万有离却原质的解脱，谁就能臻于无上境界。

上述为《薄伽梵歌》的第十三章，名曰"田和知田的区别瑜伽"或"身体和灵魂的区别之道"。

第十四章

薄伽梵说：

1. 还有诸学中的无上学，我也要把它讲给您听。诸位仙人懂得了它，便获得了无上圆成。

2. 有些人凭惜这种学问归于我，与我化为一同，这样便在毁劫 ① 时无恐惧，在创世 ② 时也不再投生。

3. 婆罗多哟！我的胎藏为大梵，我将胎儿置其中，那万有皆由它萌发诞生。

4. 恭底耶哟！于各种胎藏中，萌发各种有形之物。梵是有形之物的孕育之器，我为播种者亦为其父。

5. 萨埵、罗阇、答摩，③ 这三德皆由原质生出。体中的宿主永不泯灭，而三德却能束缚宿主。

6. 其中，萨埵因其纯洁，而完美无瑕光辉璀璨，它行束缚，安那客！是以对幸福和智慧的迷恋。

7. 恭底耶哟！要知道罗阇的本质是贪欲，它是欲望和迷恋的根源，它束缚形体的宿主，是依赖对有为的迷恋。

8. 婆罗多（阿周那）哟！答摩生于愚昧，您知道它会使宿主迷乱，它行束缚依赖嬉忽，还依赖那懒惰和沉眠。

9. 婆罗多哟！罗阇使人迷恋于有为，萨埵使人迷恋于幸福，答摩蔽其明智，使人迷恋于嬉忽。

10. 婆罗多哟！克服了罗阇、答摩，就会出现萨埵；克服了萨埵、答摩，就会出现罗阇，克服了萨埵、罗阇，就会出现答摩。

---

① 终止。

② 创造。

③ 善、情感、愚昧。

11. 当智慧之辉于身内诸窍闪烁光芒，此时，便会得知萨埵已经增长。

12. 婆罗多的英雄啊！随着罗阇的增长，便会创诸业、有贪婪、生躁动不安和奢望。

13. 俱卢难陀那哟！一旦答摩居于优胜，昏暗、懒惰、嬉忽、迷惑便随之产生。

14. 时值萨埵增盛，恰有生命终绝，它便趋向净土——知真谛者之世界。

15. 在罗阇优胜时死亡，他便在迷业者中投生；在答摩优胜时死亡，他便投生于愚者胎中。

16. 据说善业之果纯洁，其性属于萨埵，罗阇之果痛苦，答摩之果愚拙。

17. 智慧出于萨埵；贪婪出于罗阇；嬉忽、愚昧和无知悉皆来源于答摩。

18. 萨埵性者上升，罗阇性者居中；那些品行卑劣者，性属答摩而趋向下层。

19. 当卓识者发现动因——唯三德而非其他存在，且知高于三德者，他便趋向我的性态。

20. 有身超脱了三德，三德皆由身体生出。那脱离生死老苦之魂，则会尝到不死的甘露。

阿周那说：

21. 神主啊！超越三德者其行若何？有何标志？他怎样将这三德超脱？

薄伽梵说：

22. 般度之子啊！光明（萨埵）、躁动（罗阇）、愚闇（答摩），当其消止无冀望，当其出现无怨憎。

23. 他坐而不为三德所扰，对任何事物都似乎冷漠无牵，悟到"世间只有三德运行"，他便宁定不动、处之泰然。

24. 他悠然自处，等观苦乐，把泥土、金、石看成一般。他坚定不移，等视好恶、等视对己之褒贬。

25. 等同看待荣与辱，等同看待敌和友，绝不创始诸新业，三德才算被超出。

26. 靠信仰瑜伽将我崇敬，目的专一且甚虔诚。此人既脱三德，即可归于梵境。

27. 因为我为不朽、不灭梵之归宿，亦为永恒达摩、终极幸福之础。

上述为《薄伽梵歌》的第十四章，名曰"三德的区别瑜伽"。

第十五章

薄伽梵说：

1. 据说有一种树，名曰阿湿婆陀，其根在上，其枝向下垂落，其叶为不朽的吠陀经文。谁懂了它，谁就算通晓了吠陀。

2. 以三德滋养的枝干，在人世间向上下伸展，它的嫩枝就是根境，根受业缚而向下蔓延。

3. 在尘世还没有人发现它的形貌，它的始末根基也不曾有人看见。砍倒这棵根深蒂固的阿湿婆陀，需要用那锋利的无迷恋之剑。

4. 而后便能达到向往之境，达此境者则不再还，我找到了原初的神我——太古活力的起源。

5. 若去傲慢愚痴，矫正迷恋之过，根绝诸神欲望，全神贯注纯我，离却苦乐双昧，其心不受迷惑，此人方能达到永恒不灭之所。

6. 我那至高无上的宿地，火的光焰不能把它染红，日月不能把它照得通明，进入此地者便不复再生。

7. 我那永恒的一分，在有生界化成了生命。它培育了心和五根，这六根均处于原质之中。

8. 自在潜入这身体，亦能弃舍此身躯。它携诸根而出走，如风挟芳香离芳寓。

9. 凭着触、味、嗅，亦靠视与听，另借其心根，感受诸物境。

10. 自在天的离与住，以及伴以三德之享用，受惑者难以觉察，唯慧眼者才能将其辨明。

11. 勤奋努力的瑜伽者，能见寓于自身的自在天。本性不堪造就的愚昧者，虽努力也不能将其明辨。

12. 太阳的光芒普照整个宇宙，要知道，阳光、月光、火光皆为我所有。

13. 我进入大地之后，用生机维持万物，我化为苏摩醇浆，把各种植物滋补。

14. 我化为生命之火，存在于众生之体，消化四种食物，[①]调顺上下之气。

15. 我遍居于众生心内，记忆、智慧皆由我生，失去的能力也来源于我。靠吠陀确能将我弄懂，我是吠檀多的作者，对吠陀也十分精通。

16. 世上有两种神我——易逝的和不灭的。易逝的化成了万物，万物的终极称为不灭者。

17. 另有最高的布鲁舍，三界都由他维持弥漫。他被称为无上

———————————
① 要求嚼、吮、舔、吞或饮的四种食物。

我, 也是不灭的自在天。

18. 因为我高于易逝者, 甚至也高于不灭者, 所以在世间和吠陀中, 我被称做无上神我。

19. 啊, 婆罗多! 未受迷惑者把我当做无上神我, 真心实意地将我崇敬, 他是全知。

20. 完人啊! 婆罗多! 以上所述是最为深奥之论。懂了它, 便能如愿以偿, 亦算有才有智之人。

上述为《薄伽梵歌》的第十五章, 名曰"无上布鲁舍瑜伽"。

第十六章

薄伽梵说:

1. 无所畏惧、品质纯洁, 坚信智慧瑜伽、布施, 自我克制, 举行祭祀, 诵读经文、禁欲、正直。

2. 戒杀、真诚、无嗔怒, 不中伤、平静、舍弃, 怜悯众生、不贪婪, 温和、谦虚、稳重。

3. 英气、宽恕、坚忍, 纯洁, 无怨、不骄, 婆罗多哟! 这些均属于生来就具有神资的人。

4. 帕尔特哟! 虚伪、自负、嗔怒、妄言、无知、骄矜, 这些均属于生来就有阿修罗资质的人。

5. 据说神的资质趋向解脱, 阿修罗的资质趋向束缚。般达婆哟! 您不要悲伤, 您生来就具有神的天赋。

6. 在此界, 被创造的众生分为两类, 一类赋有神资, 一类赋有阿修罗性。赋有神资的人我已详述, 帕尔特! 现在我就把阿修罗性的人讲给你听。

7. 何事当为，何事不当为，阿修罗性的人根本不懂。在他们那里没有纯洁，也没有善行和真诚。

8. 他们说："世界并不真实，没有自在天，也没有基础，世界也并非相因而生，唯情欲是因，舍此别无他故。"

9. 持有此见者，智力浅薄没有灵魂，行为野蛮从事酷业，是导致世界毁灭的敌人。

10. 这些人欲壑难填、虚伪、狂妄、骄矜，因愚昧而持错误之见，他们行事而动机不纯。

11. 他们的忧虑没有穷止，直到死亡才告终结。满足欲望就是最终目的，肯定这就是他们的一切。

12. 他们沉湎于情欲和嗔怒，又被无形的奢望之索束缚。为了达到那享乐的目的，企图用卑劣手段积蓄财富。

13. "今天，我已获得了这个，明天，还想获得所欲获；这份财物虽已为己所有，那份财物也当归属于我。"

14. "我已经杀死了那个敌人，我还要将余者尽皆诛戮。我是主宰者、享受者、成功者，我有力量就应该享有幸福。"

15. "我很富有、出身高贵，还有谁能够比得上我？我将祭祀、布施、寻欢。"因无知而发昏的人说。

16. 那些五花八门的思想，使他们头脑发昏、神志迷惘。他们沉醉于色情享受，终于堕入地狱这个肮脏的地方。

17. 他们自负、固执，恃财而骄矜狂妄，他们表面上举行祭祀，实则虚伪又违反规章。

18. 他们沉湎于我慢、权势，沉湎于骄矜、欲望、嗔怒，仇视居于自身和他身之我，而且还怀有妒忌之心。

19. 那些冷酷可憎的人、作恶者和人中的贱才，我不断把他们投入到轮回中的阿修罗 ① 之胎。

20. 恭底耶哟！被投入到阿修罗之胎的人，生生世世都糊涂懵懂。他们得不到我，于是便堕入世界的底层。

21. 欲望、嗔怒、贪心——地狱之门三重，导致自我毁灭，故应弃绝莫从！

22. 恭底耶哟！这三道通向黑暗之门，如果谁能与之背离，并从事于利我之业，谁便能达到无上境地。

23. 一个人如果为所欲为，将经典的规定统统背弃，那他便得不到成功和幸福，也达不到至高无上的目的。

24. 因此，判断何事当为不当为，经典就是您所依据的准则。您既然明白了经典规定，就应该遵照这些规定去做。

上述为《薄伽梵歌》的第十六章，名曰"神资与阿修罗资质有别瑜伽"。

第十七章

阿周那说：

1. 克里希纳！一些人虽有信仰，也举行祭祀。但是，他们又背弃经典的规定，什么是他们的思想基础？萨埵、罗阇、答摩，究竟是哪一种？

薄伽梵说：

2. 人的信仰有三种，悉皆生于其自性，分属萨埵、罗阇和答摩，我这就把三者讲给您听。

---

① 不洁净、残忍和邪恶之人。

3. 婆罗多哟！每个人的信仰皆与其本质相应。虔信者信什么，他便由其所信而成。

4. 萨埵性者虔信诸神，罗阇性者将夜叉、罗刹崇敬，另外有一些答摩性者信奉的却是各种鬼怪和精灵。

5. 有些人沉溺于虚伪和我慢，又为那欲望和情欲束缚，经典里没有规定的苦行他们行使且十分严酷。

6. 蠢材们折磨的是一堆五大，此五大均含于人体之中。他们也折磨寓于体内之"我"，须知他们皆属于阿修罗性。

7. 即使是食物也因人而不同，那宝贵的食物也分三种。祭祀、苦行和布施自不特殊，我将分别讲述，请您倾听！

8. 甘美迷人、爽口惬心之食物为萨埵性者所喜爱，它能延寿益气壮力强身，亦能使人感到幸福愉快。

9. 有些食物苦、酸、咸、烫、辣，或者粗糙，或者焦，这些为罗阇性者所喜爱，它给人以忧愁、疾病和痛苦。

10. 答摩性者所喜爱的食物，有的已变坏，有的味不正，有些是残羹剩饭，有些不洁净或发霉腐败。

11. 那些合乎规定的祭祀由不求果报的人举行，他们只想应当祭祀，这种祭祀属于萨埵之性。

12. 婆罗多的俊杰哟！欲求果报举行祭祀，以图表面的虚荣，您要知道，此祭祀属于罗阇之性。

13. 违章行祭又不舍饭食，不给报酬也不诵赞词，祭祀者缺乏虔诚之心，此祭则称为答摩祭祀。

14. 敬神、敬智者、过梵行生活，纯洁、正直、对师长[1]敬重、戒杀以及对再生者[2]的尊崇，这些均称之为身体苦行。

---

[1] 精神导师。

[2] 婆罗多。

15. 言不伤人、亲切、有益、真诚、经常吟诵吠陀，此皆言语苦行。

16. 意念平静、举止文雅、沉默无言、心地纯净、对自身严格加以约束，此则称为思想苦行。

17. 有人不期望果报，坚持苦修而心怀至诚，以上所述三种被称为萨埵苦行。

18. 修习苦行出于虚伪，没有定期且不能持之以恒，目的是沽名钓誉受人尊崇，此即所谓的罗阇苦行。

19. 伤害自身，或为使他人苦痛，此因执迷之故，故称答摩苦行。

20. 施者认为应该施予，行布施不期回报，且要适地、适人、适时，此称为萨埵布施。

21. 行布施为了回报，或指望得到好的果实，施者迫不得已而施舍，此即所谓的罗阇布施。

22. 布施不计时间地点，动机不良不被重视，施予不应施予之人，这是所谓的答摩布施。

23. "唵、达多、萨多"（是的，那个，真者）——梵的标志三种。婆罗门、吠陀和祭祀，自古皆据此而创成。

24. 因此，每当讲解吠陀总是先将"唵"字吟诵，而后才遵照规定行祭祀、布施以及苦行活动。

25. 求解脱不求果报，首先将"达多"吟诵，而后才开始祭祀、布施和苦行活动。

26. 啊，帕尔特！用"萨多"表示真善，表示可赞颂的事业也要使用"萨多"。

27. 坚信祭祀、苦行和布施，被称之为"萨多"。为了此种目的之业，也被称之为"萨多"。

28. 帕尔特哟！无论向火中投放祭品，还是苦行和布施，无信仰则被称为"非萨多"，它无益于今生和来世。

上述为《薄伽梵歌》的第十七章，名曰"三种信仰有别瑜伽"。

第十八章

阿周那说：

1. 雄臂哟，赫里史给舍！凯湿尼苏陀那哟！何为摒弃？何为舍弃？我想了解二者的真义。

薄伽梵说：

2. 智者认为"摒弃"即弃尽欲求之业；灼识者所谓的"舍弃"即对诸业之果的弃绝。

3. 有些博学的人说：舍弃业犹如舍掉罪恶。另有人说：祭祀、布施、苦行诸业不应舍弃。

4. 啊，婆罗多的俊杰！人虎啊！请听我对舍弃的断决，据说舍弃有三种。

5. 不应舍弃而当从事祭祀、布施、苦行诸业，唯有祭祀、布施和苦行才能使智者净化纯洁。

6. 帕尔特哟！舍尽了迷恋和果报，才当从事上述诸业，这就是我对舍弃的断决。

7. 舍弃规定之业，则是错误之举。因迷惑而舍此业，被称做答摩舍弃。

8. 视规定之业为苦，怕苦自身而将它舍弃，此属罗阇之性，虽弃也不会将舍弃之果收取。

9. 阿周那哟！从事规定之业被认为是正确之举，只舍弃迷恋和果报，被认为是萨埵舍弃。

10. 萨埵性的舍弃者没有疑虑、十分明智，不厌恶违愿之业，亦不迷恋惬意之事。

11. 凡有形之生命体绝不能把诸业舍弃，唯有舍弃业果者才有"舍弃者"的称誉。

12. 非舍弃者逝后的业果有三种：如愿、违愿或二者相杂，而此果决不生于舍弃者中。

13. 雄臂哟！请您倾听！数论讲五因，此为诸业成。

14. 活动场所、为者、工具诸种，用尽一切努力，第五则是天命。

15. 人创某种业，唯凭身、意、心。正确与错误，悉皆在五因。

16. 还有这样的情景：有人头脑很不清醒，只把自己当做为者，这种蠢材是非不明。

17. 人若无"我为"这种念头，其理智也就未被玷污。他纵使诛杀了众人，也等于没杀，亦不会受缚。

18. 识、所识和能识，此三者是有为的动因，工具、业和为者三种则是有为的组成成分。

19. 数论中说：识、业、为者均可细分为三种，此因其德行有别。现在就请您倾听！

20. 要知道，在万有中，能见不灭之共性、于不同中能见相同，此识属萨埵之性。

21. 因万有存在着不同而见各种差异之性，要知道，此识则属于罗阇之性。

22. 以一概全，狭隘无理，不见实质，此为答摩之识。

23. 所谓萨埵之业，为者不求业果，唯履行其职责，不因爱憎亦无执着。

24. 所谓罗阇之业，为者执于我慢，或为满足欲望，为而历尽艰难。

25. 所谓答摩之业，为者出于迷惑，不计损失，不论危害，不讲能力，亦不顾效果。

26. 满怀坚定热忱之心，没有迷恋不讲自我，绝不忧虑成功失败，其人称为萨埵为者。

27. 贪得无厌，伤害成性，污秽不洁，渴求业果，为喜忧和情欲所扰，其人称为罗阇为者。

28. 浮躁不安，粗野庸俗，阴险毒辣，伪诈懒惰，固执拖沓，颓废沮丧，其人称为答摩为者。

29. 檀南遮耶哟！请您倾听理智和坚定的区别。区别有三，均出于三德，我这就把它们详细讲解。

30. 帕尔特哟！萨埵理智，懂得当做不当做，知畏、无畏、行与止，还知束缚与解脱。

31. 帕尔特哟！罗阇理智，将其用来作鉴别，错断当为不当为，不分谬误与正确。

32. 帕尔特哟！答摩理智尽被答摩所遮覆，错把谬误当正确，颠倒看待诸事物。

33. 修习瑜伽不动摇，调息束心制根动，克己志坚。帕尔特哟！此即萨埵之坚定。

34. 耽于职责，迷于财利和享乐，贪婪渴求其果报，此即罗阇之坚定。

35. 帕尔特哟！愚者贪眠伤感多，萎靡不振且惶恐，傲慢之气犹凌人，此为答摩之坚定。

36. 婆罗多的俊杰哟！现在请听三幸福！反复修习得欢乐，从而痛苦即根除。

37. 起初犹如毒药，终末宛若甘露，生于亲证自我之乐，此即所谓萨埵之福。

38. 起初像是甘露，结果却如毒药，它生于根、境相吻，此所谓罗阇之福。

39. 另一种出于嗜睡，生于懒惰和玩忽，始终都是自我欺骗，此即称为答摩之福。

40. 无论是在大地，还是在天界诸神之中，都没有脱离三德的生灵，而三德则是由原质产生。

41. 敌人的惩罚者（阿周那）哟！婆罗门、刹帝利、吠舍、首陀罗，他们彼此职分的不同，取决于各自性产生的三德。

42. 婆罗门的天职：克制、苦行、纯洁、宽恕、正直、知识、智慧、虔诚，产生于他们的性。

43. 刹帝利的天职：勇武、雄壮、坚定、才能、不临阵脱逃、慷慨和威严，产生于他们的性。

44. 吠舍的天职：事农、从牧、经商，产生于他们的性。首陀罗的天职则为侍奉，产生于他们的性。

45. 安于各自的天职，才能获得成功。尽天职者如何成功，这就请您倾听：

46. 从生皆由它起源，万有皆由它遍充，以尽天职敬仰它，才能够臻于圆成。

47. 自己的达摩虽然有此缺陷，也比履行他人之达摩优胜。从事先天生定之业，则不会有罪孽滋生。

48. 恭底耶哟！先天生定之业虽有弊端，也不应当将其抛入九霄，因为任何事物均有瑕疵，此若火焰总有烟雾缭绕。

49. 人若无迷恋之心，无欲望亦能克制自己，他便能通过舍弃将至上的无为之功获取。

50. 恭底耶哟！我将简要地为您讲述，如何成功，如何趋向于梵——这种完美的智慧之境。

51. 凭借纯洁的理智，坚定克制自我，回避声乐诸根境，舍尽爱憎双情。

52. 专心于禅定瑜伽，节食、收心、制身、独居、克制言语，求淡泊而不执俗欲。

53. 舍弃我慢、暴力、骄矜，抛却欲望、嗔怒、贪婪，平静恬然而无我所，此人便能归之于梵。

54. 与梵合一心境舒畅，既无欲求亦无忧伤，对于众生等同看待，此为对我至诚敬仰。

55. 凭虔信方能真知我是谁，我有几多。一旦对我真实了知，便迅即归溶于我。

56. 虽常为诸业，但求我福祐，上至不灭境，仰仗我恩酬。

57. 心将诸业奉献我，视我为最高终的。要凭借智慧瑜伽，将我永铭于心底。

58. 心中念我、借我的恩施，渡过一切难关。若因我慢不听我的教诲，那您就会彻底完蛋。

59. 倘若您耽于我慢，心想"我不去参战"，您虽有决心亦无用，因原质将迫您去干。

60. 恭底耶哟！已业先天生定，由于受到已业的束缚，您虽因迷惑而不欲为，亦非为不可且不由自主。

61. 阿周那哟！自在天寓于众生之心田，他以摩耶之力，使登上转轮的众生旋转不止轮回不息。

62. 婆罗多哟！您真挚地去求福祐吧！由于他的恩施，您将得到无上平静——永恒不灭之所。

63. 此为我所讲述的机密而又机密的智慧。如若您对它已经全知，那您便可以随意而为。

64. 请听我再来讲一讲机密中的最高机密。此因您为我的心腹，故进此言让您受益。

65. 请您思念我！虔信我！礼拜我！做我的祭献者！您为我所喜爱，故我真诚许诺"您将归我"。

66. 当您超脱了所有达摩（正义和非正义的有为），就来祈求我的福祐。我将救您出罪恶之海，请不要悲伤不要忧愁。

67. 您要永远保守秘密，切勿对那种人讲。他们不修苦行亦无信仰，不听从教诲且将我毁伤。

68. 若把这最高机密告诉信仰我的人，且对我至诚虔信，他将归我而无疑问。

69. 于人类再也没有谁比他对我更加亲近，大地上更热爱我的将来也不会有他人。

70. 有人要学习我们俩这一合乎达摩的交谈。我认为我应受其敬仰，因其将智慧视为祭献。

71. 有信仰而无吹毛求疵之弊，若有幸得以听此言语，当从诸罪中获得解脱，便至善行者的美好境域。

72. 帕尔特哟！您是否留心听了我的肺腑之言？檀南遮耶哟！生于无知的迷惑，是否消散？

阿周那说：

73. 多亏您的恩施，阿逸多！我才有了记忆、却除了迷惑，坚定了意志、驱散了疑虑。今后，我将照您的教诲去做。

桑遮耶说：

74. 以上所述为婆苏提婆（克里希纳）和高尚的帕尔特的交谈。听完这奇异玄妙的话语，我惊恐万状毛骨悚然。

75. 幸有毗耶娑给予的恩惠，我才得以亲闻这瑜伽。这至高无上的秘密之论，是由瑜伽主克里希纳所阐发。

76. 国王啊！凯舍婆与阿周那的对话，是那样奇妙神圣。每当我回想起他俩的交谈，喜悦之情便油然而生。

77. 君王啊！每当我想起赫黎（神主）的奇异之形，我就感到愉快且又觉得惊恐。

78. 哪里有瑜伽主——克里希纳，哪里有神臂弓——帕尔特，我认为哪里就有吉祥、幸福，哪里就有胜利和永恒之美德。

上述为《薄伽梵歌》的第十八章，名曰"欲求解脱的舍弃瑜伽"，此为克里希纳和阿周那的对话，是《奥义书》的精华，大梵之学，瑜伽经书。

和平！和平！愿所有人和平。

钵颠阇利的瑜伽箴言

序　言

印度神秘主义最令人好奇、最具特色，同时可能最广为人知的方面是瑜伽[①]哲学与修习。如果婆罗门教的要点被定义为人的真正自我与世界灵魂（梵、上帝等）的神秘结合，那么瑜伽则代表了达到这一目标的最直接、最系统阐述的方法。照此，它构成了一种宗教体验形式和一个宗教技法。瑜伽哲学的盛行及其对现代世界产生的独特魅力，其原因是双重的。瑜伽产生于一种养生体系和对人的灵魂的内在稳定和心理深度的神秘探索的结合，前者与身体健康和心理健康有关系，后者似乎蕴含现代生活的一个广阔而又深刻的潜流。C.G.荣格这样说："对我而言，要找到当今精神问题的症结，是在心理生活施加在现代人身上的迷恋方面。"毋庸指出，正是现代心理分析本身激发了我们对下意识的兴趣，并且洞开了探索它的方式，通过改变我们对人的"思想"的整个概念，向我们展示了在那个巨大心理潜在世界里统治我们生活的原始本能、冲动和"欲望"的那种恶魔般的专横力量。最后，必须指出，瑜伽盛行是由于对超自然的能力的要求，是由于对各种神秘学[②]形式的普遍兴趣。

[①] 瑜伽派（梵语Yoga），古代印度的哲学派别，相传为其经典《瑜伽经》作者钵颠阇利所创。所谓"瑜伽"，系即"结合"，系指"修行"而言。这一派别注重阐释调息、静坐等修行方法；就哲学体系而言，与数论派大体相同，神秘主义成分却犹有过之。该派并承认一个所谓"自在"，即大神。

[②] 指对撒旦学、星占学、神灵学、占卜学、炼丹术和巫术等的信仰和研究。

瑜伽（意为"枷锁"）代表着一种个人约束的形式，其目的是把身体与灵魂结合起来，把个体灵魂与世界灵魂结合起来。从实际的方面来看，其目标是帮助培养情感的稳定性。它肇始于对无意识肌肉区进行的空前独特的探索，使之受到思想的控制，然后接着把思想从感觉印象、更深的积淀和重负中解放出来，这些不仅妨碍而且形成了弗洛伊德称之为"集体自我保存本能"（即生活原则）的下意识生活的结构，构成了性本能和自我本能。最后，其目标是以破坏"思想"来解放"灵魂"（对此的解释不一）。在这一点上，它具有宗教的特点，超出了心理分析研究的领域和目标。

在弗洛伊德和荣格之前，我们可能会轻易地对瑜伽哲学一笑了之，把它与争议很多的印度绳索戏法和飘浮相提并论。瑜伽的确声称具有飘浮能力。1942 年 7 月的第一个星期，我在《纽约先驱论坛报》上读到一篇真实报道，是一位负责可靠的印度瑜伽教授所述，他在公众检测的条件下给埋掉了。六个月之后，当着成千上万印度农民的面又复活了。正是这些轰动一时的报道才吸引了大众的好奇心。在进行过把病人冻在冰下之后的现代实验之后，这些功绩似乎不那么令人难以置信了，比起动物冬眠来也不显得更为莫名其妙了。但它们注定要把我们的注意力从获得情绪稳定和心理健康的更为平常和认真的问题中分散开来。

幸运的是，现代心理学为我们提供了理解瑜伽的方法。吸气练习以及通过练习掌握普通无意识肌肉，这已不需要解释，需要解释的是更深刻的心灵问题。荣格曾为一部中国瑜伽书（《金花之秘》，1938 年，不要跟佛教的《莲花福音》混淆了。尤见"欧洲人在试图理解东方时遇到的困难"和"现代心理学提供了理解的可能性"部分）撰写了一篇相当充分且极具启发性的序言。科夫沃·T. 贝哈南在《瑜伽：科学评估》（麦克米兰，1937）的"瑜伽和心理分析"

一章进行了有趣的类比。这部书让人感到奇怪的是，在天生就是印度教徒的贝哈南身上，较之他天生印度教的血统和在加尔各答的早期训练，他在多伦多和耶鲁受到的科学训练似乎占了上风。我倒认为，他对待瑜伽的方法更加得到"大学的训练"，因而他比荣格这样的大陆派的思想方法更为琐细。

　　阅读《薄伽梵歌》瑜伽部分的读者，一定会对其关注下意识生活中存在什么有着极深的印象。特别强调下意识以及瑜伽信徒对于师长（即精神老师）的依赖，是它与心理分析作法的相似之处。"只能通过与老师的直接接触，才可以安全地学到瑜伽。"斯瓦米·维韦科南达①这样警告说。至于思想本身的分析，只有现代心理学才使我们可以理解教义。只能靠心理术语才能弄明白毁坏思想（Chitta）来拯救灵魂（Purusha）的过程。带有诸根依恋外壳的思想只不过是心理学向我们展示的原始生活欲望的坟墓，瑜伽把前者说成是妨碍我们看到终极灵魂的东西。再生教义只不过是种系发生而获取的超个人或集体性种族遗传的个体生存。从表面上看，这些原始力量非个人化的集体性本质与荣格的"集体无意识"的本质并无区别。最后，获得释放和自由的欲望就是弗洛伊德消极地称为"死亡本能"的东西，即"生活本能"的对立面，但是恐怕在施虐狂和受虐狂方面并没有给予充分的阐释。弗洛伊德在下意识方面说得很正确，"诸个本能冲动……独立地并肩存在，免除了心理矛盾……这个体系中没有否定，没有疑问，没有不同程度的确定性……其过程无始无终，无暂时性顺序，不为时间的流逝所改变，事实上跟时间毫无关系"。正是这些力量，还有身体，必须受到瑜伽修习的控制。

---

① 维韦科南达（1863—1902），印度哲学家、印度教改革家，法号辨喜，提倡实践哲学，重视社会改良，创建罗摩克里希纳教会（1897），首倡"新吠檀多派"，著有《现代印度》《吠檀多哲学》等。

也有必要指出，跟瑜伽理论一样，心理分析理论是思维性的，这些主观性阐释中只有部分经得起实验证据的检验。对于这些内在现象，我们甚至还没有词语来表达它们。心理分析开始探索心灵深处时，不得不发明一些本性上为准科学的临时代用词语，如生命欲望、本我、男性意向、女性意向、力比多（一种不能由优特衡量的能量发泄形式），以及那个叫做"性爱本能"的难以捉摸的精神实体。印度心理学，不管是佛教还是非佛教心理学，都有大量此类词语。据说，梵语和巴利语中的心理学词语要比所有"现代语言"中的心理学词语加起来都要多。（譬如，参见亨利·克拉克·沃伦的《儒教的翻译》，"八十九种意识表"。）

荣格说："我们还没有清楚理解这个事实：西方神智学是对东方的不甚熟练的模仿。我们只是又拿起了占星术，对东方人而言，那是他们每天都要吃的面包。我们对于性生活的研究起源于维也纳和英国，与印度教对这个话题的教义相匹配或者被它所超过。一千年前的东方文本向我们介绍了哲学相对论①，非决定论在西方刚刚开始讨论，而这构成了中国科学的基础。② 理查德·威廉甚至向我表明，分析心理学发现的一些复杂过程，在中国古代文本里都有明显叙述③。与东方的古老艺术相比，心理分析本身及由其引起的思想线——肯定是明显的西方发展轨迹——只是开始者的尝试。"④

我引用斯瓦米·维韦科南达关于瑜伽原则的性质和特点，是再好不过了。"几千年来，这一现象被人研究、调查、概括，人的整个宗教官能背景已被分析，实际的结果就是瑜伽学……它认为，每

---

① 在中国，相对论确实跟道教一样古老。

② 荣格此处指的是中国古典五经之一《易经》。

③ 比如说，水仙花例子。

④ C.G.荣格，《寻找灵魂的现代人》。

个人都只是远远超出人类知识和力量的无限海洋的一个渠道。根据其教义，人身上有欲望和需求，人身上也有供应的力量。无论何时何地，只要有欲望，有需求，就有一个祈祷会实现。这种供应来自这个无限的富饶地区，而不是来自哪个超自然的存在。超自然存在的思想在一定程度上可能会激起人身上的有为力量，但也会带来精神的堕落。它带来依赖，它带来恐惧，它带来迷信。它堕落成对人的天生弱点产生可怕的信任。瑜伽认为，不存在超自然的东西，而在大自然中有大显现和小显现。小显现为因，大显现是果。大显现可以很容易被诸根所发见，小显现则不易看到。修习瑜伽将会使人获取更为微小的感觉"。

钵颠阇利的瑜伽箴言是瑜伽的经典和教科书，所有流派都认为它是这一话题的最高权威。J.H. 伍兹教授认为，本书写于四五世纪。在这个不带评注的完整文本里，可以一窥瑜伽教义的内容。我采用了斯瓦米通晓易懂的意译本，感兴趣的读者不妨一读他的评注（纽约罗摩克里希那—维韦科南达中心，1939）。《古典评论》《评论注解》和詹姆斯·霍顿·伍兹的学术译作《瑜伽——钵颠阇利体系》（哈佛东方系列，17 卷）可能只有学者们才会去翻阅。伍兹教授似乎在学术方面出现了错误：他的"正确思想来源"被维韦科南达译为"正确知识"，他的"谓语性关系"只是后者的"分别知觉"，根据印度瑜伽师长，"记忆并非擅自附加在一个曾经经验的物体"，其意只是"记忆是未疑惑的感觉印象"。同样地，我认为，"不迷恋"要比英文"Passionlessness（无情欲）"译得要好，"本我"要比"feeling—of—personality（个性感觉）"要好。从词源学来看，"不加区分的意识"可能比"无知"在翻译梵语"avidyā"时更为确切。但重要的是，某个印度词语对印度人意味着什么，因为词源意义总是被用法获得的当前意义所改变。对于瑜伽神秘主义的简短但清晰的解释可能在

S.N. 达斯古朴他的《印度的神秘主义》里找到。总体而言，这是对印度思想的一个清晰简介，与同一作者的沉重学术著述《印度哲学史》相比。为了读者阅读的方便，我附上了标题。

钵颠阇利的瑜伽箴言

斯瓦米·维韦科南达　英译

抑制：瑜伽的精神用途

抑制的目的

1. 现在解释抑制。

2. 瑜伽是对心（Chitta）的变化形式（Vrittis）的抑制。

3. 在抑制心的变化时，观者（Purusha）保持其本来面目。

心的变化形式

4. 其他处（除了心的抑制）变化与观者有同一性。

5. （心的）变化有五种，（有些是）痛苦的，（有些是）非痛苦的。

6. （五种心的变化是：）正知、不正知、分别知、睡眠和记忆。

7. 现量、圣教量和比量是正知。

8. 不正知是（对事物的）虚假的认识，（它）具有不表明这事物特性的形式。

9. 分别知由言语表达的认识产生，（它）没有（相应的）实在性。

10. 睡眠是（心的）变化，它依赖于不存在的原因。

11. 记忆是未遗忘的感觉印象（通过印象再回到意识之中）。

抑制的方法

12. 这（五种心的变化）通过修习和离欲被抑制。

13. 修习是保持安稳的不断努力。

14. 由于长期不间断的虔诚专心（达到目的），这（修习）是牢固的。

15. 离欲是摆脱了对可见和超验享乐追求的人的克制意识。

16. 由于认知了神我而对"德"漠不关心，这是较高级的离欲。[①]

抑制的类型

17. 叫做正知的抑制伴随着推理、区别、欢喜和自我意识。

18. 以努力终止心变化意念为基础的三昧是另外一种三昧，即无想三昧[②]。在它之中，心仅保持着未显现的印象。

获得无想三昧的不同方法

19. 对于无形的神和并入自性者来说，无想三昧不伴随离欲时，它是它们的因。

20. 对于其他者来说，无想三昧来自信、力、念、定、慧。

---

① 参见韦科南达的注解。我们首先须明白"神我"是什么，其德性为何。瑜伽哲学认为，整个自然界包含三种"德"或"力"。一种叫做"达摩"，一种叫做"罗阇"，第三种叫做"萨埵"。这三种德在有形世界的显现是愚暗或不为，吸引或排斥；二者的均衡。大自然中的一切，所有的显现都是这三种力的结合和再结合。数论派把大自然分成不同的类别。人的"自我"超出所有这些，超出大自然。它是光辉的、纯洁的、完美的。我们在大自然见到的任何才智都只是"自我"对自然的反应。

② 超意识的状态，恍惚。

21. 克制意识强的人最接近三昧。

22. 由于克制意识的弱、中、强性质有差别，因而进入三昧的快慢也有差别。

23. 或者，通过敬自在天，也能达到三昧。

"唵"

24. 自在天是与一般神我不同的神我，他不为烦恼、业、果熟和欲望所触及。

25. 在自在天那里，全知的种子是至上的。

26. 这自在天还是古人的导师，并不受时间的制约。

27. 神圣的言语"唵"象征着这自在天。

28. 应重复这（神圣的言语），并思索它的意义，此为道。

29. 由此，心的主体可被证悟，障碍也不存在了。

冥想和无想三昧的形式

30. 疾病、昏沉、疑惑、放逸、懈怠、欲念、妄见、不得地、不安定，这些引起精神涣散的状态是障碍。

31. 痛苦、忧愁、动摇和不规则的呼吸伴随着精神涣散。

32. 为了防止精神涣散，应把心集中于一个实在。

33. 通过对友、慈、喜和冷漠（习性）的修炼和对乐、苦、善、恶的舍弃，心变得纯净。

34. 通过调节呼吸使意安稳。

35. （通过）较高级的感觉活动的出现，使意安稳。

36. 或者，通过无痛苦明晰状态的出现，使意安稳。

37. 或者，以离欲为冥想对象，使心进入安稳状态。

38. 或者，以睡眠的知识为冥想对象使心进入安稳状态。

39. 或者，通过对自己选择的对象静虑使心进入安稳状态。

40. 这瑜伽行者的力量可达到最小之物和最大之物。

41. 由于变得如同心变化停止时的清澈水晶球一样，心达到等至状态，并获得以任何呈现在它前面的对象的形态出现的力量，无论这种对象是认识者，还是被认识者，或是认识行为。

42. 掺杂着言语、意义、概念差别的等至是有寻等至。

43. 无寻等至是这样一种状态：记忆停止，心在其中仅作为客体照耀，就如同（它）没有自己的特性一样。

44. 由此，以细微之物为对象的有伺（等至）和无伺（等至）也得到描述。

45. 细微之物的领域达到事物的实相。

46. 这些抑制仅是有种三昧。

47. 无伺（等至）的纯粹心流产生主体的光辉。

48. 在（较高程度上的三昧或等至）那里的认识充满真理。

49. 从言语和推理而来的知识是涉及一般对象的知识。上述这种三昧或等至具有与言语的认识和推理的认识不同的对象，这更高级，能渗透到推理和言语不到的地方。

50. 从较高程度的三昧或等至那里出现的过去的行力，阻碍其他的行力。

51. 在对这种（行力）抑制时，由于抑制了所有的（行力）因而达到无种三昧（的状态）。

抑制：瑜伽的修习

烦恼

1. 苦行、诵读和敬神是当为瑜伽。

2. （当为瑜伽的实行）是为了产生三昧和减少烦恼。

3. 烦恼是无明、我见、迷恋、嗔和现贪。

4. 无明是其他（烦恼）的基础，无论这些烦恼是暂时停止的，还是轻微的、交替出现的，或是正在发生的。

5. 无明是把无常、不净、苦和非我（分别）当做常、净、乐和我。

6. 我见是观者和观察力同一的表现。

7. 迷恋是愉快引起的。

8. 嗔是痛苦引起的。

9. 自己欲望的波动，甚至在智者那里也形成，这就是现贪。

10. 这五种烦恼①处于随意状态时，它们可被毁灭。

11. 这些烦恼的（大）变化被静虑所灭除。

12. 业的意乐②以烦恼为根源，并经历可见和不可见的生命。

13. 如果根源存在，这（业的意乐）就成熟为生命状态、生命时间和生命经历。

14. 根据善与恶，这些（生命的状态、时间和经历）以乐和苦为果。

15. 由于变化、忧虑和习惯的苦，还由于"德"的作用的对立，无论是结果，还是预料快乐的丧失，还是重新渴望快乐，差别的一

---

① 烦恼先是微小的行为，后来才显现出大形式。

② "业的意乐"指的是烦恼的总和。

切确实是苦的。

16. 还未到来的苦是可以避免的。

灵魂作为观者的独存

17. 能观和所观的结合是可以避免（的苦）的因。

18. 所观具有光明、活动、懒惰的特性，它由元素及知觉、行动和思维功能构成，它的目的是享受和解脱。

19. "德"的阶段是：确定的、非确定的、表明的以及无记号的。

20. 观者不过是观察的能力，尽管是纯粹的，但却是观念的观察。

21. 所观的存在仅是为了那个（能观）。

22. 尽管对于已达到目的能观来说，所观已消失，但由于所观对其他（能观）是共同的，因此它又是未消失的。

23. 结合是感知被拥有和拥有力的特性的因。

24. 无明是这（结合）的因。

25. 排除是由这（无明）消失（而出现的）结合的消失，那就是观照者的独存。

26. 排除（无明）的方式是（借助）未受干扰的辨别智。

27. 这（瑜伽行者）的辨别智有七重最终阶段。

瑜伽八支

28. 当通过对瑜伽（八）支的持续修习而灭除不净时，智慧之光就进入辨别智。

29. 禁制、劝制、坐法、调息、制感、执持、静虑、等持是瑜伽的八支。

一、五誓（禁制）

30. 在这之中，禁制是：不杀生、诚实、不偷盗、净行、不贪。

31. 禁制是伟大的誓言，是普遍的，不受生命的状态、空间、时间和场合的限制。

二、五守（劝制）

32. 劝制是清净、满足、苦行、学习、敬自在天。

33. 当被罪恶思想所困扰时，培养与（罪恶思想）相反的思想。

34. 对瑜伽的阻碍是伤害虚假等等。这些罪恶被作，被引起作，被允许作；这些罪恶以贪、嗔、痴为基础；它们有弱、中、强的区分；它们的结果是无数的痛苦和愚昧。因而，应培养与（罪恶思想）相反的思想。

35. 当确立了不杀生（的思想）时，在（一切生物）出现时就放弃了敌意。

36. 当培养了诚实（的品质）时，行为和结果就有了依赖关系。

37. 当培养了不偷盗（的习惯）时，一切珍宝就接近了。

38. 当培养了净行（的习惯）时，就有了精力。

39. 当确立了内外部清净时，就当培养了不贪的品德时，就认识了生命的形态。

40. 厌恶自己的身体，并停止与他人接触。

41. 当萨埵[①]的纯净出现时，就产生了心的欢喜，心注一处，感官受到控制，并适合于自我的认识。

42. 由于满足，至上幸福被得到。

43. 通过苦行，去除了不净，因此，得到身体和感官的超自

---

① 好的因素。参见P133页注①。

然力。

44. 通过学习 ①，与希求之神交流。

45. 通过敬自在天 ②，获得三昧。

三、姿势（坐法）

46. 坐法要保持安稳自如。

47. 通过行为动作的放松和对无限（观念的）等至（坐法得到完善）。

48. 因而，两两相对之物的干扰就停止了。

四、呼吸（调息）

49. 调息是这坐法完成时，呼吸运动的停顿。

50. 表现为外部的、内部的和完全抑制的调息，通过位置、时间和数量来调节。（它因而是）长时间的和细微的。

51. 第四个（调息步骤）涉及呼吸的外部和内部的范围。

52. 这样，对（心的）光辉的遮盖就被摧毁。

53. 而且，（调息也使）意适合执持。

五、感官的控制（制感）

54. 制感可使感官不与它们的对象接触，产生与心的本性类似的状态。

55. 因而，感官被置于最高控制之下。

力

我们现在这一章描述瑜伽力。

---

① 祈祷的常规。

② 神主（亦作 Isvara）。

六、心注一处（执持）

1. 执持是心注一处。

七、冥想（静虑）

2. 静虑是观念在那里的持续。

八、超意识（等持）

3. 等持是仅反映其意义，放弃所有形式。

对最后三支的描述

4. 这三支合在一起是"总制"。

5. 由于获得了这个总制，就形成了认识的广阔境界。

6. 这（总制）被用于（各）处。

7. 这三支（形成的）是比前（五支）更内在的部分。

8. 甚至这（三支）也是无种（三昧）的外在部分。

9. 当向外的行力和抑制的行力分别消失和出现时，心与抑制（作用）的刹那结合就抑制变化。

10. 由于（抑制的）行力，不受干扰的（心）流（产生）。

11. 心的三昧变化是精神涣散的消除和精神集中的出现。

12. 当停顿的认识（行为）和产生的（认识行为）类似时，心注一处的变化（出现）。

13. 由此，元素和感官中的法、相和位的变化得到描述。

14. 被刻画特性的对象与潜在的、产生的和未断定的本质特性密切相随。

15. 持续的差别是变化的差别的原因。

心力变形

16. 通过对三重变化的总制，可获得过去和未来的知识。

17. 由于言语、对象、观念彼此一致，这三者表现为一体。通过对它们差别的总制，可获得一切生物的声音的知识。

18. 通过对行力的直观，（获得）前生的知识。

19. 通过对观念的总制，获得其他心的知识。

20. 不是其内容，那不是总制的对象。

21. 通过对身体形态的总制，感觉力被抑制，因而与（别人）眼光的接触就不存在。这时，瑜伽行者的身体就见不到了。

22. 由此，正在被讲的言语等的消失或隐藏也得以解释。

23. 羯磨 ① 有两种，一种快有果，一种晚有果。对这些总制，或者有征兆的迹象，瑜伽行者知道与身体分离的精确时间。

24. 通过对友好怜悯等的总制，瑜伽行者获得友好等的力量。

25. 通过对大象的力量等的总制，获得大象的力量等。

26. 通过把高级感官活动的洞察力引向细微的、隐蔽的和遥远的对象，瑜伽行者获得这种对象的知识。

27. 通过对太阳的总制，获得世界的知识。

28. 通过对月亮的总制，获得星系的知识。

29. 通过对北极星的总制，获得它运动的知识。

30. 通过对肚脐丛的总制，获得身体系统的知识。

31. 通过对喉咙和胃的总制，可缓解饥渴。

32. 通过对龟形管的总制，获得身体的安稳。

---

① 羯磨（梵语Karma），业，系佛教名词，称身、口、意三方面的活动为业，认为业发生后不会消除，将引起今世或来世的善恶报应。

33. 通过对头的光辉的总制，获得超人的视力。①

34. 或者，通过占卜②，获得一切知识。

35. 通过对心脏的总制，获得心的知识。

36. 实在和神我是彼此完全不同的，因为实在为其他物而存在，经验存在于二者无差别的观念中。通过对自身对象的总制，获得神我的知识。

37. 因而，出现了占卜以及较高（等级的）听觉、触觉、视觉、味觉、嗅觉。

38. 这些占卜等对于三昧是障碍，对于向外活动的心是成就。

超自然力量

39. 由于束缚原因的松弛和对心的通道的认知，心可以进入另一个身体。

40. 通过对向上的气息③的控制，瑜伽行者可不与水、泥、荆棘接触，并升天。

41. 通过对均匀分布的气息的控制，光辉产生。

42. 通过对听的力量和"空"④的关系的总制，可获得较高级的听力。

43. 通过对身体和"空"的关系的总制，以及通过获得轻如棉花的等至状态，瑜伽行者可在空中行走。

---

① "超人"是比鬼要略高等一些的生命。当瑜伽行者思想集中在头顶时，他会看到"超人"。

② 自发的纯粹启蒙。

③ 控制肺和上身所有器官的神"空"的名称。

④ 苍穹。

44. 意在身外的自然作用是"大的无身"。通过它，对光辉的遮盖被去除。

45. 通过对粗大之物、细微之物、联系和目的、三德①的继承、自体表现的总制，获得对元素的支配。

46. 因此，（瑜伽行者获得了）变小等表现力量，而且，（获得了）"身体的尽善尽美"，并不受这些（元素）特性的阻碍。

47. "身体的尽善尽美"在于美丽、有魅力、有力量以及金刚石般的坚硬。

48. 通过对感觉的行为、身体表现、自我意识、联系和目的的总制，获得对它们的支配。

49. 因而，获得了象意的运行速度那样的快速，获得了离开身体感官的感觉，以及对第一因的控制。

50. 只有认识了实在与神我差别（的人），才获得对一切存在和无限知识的支配力。

独立或完全的自由

51. 当罪恶的种子被甚至对这（差别的认识）的离欲所摧毁时，就产生了绝对的独存。②

52. 当上神邀请时，不应有依恋和满意的笑容，因为这有可能与不好（的东西）再次接触。

53. 通过对刹那及其连续的总制，获得从辨别中产生的知识。

54. 当不能分别通过种类、特性和空间位置来区分时，两个类似的东西就可以借此辨别智来区分。

---

① 三种元素。
② 完全的孤立或独存。

55. 所谓辨别智是直觉的，它以一切事物作为（其作用）范围，以所有状态作为（其作用）范围，（它）没有连续。

56. 当实在的纯净和神我的纯净相等时，就出现了绝对的独存。

独　存

心的欲望和对象

1. 神通力通过出生、药草、咒文、苦行、三昧获得。

2. 通过对创造因的满足而转变成另外的生命状态。

3. 创造因不为助因所驱动，但它们作为第一因素发展障碍的破者，它的动作像一个农民破除障碍一样。

4. 被创造的心仅来自自我意识。

5. 由于活动的差别，一个心是许多（心）的主导者。

6. 在这之中，通过静虑产生的心是没有意乐的。

7. 瑜伽行者的业是非白非黑的；其他（人的业则有）三种——黑、白和混杂色。

8. 因而，从三种业中仅表现出足以产生它们结果的熏习。

9. 由于记忆和行力在表现上是相同的，因此，即便有生命状态、位置和时间的差别，也存在着结果的不中断。

10. 对那（行力来说）是不存在开端的，因为求生的欲望是永恒的。

11. 由于（行力）被因、果、基础、对象合为一体，因此，当它们消失时，（行力也）消失。

12. 由于诸法的存在方式不同，（因此）过去和现在（的状态）

在实际上是存在的。

13. 这些（法）是表现出来的，细微的，并且具有"德"的特性。①

14. 对象有同一性是由于（德有）变化的同一。

15. 由于当对象相同时，心的状态不同，因此，这对象在心中的存在方式不同。

16. 由于心需要着色，因此，对象是被认知的或未被认知的。

17. 对于这心的主宰者神我来说，心的变化总是被认知的，因为神我是不变的。

18. 由于心的可被认识性，因此，它不是自明独照的。

19. 而且，（自身特性和别的对象的特性）这二者不能同时被认知。

20. 当被另外的心认识时，（将有）许多认识意识的认识意识，而且将出现记忆的混淆。

21. 心识并不混杂，它通过转变其面貌来认识自己的认识意识。

22. 心被能观和所观着色是全部的事实。

23. 心为另一物（存在），因为它被无数熏习（赋予多种色彩），还因为它通过聚合而发生作用。

完全的独立

24. 直观了（神我和实在）差别的人就灭除了我执。

25. 然后，心倾向于辨别智，并受绝对独存的吸引。

26. 在这（心倾向于辨别智）的空隙中，产生其他来自行力的意识。

---

① "德"为三种物质：萨埵、罗阇、达摩，其大的形态为理性的宇宙。过去与未来产生于三德的不同表现形式。

27. 这些（行力的）消除，就如同无明、我慢等（的消除）一样。这已论述了。

28. 由于甚至在最高理智中也不残留兴趣，因此，从永久的辨别（智）中（就产生了）"法云三昧"。

29. 这样，业与烦恼就被消除。

30. 由于消除了一切混杂的不净，认识变得无限，因此认识的（对象）就变小了。

31. 由于德达到了目的，（德的）变化的连续就结束了。

32. 连续是刹那的未中断的序列，在演进变化终止时被认识到是有差别的。

33.（当）没有神我的对象的德变成潜伏（状态时），或（当）意识的力量建立在自己的特性之中（时），绝对独存就达到了。

《罗摩衍那》①

序　言

　　我对印度的热爱和真正的敬意产生于我第一次读到印度史诗《罗摩衍那》和《摩诃婆罗多》②的时候。那还是在我上大学的时候，读的就是现在的译本。这两部杰作要比《奥义书》的百卷评述更让我们接近古印度的氛围、理想和风俗。通过这两首史诗，印度的理想，还有印度的男男女女，在我们面前变得活生生起来。印度想象中产生出来如此杰出的文学作品，其古老性、其描绘人类情感方面的美丽和力量，可以与《荷马史诗》相媲美，这是印度文明的价值和丰富性的最明确象征。

　　如果说《摩诃婆罗多》和荷马的《伊利亚特》——要是一定得比较一下的话——相媲美的话，那么《罗摩衍那》必定得与《奥德赛》相比的话，这不仅仅只是一种修辞手段。拿《摩诃婆罗多》来说吧，史诗的主题是一样的，描述的是俱卢族和班度族之间的多年战争，就像荷马描述特洛伊战争一样。处理手法也是一样的：对武士性格的刻画，"虎腰熊背"的毗磨，"戴头盔"的阿周那，史诗的

---

① 《罗摩衍那》（梵文Ramayana），最早期部分约形成于公元前三、四世纪，全诗最后定型则在公元二世纪，相传出于蚁垤仙人之手。全诗以罗摩与悉多悲欢离合的故事为主干，并穿插众多神话和传说。印度教信徒把它奉为"圣书"，学者们则视为对不畏艰险、战胜邪恶的英雄的颂歌。叙事诗中并宣扬了一整套有关君臣父子的伦理观念。

② 又译《玛哈帕腊达》，印度古代梵文叙事诗，意译为"伟大的婆罗门后裔"，描写班度和俱卢两族争夺王位的斗争，与《罗摩衍那》并称为印度两大史诗。

阿喀硫斯①，忠诚、有尊严的逾底尸特（暗示阿伽门农②）。阿周那对儿子之死的报复、敌我双方营地英雄之间的激烈斗争和轮番征战、战前荷马史诗般的演讲、战争会议以及天神地仙的存在，都再现了史诗般的印象。印度史诗更富有插曲和评述（比如逾底尸特和毗湿摩之间关于为政艺术的长对话），画面更为宽广，有对森林生活的描述，还有后来对精神真理问题探讨的插入语（比如《薄伽梵歌》，只是克里希纳和阿周那战前的对话，现在公认为是一部独立的书）。在长度上，《摩诃婆罗多》有十万颂，这是以轻松散文体连续增添的结果。《罗摩衍那》有两万四千颂，是一位作者的统一作品。就《罗摩衍那》中描写罗摩和妻子悉多③流落在荒岛的故事，可以说与《奥德赛》极为相似。除此以外，相似之处就没有了，因为尽管悉多的故事讲述的是对一位女子忠贞的考验，像珀涅罗珀④一样，但主题并不是尤利西斯⑤的历险，而是人的内心情感，包含有《李尔王》《麦克白》和《奥赛罗》中的悲剧因素。特别有必要注意的一点是悉多的悲剧性结局，而此处大团圆可能更容易些。

用现代的话来讲，从史诗对人物的处理来看，《摩诃婆罗多》可以说是现实主义，而《罗摩衍那》则为理想主义。《罗摩衍那》中的悉多是一个女人所能而且应该是的那样，她的可爱和忠贞给读

---

① 又译阿基里斯，出生后被其母握脚踵倒提着在冥河水中浸过，因此除未浸到水的脚踵外，浑身刀枪不入。

② 迈锡尼（希腊南部古城）的国王，特洛伊战争中的希腊联军统帅。

③ 悉多（梵文Sit），古印度神话传说中人物，罗摩教派的崇拜对象。《罗摩衍那》中的悉多，被视为肥土沃壤的化身。相传她为大地所生，农夫犁地时发现，予以收养。史诗将收养悉多的农夫附会为国王，悉多遂成为遮那竭之女。《梨俱吠陀》中悉多式的人物，称为"莎维德丽"。据某些神话，悉多为吉祥天女或优摩的化身。

④ 奥德修斯的忠实妻子，丈夫远征离家后拒绝无数求婚者，二十年后终于等到丈夫归来。

⑤ 古希腊史诗《奥德赛》中的英雄Odysseus的拉丁文名。

者留下了深刻的印象。另一方面,《摩诃婆罗多》中的德劳帕德可以是住在纽约某大街的一位泼辣的现代女子,心中满怀怒意和报复的念头,因而更富有人性。《摩诃婆罗多》中的有血有肉的人物更具"现实主义"的真实,在许多场景中,有更热烈的激情和更崇高的决心,更强烈的嫉妒心和更辛辣的责备以及更伟大的辉煌。然而,不可否认的是,《罗摩衍那》中拥有更伟大的精神之美、更多的情感柔弱和温柔之情。《摩诃婆罗多》的主题是男人与战争;《罗摩衍那》的主题是女人与家园。如果我对人性的判断是正确的话,那么凭借父亲对女儿的偏爱和母亲对儿子的偏爱,那么必然出现的情形是,《摩诃婆罗多》是女人的史诗,而《罗摩衍那》则为男人的史诗。因为不可能把两部史诗都收录在本书之中,而且我特别渴望完整地重现其中的一部。因此,作为一名男士,我选择了《罗摩衍那》。

诚然,正如译者所言,"这两部作品一起构成了古印度史诗文学的全部,这两部作品一起向我们呈现了古印度的文明和文化、政治生活和社会生活、宗教和思想。"而且,"读印度史诗,可以更好地了解印度人民。"而且,还必须记住的是,这些并不是很久以前的死文学;几千年来,它们影响并塑造了印度人的生活,如今仍是印度人最深层意识的一个活生生的因素。最后,我相信,印度一定能赢得自由,不是靠战争,因为印度人不诉诸暴力;也不靠政治,因为英国人精通政治;而是要靠那些爱上悉多的英国人。无论英国股东是否阅读印度文学和诗歌,这一点令人起疑,但并不暗含着前景是光明的,因为英国人欣赏印度思想的伟大时代已经消退了。然而,谁要是热爱菲迪亚斯①,他不会愿意轰炸雅典卫城②。有理智的人

---

① 活动时期为公元前490—前430年,希腊雅典雕刻家,主要作品有雅典卫城的三座雅典娜的纪念像和奥林匹亚宙斯神庙的宙斯坐像,原作均已无存。

② 其上筑有巴台农神庙。

谁也不会相信能产生如此伟大史诗的民族应该被其他民族所统治。这没什么意义。

话已说得太多，我相信自己不可能对罗姆斯·达特在"后记"中写的那么棒的《罗摩衍那》序言再作修改。下面从"后记"中摘取的行文，把这一史诗的目录及其对印度人的意义彰显得异常清楚。这里全文再现的译文是原文的缩写。因而，我保留了不同篇章的独立序言，给出了史诗故事的内容概要。

"原书似乎以第六篇结束，描写英雄回到他的国家以及他所热爱的臣民那里。第七篇叫做补篇或后篇，其中讲述了诗歌的一些特征，显然是在几个世纪以来致命的增添和插语之后。我们被告知，诗歌共有六篇和一个后篇，有五百个诗章，两万四千颂。我们还被告知，在补篇里，罗摩的后代和他的兄弟发现一些大城镇和国家。从其他出处，我们得知，公元前五四世纪的时候，这些地方就已经极其繁华。因此，史诗可能始于公元前 1000 年之后，在基督教时代之前的几个世纪已经呈现出差不多现在的样子。

《摩诃婆罗多》产生于俱卢和班度之间的一场伟大历史战争这一传说和传统；《罗摩衍那》产生于萨罗和弥提罗黄金时代的回忆。《摩诃婆罗多》中的人物有血有肉，带有历史界伟人的美德和罪过；《罗摩衍那》中的人物通常是人对真理的忠诚、女人的忠贞和家庭生活的爱这样的理想……作为英雄史诗，《摩诃婆罗多》位居更高的水平；作为刻画日常生活温柔情感的诗歌，《罗摩衍那》深深根植于数以百万计的印度人的心灵之中……虽然《罗摩衍那》无法与《摩诃婆罗多》的英雄般辉煌媲美，但它在刻画那些更温柔也许更深层情感方面无与伦比，正是这些情感进入到我们每天的生活当中，把世界凝结在一起。而且，虽然这些内容实质上是针对印度人生活的描述，但它们本质那么真实，因而适应于所有的种族和民族。

"罗摩对臣民的热爱和人民对罗摩的忠诚的描绘，带有难以描述的感人和温情。这种忠诚是各个时代印度人性格的一部分。

'他问到他们的儿子和祭火、
他们的奴仆、徒弟和老婆，
他按照次序一个一个地问，
跟父亲问亲生儿子差不多。
人民遭到了什么不幸，
他就感到非常痛苦；
你有罗摩，你应该感谢老天；
谢天谢地，他具备为人子的品质。'

"更深刻的是罗摩对父亲的职责以及父亲对罗摩的喜爱；史诗中写道，因为王后的诡计，王子最终从即将去世的父亲的心中和家中扯走，这一情节是印度文学中最有力量、最令人哀怜的篇章之一。小王后因王子的美德和善良而喜爱罗摩，视他的加冕为骄傲和快乐，然而她的老女仆却像蠕动的毒蛇一样爬进她的心窝，使她的心里怀有妒忌，唤醒了母亲的警觉，直到——

'女仆的眼泪就像毒蛇慢慢蠕动，
妻子的爱和母亲的恐惧同时在她心里翻腾。'

"女仆的含沙射影对王后心灵产生了作用，直到最后王后变得不顾一切，要保持自己对国王的影响，看到自己的儿子登上王位。年轻王后的决心对软弱老国王的虚弱和优柔寡断产生了可怕的影响，罗摩最终被罢黜了。这一部分的结尾是：国王讲述他从前做过的错事，认为现在的遭罪正是对那一错行的报应，他在对流放的儿子的思念之中痛苦地死去。人的内心和动机的内在活动，诡计多端的女仆阴险计谋，被唤醒的妻子和母亲妒忌和警觉，一个女人和一位飞扬跋扈的王后的决心、一位慈爱父亲和丈夫的软弱、绝望和死亡，从来没有刻画得如此栩栩如生。

"《罗摩衍那》以它对此类场景刻画的真实和力量，而不是以刻画武士和战争类事件而取胜。《罗摩衍那》对数以百万计的印度人心灵产生的魅力，在于它对家庭事件、家庭情感和家庭妒忌的刻画，这类内容王子和农夫都爱看。此外，罗摩的正直忠诚和悉多的忠贞不屈以及女人之爱，犹如两根丝线交织一起，构成了整部史诗的框架，使得作品在印度人眼中显得更为尊贵，更加神圣化。

"悉多在印度妇女心目中的地位，世上没有其他国家的诗意想象创作能创造出来这样的地位。没有哪个印度女人最早、最温柔的回忆不是与悉多的遭罪和悉多的忠贞故事交织在一起的。这个故事还是她在襁褓中，家里人对她讲的，终生铭记，而且非常珍惜。悉多在荒凉的林地和满怀敌意的监牢中的历险以夸张的形式代表了女人一生的卑微考验；悉多的忍耐和忠实教会她在生活的一切考验和困境中忠于责任。因为，悉多说：

'我的父亲和我的母亲，
　用各种方式把我教诲。
　不能离开自己的丈夫，
　除非我离开了这个世界。

　那些开满繁花的荷花池，

里面游着天鹅和迦兰陀鸟。

不会想念家里和亲戚，

因为在丈夫爱的怀抱里。'

"在古希腊，生活的理想是喜悦、美丽和快乐；在古印度，生活的理想是虔诚、忍耐和忠诚。海伦的故事讲述的是女人的美丽和可爱，迷倒了西方世界；悉多的故事讲述的是女人的忠诚和恬淡自居，迷住了印度世界。反复的考验以更光明的欣慰把悉多性格中毫不动摇的真实带了出来；带着对丈夫同样的信任和忠诚，她第二次到林地流放。当她再次回来时，投入到大自然的怀抱，真实地死去，正如她真诚地活过。印度创造性想象中没有构想出比悉多更崇高、更神圣的人物；世界文学中也没有产生一个更高的女人之爱、女人之真、女人之忠的理想。"

《罗摩衍那》

罗姆斯·达特　英译

第一篇　悉多的婚礼

《罗摩衍那》讲述的是古代两大种族憍萨罗和弥提罗的传统，他们于公元前十二至公元前十世纪生活在印度北部。憍萨罗和弥提罗名称的单数形式指的是奥德和北比哈尔王国，复数形式意为居住在这两个国家的古代民族。

根据史诗，憍萨罗的十车王有四个儿子，长子罗摩是史诗的主人公。弥提罗国王遮那竭有个女儿，名叫悉多，她奇迹般地从犁沟里生出来，是史诗的女主人公。

遮那竭为女儿的婚姻规定了严峻的考验，使得许多王子和武士高兴而来，败兴而去。罗摩成功地拉断了神弓，迎娶了悉多。罗摩赢得他的新娘，他的三个兄弟与悉多妹妹和表妹结婚的故事，构成了本篇的主题。

第二篇　流　放

本篇叙述的是在不到两天之内发生的事情。开头描写罗摩高贵的美德以及听到他要加冕的喜悦，与接下来的阴险诡计——最终他被残酷流放十四年——产生的戏剧性力量和效果构成对比。

第三篇　国王薨逝

本篇描述罗摩在森林中漫游的前六天。罗摩流放时，悉多和忠实的罗什曼那陪伴着他，忠诚的阿逾陀人民跟随遭流放的王子一直走到多摩娑河。在多摩娑河畔，他们度过了放逐的第一个夜晚。为了不让居民们再送他们，天刚破晓时，罗摩一行就悄悄起程了。他们接下来几天的漫游使他们得以一瞥僻静隐居的森林生活。从憍萨罗和弥提罗的时代到现在，已经走过了三千年，但罗摩的每一个脚印至今仍为印度人所熟知，每年成千上万的虔诚朝圣者从此走过。在印度，过去并没有死亡，也没有被埋葬，它仍存活在数以百万计的忠诚男人和忠诚女人的心中，而且将会永远存活下来。

在流放的第三天，罗摩带着妻子以及兄弟过了恒河；第四天他们来到了位于阎牟拿与恒河交汇处的婆罗杜婆迦的净修林，即现在的阿拉哈巴德[①]；第五天，他们穿过阎牟拿河，当时河的南岸还是郁郁葱葱的森林；第六天，他们来到质多罗俱吒山，遇到了圣人蚁垤，就是传说中《罗摩衍那》的作者。《加尔各答评论》（二十二卷）的一位作者说，"我们常常仰望那座绿山：它是献身于毗瑟挐[②]的印度信仰流派最神圣的地方。附近整个地区都是罗摩的国家。每个陆岬都有一个传说，每个山洞都与他的名字相连，有些野果还叫悉多果，因他们流放时吃这种果食而闻名。每年有成千上万的人来拜访这个地方，这座小山周围升起了一条小道，那是朝圣者赤裸着双脚，在上面踩满了虔诚敬畏的脚印。"

十车王衰老的心灵上，沉沉地压放着对放逐的罗摩的悲哀之

---

① 印度北部城市，印度教圣地。

② 印度教主神之一，守护之神。

情。年老体弱的老国王因悲伤而日渐憔悴，终于薨逝了。去世前，国王回想起并讲述了自己年轻时误杀了一位盲苦行者的儿子，给他带来极大的悲伤，并促使他死去。史诗中没有哪节诗行能比即将离世的国王讲述的这个古老悲哀的故事而更令人感动的了。

第四篇　罗摩和婆罗多会面

本篇的场景在质多罗俱咤山。婆罗多从吉迦夜国回来，听到父亲去世和兄长流放的消息，拒绝为他预备的王位。婆罗多穿过森林和丛林来到质多罗俱咤山，哀求罗摩回到阿逾陀，继承父亲的王位。但罗摩已经发了誓，坚持要让父亲实现诺言。

罗摩对婆罗多讲述国王职责的明智友好的建议，他坚决拒绝婆罗多恳求他坐上王位的深情请求，史诗中没有哪一节给人留下更深刻印象了。同样感人的描写是，看到悉多在森林中穿着隐居者服装时，憍萨厘雅王后发出的哀叹。

然而，整个史诗中最令人感到奇怪的是怀疑论者迦婆离的话语，这些怀疑论者拒绝上天和来世。古印度跟古希腊一样，有不同的哲学流派，有些是正统派，有些则极端离经叛道，为自由思想留出了最大的回旋余地。通过对迦婆离的描写，诗人为我们展现了一位最宽广的自由思想家。他嘲弄责任和未来生活的思想，其推理力量就连希腊诡辩家和哲学家都难以超越。罗摩回答时带着热爱和平、敬畏神灵的正义者的热诚。

所有的劝说都无用。最后，婆罗多把罗摩的一双鞋子带回阿逾陀，供在国王宝座上，作为罗摩的象征，在他自愿流放期间代他摄政。罗摩则离开了质多罗俱咤山，到了弹宅迦的密林深处。这样在他流放期间，他的亲戚朋友就找不到他了。罗摩拜访了圣人阿低利的净修林。在他们三人动身前往南部的大森林前夕，阿低利的妻子——柔弱衰老阿奴苏耶向年轻的悉多表示欢迎，为她穿上了光彩照人的衣服，佩戴上了闪亮的珠宝。

第五篇　在瞿陀婆哩河岸上

本篇讲述罗摩在弹宅迦漫游，会见仙人阿竭多，居住在瞿陀婆哩河岸。现在，读者离开了印度北部，这篇与接下来五篇的场景在弹宅迦和印度南部。阿竭多的名字与弹宅迦联系在一起，许多传说讲述的都是这位大仙人的故事，在他面前大山敬畏得弯下腰来，凭借他的力量南洋的水都干枯了。很有可能，在三千年前某个名叫阿竭多的宗教大师首先渗透到这个地区，在弹宅迦建立起第一个雅利安定居地。阿竭多是先驱，是发现者，是定居者，是印度的哥伦布，在印度南部打开了雅利安殖民地和雅利安宗教。

在离开阿竭多净修林两由旬的般遮婆帝森林里，罗摩建起了林中住所，靠近瞿陀婆哩河的源头，相距现代城市孟买一百英里以内的距离。在那儿，他与妻子、兄弟祥和虔诚地生活在一起。本篇结尾是，印度一个冬天的早上，兄弟俩和悉多去瞿陀婆哩河沐浴，想起了他们在遥远的奥德的家。对流放中平静的森林生活的描述之后，紧接着发生了激动人心的事件，这是史诗故事发展的一个新的转折点。因此，我们现在处于诗人新的叙事转折点，他已经吟唱出了家庭的变故，已经平和的净修林，此后他要吟唱纠纷和战争。

第六篇　悉多丢失

　　本篇从描写罗摩在神圣净修林的平静生活，转而描述史诗中更为轰轰烈烈的事件。一个罗刹女爱上了罗摩和罗什曼那，但遭到兄弟俩的拒绝和嘲弄。因为遭到羞辱和惩罚，这个罗刹女十分痛苦，她煽动哥哥锡兰国王罗波那进行报复。史诗中描写的锡兰居民都是形状怪异的魔鬼，能千变万化。罗波那派摩哩遮变成一头美丽的金鹿，把罗摩和罗什曼那从茅舍引诱开，找机会把无人保护的悉多劫走。

　　印度思想家认为，我们生活中遭受的厄运只是我们不良行为的结果；灾难是由我们的罪恶带来的。因此，在这部印度史诗中，我们看到，在那个笼罩她以后生活阴影的大灾难的晚上，对罗什曼那的一股阴恶肮脏的疑心进入悉多无瑕的心灵，不该说的侮辱之语从她那温柔的嘴唇流出。只有这一次，史诗中的这位理想女人心中怀有不正当的念头，讲出了愤怒的话语，接下来便是世上少见的妇女遭受的悲剧性命运。对于印度数以百万计的男女而言，直到今天，悉多仍是女性之爱和女性忠实的理想；她对罗什曼那的险恶怀疑出于她对丈夫过度的热爱；她的悲剧性命运和长久的考验证明了她那永恒之爱。

第七篇　哩舍牟迦山

　　本篇主题是罗摩在哩舍牟迦山游荡以及他与猴子国王须羯哩婆的结盟。诗人带着所有时代的文明征服者对土著居民的蔑视，把这些地区的居住者描绘成了猴子和狗熊。但现代读者可以看透这些带有侮辱性的古怪称谓。通过诗中描写的社会风俗和家庭生活方式、手工艺和工业、圣礼和仪式以及家庭生活和政治生活，读者将会发现，诗人甚至把雅利安的习俗放进了他对印度南部居民的描述之中。猴国人与罗摩结成联盟，为他而战，热烈庆祝他的胜利，帮助他从锡兰国王手里夺回了妻子。

第八篇　悉多归来

须羯哩婆派了很多将士倾城出动，为罗摩寻找悉多。哈奴曼在锡兰找到了悉多。锡兰与印度之间有一条宽宽的海峡相隔，哈奴曼一跃过海来到岛上。悉多怒斥罗波那的诡计，被关在无忧树园里，一群可怕的罗刹女看守着她。尽管关押在此，悉多对罗摩忠贞不渝。哈奴曼把罗摩的信物戒指交给了悉多，也把悉多的信物宝石带回来，表明她坚贞不屈的爱情和真诚。

第九篇　战争会议

哈奴曼的作为令罗波那惊恐万分，因为哈奴曼不仅潜入了他的岛屿，发现了囚禁悉多的地方，在离开之前，他还设法把一大部分城都烧掉了。罗波那召开战争会议，正如所料，所有人都提议交战。

只有一个人例外。他就是罗波那的小兄弟维毗沙那，他谴责罗波那试图与正义、不可侵犯的罗摩交战的愚蠢和罪过，并劝告罗波

那把悉多还给她丈夫，与罗摩和解。在众多激烈开战的呼声中，维
毗沙那的声音隐而不显。

值得注意的是，罗波那的二兄弟鸠槃羯叻拿也有勇气审视兄长
的行为。但与维毗沙那不同的是，鸠槃羯叻拿决意为国王而战，不
管他是对还是错。鸠槃羯叻拿对国王和国家的事业怀有一种盲目虔
诚的忠实，这里面含有一丝崇高感。

维毗沙那从王宫被驱逐出来，怀着愤慨之情，他投入了罗摩的
大军，并提供了楞伽及其武士的许多很有价值的信息。

第十篇　锡兰之战

罗摩率领军队从印度穿洋过海来到锡兰。海峡四周有一连串
的岛屿，印度诗人认为这是罗摩率众将士造桥过海遗留下来的大
水道。

锡兰的首府楞伽城被包围，接下来的战争是楞伽伟大的头领和
王公们的突围。然而，几乎每次突围都被击退，每位将领都被杀死。
最后，罗波那本人作了最后一次突围，也被杀死，战争结束。

原书中描绘的无数战斗中，罗波那本人、他兄弟鸠槃羯叻拿和
他儿子因陀罗耆的战斗是最重要的，最常被印度人吟唱和倾听，本
书把这些内容都译成了英文。

第一位而且最伟大的战士是罗摩；从来没有一位敌人公开打败
过他，他也从来没有在光明正大的作战中被征服过。接下来仅次于
罗摩的是楞伽国王罗波那，在战斗中他两次击败罗什曼那，只败在
罗摩的手下。再接下来是他们的兄弟罗什曼那和鸠槃羯叻拿。很难
说这两位谁最优秀，因为两人只交手一次，而且还打了个平局。第

五位勇猛无畏的战士是罗波那的儿子因陀罗者，但若说幻术的话，他称得上第一。他利用自己制造的迷雾，两次击败罗摩和罗什曼那，最后阵亡。在这五位战士之后，显赫的勇士还有猴国和罗刹的战士。

战争以罗波那被杀和他的葬礼结束。

第十一篇　罗摩回国，接受灌顶

真正的史诗结尾是战争的结束，罗摩高兴地回到阿逾陀。悉多用火祭的考验证明自己无瑕的贞洁，乘坐着云车，与丈夫和罗什曼那一起回来。这架云车是罗波那从神那儿获取的，后来维毗沙那把它送给了罗摩。印度诗人从来都是不厌其烦地描写大自然，《罗摩衍那》的作者利用罗摩从锡兰返回的旅程，让读者一览无余俯瞰了整个印度大陆，同时还概述了整个史诗的主要事件。

在阿逾陀的相聚，迎接罗摩以及他的灌顶，是整部史诗中最令人高兴的章节。本篇最后几颂描写罗摩统治时期人们享受的快乐，直到今天，这仍是印度信仰和活生生的传统。

第十二篇　马　祠

真正史诗的结尾是罗摩高兴地回到阿逾陀，但又添加了一部《后篇》，描写悉多的命运，为史诗增添了悲哀的结局。

浓浓的疑云仍然笼罩着关于悉多的谣言，阿逾陀人反思着自己国王的行为，因为他带回了一位曾经在罗波那王宫里住过的女人。于是罗摩向舆论让了步，他把可爱忠贞的悉多又送到了林中生活。

悉多在蚁垤——史诗的著名作者——的净修林里找到了一个躲身处，生下了双子罗婆和俱舍。许多年过去了，两个孩子也长大了，过着隐修士的生活，成了蚁垤的弟子。

许多年之后，罗摩举行马祠，邀请了邻国的国王和王子们前来参加盛大的宴会。蚁垤也来参加马祠，他的两位弟子罗婆和俱舍在那儿吟唱伟大史诗《罗摩衍那》，叙述罗摩的事迹。这一部分诗歌非常有趣，我们看到了诗歌是怎样在古印度通过记忆流传下来的。两个孩子把整部史诗铭记在心，每天吟唱诗歌的部分章节，直到背完整首史诗。我们知道，这首长诗有七部书，共有五百个诗章，两万四千颂。每天背诵二十个诗章，就这样把整部史诗全部背下来也要用二十五天。古印度的文学就是凭借这样惊人的记忆力和这样的吟诵才得以保存下来。

罗摩认出了这两位吟游艺人就是自己的儿子，他的心再次渴望见到悉多，他那遭受放逐但却永远也忘不掉的妻子。他请求蚁垤仙人把妻子送回，并且希望悉多在大庭广众面前再次证明自己的清白，这样他就可以得到人民的认可，把悉多带回王宫。

悉多来了。然而，她的生活已经被不公平的疑心笼罩上了一层厚厚的乌云，她的心已经破碎，她祈求大地把她收回。生养悉多的大地裂开豁口，把它那受苦难的孩子拥抱在怀。

在《梨俱吠陀》的古老颂诗中，悉多只是为人们生长植物的犁沟女神。我们看到，这一简单概念在《罗摩衍那》中是怎样掩盖起来的，史诗的主人公悉多仍然生于犁沟，在经历过所有的历险之后，她又回到了大地。然而，对于印度数以百万计的男男女女而言，悉多不是一种象征，她存活在这些人的心中，成为女人之爱、女人之贞和妻子高尚的自我牺牲精神的榜样。

大结局

在《后篇》的结尾部分，把罗摩兄弟的后代说成是公元纪元前的四、五世纪，西印度繁荣兴旺的大城市和大王国的缔造者。

婆罗有两个儿子——达克撒和普什卡拉。前者建立了达克撒西拉，在印度河之东。亚历山大和希腊人称其为达克西拉。后者建立了普什卡拉婆提，位居印度河之西，亚历山大和希腊人称其为匹凯劳底斯。因此，据说，公元前四世纪时，婆罗多的儿子建立的王国在印度河两岸非常繁荣。

罗什曼那有两个儿子——阿咖答和禅德拉剀图。前者建立了喀鲁帕达王国，后者建立了马尔瓦国的禅德拉坎提市。

设睹卢祗那有两个儿子——苏瓦胡和设睹卢哈底。前者成为马特胡拉国王，后者统治毗底沙。

罗摩有两个儿子——罗婆与俱舍。前者统治斯拉瓦斯底，公元前五、六世纪的佛的时代是奥德的首府。后者在温迪亚山脚下建立了库娑婆底。

罗摩兄弟之死符合印度人关于正义者之死的思想。罗什曼那的死有点儿奇怪，天使与罗摩秘密相见，罗摩让罗什曼那守在大门口，并下了严格的命令，谁要是打扰了会面，就会被杀头。

大仙人杜哩婆裟总是在地上惹乱子，由于他来见罗摩，罗什曼那自己打扰了天使与罗摩的会面。遵守罗摩的命令，罗什曼那为了补赎献出了自己的生命，升上了天。

在注定的时刻，罗摩和其他两位兄弟离开阿逾陀，穿过萨罗逾河，结束了凡间生活，三人升天。

第二部分
印度幽默 ▌

《五卷书》

序　言

　　印度是寓言的故乡，在我们的脑海里，通常把这话与希罗多德①提到的一位名叫伊索的希腊奴隶联系在一起。然而，使用伊索寓言典故的人却很少意识到，这些故事，还有它们特别的形式和技巧，可以在印度追溯到其极为遥远的源头。欧内斯特·里斯在《寓言、伊索及其他》一书的序言中写道："我们必须承认，动物寓言并不始于他（伊索），也不在希腊开始。事实上，我们得到东方的印度，在《故事海》的'故事中的故事'中去搜寻，以便看出寓言究竟有多么古老。"

　　印度文学中有两个最优秀的动物寓言集——《五卷书》和《嘉言集》②。《五卷书》有八十七个故事，更为古老丰富，《故事海》中有四十三个故事，其中有二十五个故事可以在《五卷书》里看到。赫特尔博士认为，《五卷书》可能是在公元前二世纪用克什米尔语写成的，但从梵语著述中的证据来看，其中的故事本身要古老得多。1859 年，德国梵语学者西奥多·本福依翻译了《五卷书》，开始了对动物寓言的比较研究。比较文学则于 1789 年肇始于英国梵语研究先驱威廉·琼斯爵士，而弗朗兹·博普在 1816 年通过对希腊语、拉丁语、梵语、凯尔特语和日耳曼语的对比，奠定了《五卷

---

① 希罗多德，古希腊历史学家，被称为"历史之父"，所著《历史》（即《希腊波斯战争史》）主要叙述希波战争及阿契美尼德王朝和埃及等国历史，系西方第一部历史著作。

② 《嘉言集》（*Hitopadesa*），又译《利益示教》，作者自称是那罗耶那（Narayana）。

书》的基础。（注意，Pancha 意为"五"，"Panchatantra"意为"五部分"；比较 Pentateuch）令人奇怪的是，1481 年的德国版动物寓言是欧洲最早出版的书籍之一，英国版出自卡克斯顿印刷社印刷的书籍。而且，《故事海》还是十九世纪初最先印刷的梵语书籍之一。埃德温·阿诺德爵士 1861 年把《嘉言集》从梵语翻译了过来。另一方面，直到 1924 年《五卷书》才由斯坦利·赖斯①、1925 年由阿瑟·W. 赖德从梵语直接翻译过来。

　　尽管伊索寓言要归功于印度寓言这一说法尚有疑问，而且也不能由结论性的证据来证明，但马克斯·马勒②非常有趣地描述了印度寓言流入欧洲的路线。六世纪时，《五卷书》的一个集子（其中有二十五个校订版）的故事译成了钵罗钵语③。公元 570 年，又由波斯语译为叙利亚语，八世纪时译为阿拉伯语，书名为《菲尔蓓寓言》。带着这种阿拉伯样式，通过伊斯兰世界传到了西班牙、西西里岛、普罗旺斯④和法国。通过君士坦丁堡⑤，传到东欧，译成了希腊语、拉丁语、德语、意大利语和英语。也许莎士比亚都知道从意大利语译来的英文译本。这些故事激发了薄伽丘创作了类似故事；参见本部分的"容易受骗的丈夫"和"奶油让婆罗门的眼睛瞎掉"两个故事。拉封丹⑥在 1678 年出版的《寓言诗》前言中写道，"我

---

① 1924 年，斯坦利·赖斯在《古代寓言和故事》（东方智慧系列丛书）一书的序言中写道："诚然，在大英博物馆和印度官方图书馆里都未找到任何英文译本。"
② 《德国创作方法碎屑》第四卷："关于寓言的流动。"
③ 中古波斯语的主要形式，通行于公元三至九世纪。
④ 前者位于意大利南部，后者为法国东南部一地区。
⑤ 土耳其西北部港市伊斯坦布尔（Istanbul）的旧称。
⑥ 拉封丹（1621—1695），法国寓言诗人，代表作为《寓言诗》 12 卷，内容丰富，讽刺尖锐，对后来欧洲寓言作家影响很大，另作有《故事诗》和韵文小说等。

没必要说我从何处得到了这些新寓言的主题。我只说，我很大程度上要感激印度圣人。"①

因此，《五卷书》是中世纪时世界上最广为人知、译得最多的书籍之一。至于伊索寓言的起源这一令人好奇的问题，可能有不同的观点，不同学者持有不同观点。马克斯·马勒认为这些寓言是在希罗多德时期或此前传入希腊的，有些学者则持相反观点。还有一些人相信共同起源于雅利安，或者具有独立的源头。这个问题也许永远得不到解决。然而，罗林森②指出："寓言最初是从东方流传到西方的，并非是相反的情形。以下事实可以表明这一点：故事中的主要角色动物如鸟啦，狮子、豺狼啦，大象、孔雀啦，主要都是印度的动物。在欧洲版里，豺狼变成了狐狸：狮子和豺狼的关系非常自然，而狮子与狐狸的关系则并非如此。"③ 在我看来，常识是，在印度丛林里，老虎、猴子和鳄鱼多得是，而在希腊却没有。谁要是读印度文学，不会不断对森林产生极为深刻的印象。

要指出的重要一点是，寓言在印度本族文学中的发展太丰富了，因而不允许借鉴起源论。人们一定会说印度人以寓言而著称。印度文学中创作寓言的天才似乎无穷无尽，而在希腊只有伊索一个。看一下《佛教诞生故事》④ 和《法句经评注》⑤，每本都有四五百个故事，另外大部分都是动物寓言，还有《五卷书》和《故事海》。

---

① H.H.高温引自《印度文学史》。

② H.C.罗林森爵士（1810—1895），英国军官、东方学家，历任英国下院议员（1858；1865—1868），驻波斯公使（1859）等职，著有《贝希斯敦波斯楔形文字铭文》《巴比伦及亚述楔形文字铭刻注解》等。其弟（G.罗林森（1812—1902），英国历史学家、东方学家，著有《古代东方世界的五大君主国》。

③ 《印度遗产》（牛津）中"欧洲思想和文化中的印度"一文。

④ T.W.里斯·戴维斯译，伦敦，1880。

⑤ 《佛教传说》三卷，E.W.伯林盖姆译，哈佛东方系列丛书，28、29、30。

我们还记起来，《一千零一夜》^①中许多故事——包括著名的辛巴德和水手的故事^②都出自印度。想起来这些，就不容易接受这样的故事不是来自印度本族发展的观点。

跟《一千零一夜》一样，《五卷书》套用了一个叙事框架：一位国王对教两个笨得要命的王子感到发愁，最后请了一位婆罗门智者，后者发誓六个月内教给王子完全的人类智慧，他要利用寓言教授这些关于人类本性的课程。这些寓言非常聪明地交织在一起，通常一个故事还没有结束，就让其中一个人物开始讲述另一个故事。

我们看到《伊索寓言》中赋予道德教义的天才在此极为丰富。这是因为，在这儿，显然是故事使得道德教益更加生色，而不是道德教益使故事生色。许多这些箴言摘自更古老的书籍，比如《吠陀》，有些在今天极其合适。有人不妨把下面的话作为本书及所有民间文学的箴言：

> 在吠陀里面，在经书里面，
> 没有看到、没有听到的东西：
> 只有它在宇宙间发生，
> 这一切人们都会摸底。

在学者建造了飞机却不知道如何使用的时代，可能相信"使狮子复活的婆罗门"这个故事：

> 宁愿要理智，不要知识；

---

① 又译《天方夜谭》，系古代阿拉伯民间故事集。
② 《一千零一夜》中的巴格达富商，曾作七次冒险航行；亦作Sindbad the Sailor。

理智比知识要高明得多。

海伍德·布龙①曾以伊索寓言的形式机智地表述了绥靖主义者的愚蠢，他说，"绥靖主义者认为，如果你不断给老虎扔些牛排，老虎就会变成素食主义者。"《五卷书》的作者讲了类似的话：

> 爱抚一只豺狼，
> 它还是一只豺狼，
> 所有的恭维话和费劲的举动，
> 都不能把狗儿的筋抽掉。

> 抚慰只能使
> 愤怒的敌人气急败坏，
> 就像水滴飘落在
> 煮得很旺的黄油上。

听到人类最终总是战胜阴谋家，我们可能从中可以汲取些许宽慰：

> 因为坏蛋、鬼鬼祟祟的人和蛇，
> 总是在设法去策划，
> 不会成功的计划，
> 这个世界会摇摇晃晃存活下来。

---

① 布龙（1888—1939），美国新闻工作者，专栏作家，先后为《论坛报》《世界报》和《新共和》等报刊撰写专栏文章，曾创办美国报业工会并担任主席。

　　这部书的目的可以说是以诽谤动物界来教诲人类本性的智慧。跟伊索一样，本书作者的道德观犀利精明。但总体而言，让动物王国承受人类所有的虚伪、狡猾和贪婪的罪行却是个相当棒的传统做法。当狼责怪小羊弄脏了它正在喝的水时，弱国的人们知道狼为何者。当狐狸谴责"酸葡萄"时，我觉得它本能是人性的：狐狸这样做太诚实了，只有人才沉湎于把错误理性化的奢侈之中。把动物弄得像人一样说话，而不是让神这样做，这样有一个好处。动物像人那样交谈时，我们至少觉得我们好像在听孩子像大人那样讲话，这令人感到愉悦。但我们要是把神弄得像人一样说话，这让人感到好像在听老人像孩子那样讲话。我们不给神赋予人性，而为动物赋予人性。

　　本书的选文来自阿瑟·W. 赖德的译本①，他还为我们翻译了古典印度戏剧——美丽的《沙恭达罗》(*Sakumtala*，迦梨陀娑著)。我常常发现有必要省去一些过多的诗文评注。在一个人们仍旧像动物那样争斗的时代，有时候重新进入简单的人类真理世界，识别出来我们自己或其名字可能会出现在晨报上的那些人，可能会令人耳目一新。在本部分的最后，我收录了一些寓言，因为我们所熟悉，因而可以识别。最著名的是"婆罗门的一罐大麦片"，其中包含经典的突降法②。这个故事对我们而言，就是挤奶女工的故事，她梦想着自己的婚礼，结果把牛奶桶打翻了。"忠诚的埃及獴"这个故事特别令人哀怜，称得上具有迪斯尼③动画片的艺术价值，可以视为威

① 《五卷书》。芝加哥大学出版社，1925。

② 指从精彩内容突然转入平淡或荒谬内容的一种修辞手法。

③ 迪斯尼（Walter Elias Disney, 1901—1966），美国动画片制作家及制片人，创作以米老鼠、唐老鸭等为主角的系列短片和《白雪公主》《木偶奇遇记》等故事片。1955年创建迪斯尼乐园。

尔士的"卢埃林和吉勒特"的故事，只不过在那里，埃及獴变成了忠实的狗。

然而，我确实希望美国和欧洲的那些明智、博学、精明的绥靖主义者在童年时期读过"骑在蛇背上的蛤蟆"，并把这个简单的智慧铭记在心，因为我相信让蛇吃小蛤蟆的阎罗钵多是绥靖类中的第一位。第一个孤立主义者是"不饶恕的猴子"故事里的那个猴子。

《五卷书》

阿瑟·W.赖德　英译

故事的楔子

在南方有一个城市，叫做摩醯罗卢比也。那里有一个国王，名叫阿摩罗铄枳底，他精通一切事论①。最尊贵的王公们王冠上珠宝的光辉掩盖住他的脚，一切艺术无不熟悉。他有三个笨得要命的儿子：婆铄枳底、郁伽罗铄枳底和阿难陀铄枳底。

国王看到，他们对经书毫无兴趣，于是就把大臣喊了来，说："喂！先生们知道，我的儿子们对经书毫无兴趣，缺少智慧。虽然我的外部荆棘全已铲除，但我一看到他们，心里就不快乐。人们说得好：'在没有生的、死掉了的和傻儿子中间，宁愿要儿子死掉和没有降生，因为这两个儿子只带来短期的痛苦，而一个傻子却一辈子把你烧痛。'还有：'这样一头母牛有什么用，它既不生犊子，也不下奶，生这样的儿子干吗？他既不聪明，又不把父母来爱戴。'因此，为了唤醒他们的智慧，你们都想出随便一种什么办法来吧！"

于是他们就一个接一个地说起话来："万岁爷呀！学习文法要用十二年。费上很大的劲把它掌握了，还要学法典和事论，然后智慧才能唤醒。"

在他们中间有一个大臣，名叫须摩提，他说："万岁爷呀！这

---

① 事论，讲修身齐家治国平天下的书籍。

个生命不是永恒的。学习文法要用很多时间。因此，要想出一个什么简便的方法来教他们！常言道：'文法的范围真正是无尽无穷，生命是短的而阻碍却是重重。把最精华的东西从里面取出，正如天鹅从水里把牛奶吸空。[1]'

"在这里有一个婆罗门，名叫毗搜纽舍哩曼[2]，因为精通许多事论而享大名。把他们交给他吧！他很快就会把他们教聪明了。"

国王听了以后，把毗搜纽舍哩曼叫了来，对他说道："喂，尊者呀！请你加恩于我，把这几个太子教得在统治论方面超群出众吧！我要用一百张馈赠状来酬谢你。"

于是毗搜纽舍哩曼就回答国王说道："万岁爷呀！请听我的真心话吧！我并不为了一百张馈赠状而出卖我的知识。不过，如果我在六个月内不能使他们学会了统治论，我就不姓我这个姓了。简而言之，请听我的保证！我并不是为了贪财才说话。像我这八十岁的人，一切感官享受都停止了，钱对我一点意义都没有了。不过，为了满足你的愿望，我要愉快地传授。请把今天这个日子记下来！如果我在六个月内没有把你的儿子们教得在统治论方面超群出众，那么万岁爷就可以把神仙的道路指给我。"[3]

国王和大臣们听了婆罗门令人很难相信的诺言之后，大吃一惊，把太子们交给了他，感到非常快乐。

毗搜纽舍哩曼就把他们带回自己家里去，他因此写了五卷书：《朋友的分裂》《朋友的获得》《猫头鹰和乌鸦的战争》《已经得到的东西的丧失》和《不思而行》，让太子们来学习。

---

① 根据印度传说，虽然水乳交融，天鹅仍然能够从里面把牛奶取走。

② 毗搜纽舍哩曼很可能就是本书的真正作者。

③ 此处意思含混，也可能是双关。"神仙的道路"一指死亡，另指"臀部"。全句的意思可能就是"转过身去"。

他们念了以后，在六个月内，果然变得像他说的那样。从此以后，这一部叫《五卷书》的统治论就在地球上用来教育青年。总之：

> 谁要是在这里经常学习，
>
> 或者听这一部修身处世的统治论，
>
> 他就再也不会，
>
> 甚至于从天帝释① 那里也不会受到窘困。

骑在蛇背上的蛤蟆

在某一个地方，有一条黑蛇，名字叫做曼陀毗沙，它岁数不小了。它自己在心里琢磨："我怎么能够过得轻松愉快呢？"于是它就爬到一个有许多蛤蟆的水池子那里，装出一种惶恐不安的样子。

正当它这样待在那里的时候，一只蛤蟆跳到水边上来，问它道："叔叔呀！你今天为什么不像以前那样到处爬着寻找食物呢？"

曼陀毗沙说道："伙计呀！我这一个倒霉的家伙还有什么兴致吃东西呢？因为，今天晚上，我正爬出来寻找食物，我看见了一只蛤蟆。我正准备把它逮住，它看到了我，吓得要命，一跳就跳到那一群正在专心致志地诵读吠陀的婆罗门里去，我一时竟不知道，它逃到什么地方去了。某一个婆罗门的儿子，正把大脚趾伸到池子边上的水里去，因为同蛤蟆很相似，我就糊涂了，上去咬了一口，它立刻就死掉了。它的父亲很痛苦，就诅咒我道：'你这个坏东西呀！我的儿子没有罪，你竟咬了它。你犯了这个罪，你就当蛤蟆的坐骑

_____

① 梵文是"Sakra"，指的是因陀罗。

来驮蛤蟆。它们加恩赏给你东西吃，你就这样活下去。'因此，我就到这里来，当你们的坐骑。"

这一只蛤蟆把这个消息告诉了所有的蛤蟆。它们心里都很高兴，走去报告蛤蟆王阇罗钵多。它心里想道："这是十分出奇的事。"于是就带了一群大臣，左右围绕，迅速地从池子里跳出来，爬到曼陀毗沙的头上。其余的那一些蛤蟆，一直到最小的，都爬到它的背上去。简言之，那一些在上面找不到位子的蛤蟆，就跟在它脚后面跑。曼陀毗沙为了自己开心，显示了各种各样的爬行的姿势。阇罗钵多享受了接触它的身体的快乐，对它说道：

> 骑在大象的背上，
>
> 坐车子或者骑马，
>
> 坐人抬的轿子，
>
> 都不如骑曼陀毗沙。

第二天，曼陀毗沙故意爬得极慢。看到这情况以后，阇罗钵多就说道："亲爱的曼陀毗沙呀！你为什么今天不像以前那样驮得带劲了呢？"

曼陀毗沙说道："陛下呀！今天我没有吃东西，驮不动了。"于是它说道："伙计呀！你吃几只小蛤蟆吧！"

听了这话，曼陀毗沙浑身都乐起来了，它立刻说道："那一个婆罗门的诅咒制住了我。你命令的话太使我高兴了。"于是它就不停地吃起蛤蟆来，过了几天，它就壮起来了。它高兴，心里暗暗地发笑，说了这些话：

> 这各种各样的蛤蟆，

被我用欺骗的手段愚弄；

我现在不断地吃了又吃，

它们在多久的时间内不至灭种？

阁罗钵多信了它那一套花言巧语，它的心被它弄糊涂了，一点也没有看出其中有什么不对头的地方。

不饶恕的猴子

在某一座城市里，有一个国王，名字叫做游荼罗。他养了一群猴子，给自己的儿子玩。他经常要用各种软的和硬的食物来喂饱它们。

为了供这个儿子玩耍，他还养了一群公羊。在羊群里面，有一只公羊嘴很馋，它白天黑夜都跑到厨房里去，看到什么，就一扫而光都吃净。厨工们用木棍等东西打它，看到什么，就拿什么打。

猴群的头子看到这情况以后，心里想到："哎呀！公羊同厨师打架，将来我们猴子恐怕活不下去了。因为，这一只公羊馋嘴，想吃香东西；可是厨师们却气得要命，他们伸手能拿到什么东西，就用什么东西打它。如果碰上一回，他们什么东西都拿不到，他们就会用火把来打它。公羊全身长满了厚毛，着一点火，就能够燃烧起来。它就会带着身上的火闯到附近的马圈里去。这圈里堆着许多干草，也就会燃烧起来。因此那些马可能被烧伤。可是在《舍利护多罗》里面是这样说的：马受了烧伤，用猴子油可以治好。这样一来，我们就非死不行了。"

它这样想过之后，就把猴子都喊了来，说道："厨师和公羊，在这里打仗；我们猴子们，一定会灭亡。一座房子里，经常闹争端；谁要爱生命，应该躲得远。

"因此，为了不至于全体死亡，我们还是离开这一所房子，到林子里去吧！"

猴子们听了它的话以后，傲慢地笑起来，对它说道："喂！你年纪太老了，你已经失掉了理智，才说出了这样的话来。我们不愿意丢掉王子们亲手递给我们的像甘露一般的美好的食品，而到树林子里去吃那些又苦又涩又辣又生的树上结的野果子。"

猴群的头子听了这话，眼里充满了泪，说道："哎呀，哎呀！你们这一些傻家伙呀！你们不知道，这个幸福会转化的，它最初只让你感觉到甜丝丝的，一转化就变成像毒药一样。因此，我不想亲眼看到自己族类的灭亡。我现在立刻就要到林子里去了。"

这样说过以后，猴群的头子就离开所有的猴子，走到山林里去了。

在它走了以后，有一天，那一只公羊又到厨房里去了。因为厨师手边什么东西都抓不到，他就抓起了一块烧了一半的木头，冲着它打过去。它挨了这一打，半身燃烧起来，咩咩地叫着，闯到附近的马圈里去。它在这里打起滚来，因为这里干草很多，火苗子从四面八方烧起来。拴在马圈里的那些马，有的把眼睛烧炸了，立刻死去；有的挣断了缰绳，身上烧得半焦，叫着，把所有的人都惊动了，他们都不知道该怎么办才好。

正在这时候，国王惊惶失措地把精通《舍利护多罗》的医生叫了来，对他们说道："你们说一个能够治疗烧伤了的马的药方吧！"他们想起了经书上的教导，说涂上猴油就马上止痛了。

国王听了这话，就下命令，把猴子杀掉。简言之，所有的猴子都给杀掉了。

可是猴群的头子呢，它没有亲眼看到自己的族类被杀掉。它听到这一件事情，还受不了呢。因为常言道："别人欺负了自家人，谁要是无动于衷，不管由于害怕，由于贪财，人家就把他看做孬种。"

这一只老猴子，因为想喝水，在一个地方转来转去，它走到了一个水池子旁边，池子里点缀着莲花。当它仔仔细细地观察的时候，它发现了一溜往里走的脚印，但是却没有出来的。它自己心里琢磨道："在这水里，一定是住着一个妖怪。因此，我要折一根莲花梗，从远处来喝水。"

它这样做了。从水池子里跳出来了一个罗刹，脖子上挂着一串珍珠，对它说道："喂！谁要是从这里走到水里来，我就会把他吃掉；所以，你用这个办法喝水，谁也比不上你滑头。我很高兴。你心里想什么，你就要什么吧！"

猴子说道："好吧！你的食量究竟有多大呢？"它说道："如果它们到水里来的话，我能够吃掉一百千乘上百万再乘上十万；此外，我还能够打倒一只豺狼。"

猴子说道："我同一个国王结下了滔天的大仇。如果你把那一串珍珠给了我的话，我会用花言巧语，把这个国王连他的一些随从的贪心都煽动起来，把他们引到水池子这里来。"于是罗刹就把珍珠串给了它。

猴子把珍珠串戴在脖子上，在树顶上跳来跳去，给人们看到了；他们问它道："喂，猴群的头子呀！你这么长的时间到什么地方去了？你从哪里得到这一串珍珠呀，它闪闪地发着光，连太阳都黯淡了！"

猴子说道："在树林子里某一个地方，有一个隐蔽起来的水池子，是檀那多①造成的。谁要是在一个星期日，当太阳半升的时候，到那里沉下去，檀那多就会加恩于他，给他装饰上一串这样的珍珠项链，然后再放他出来。"

国王从人们的嘴里听到了这一件事，他把猴子喊了来，问它道："喂，猴群的头子呀！真是这样吗？"猴子说道："主子呀！我脖子上挂着的这一串珍珠就可以清清楚楚地证明给你。如果你有心做这一件事情的话，就请你随便派一个人跟我一块儿去，我可以把那地方指给他。"

国王听了这话，说道："这样的话，我还是带了我的随从一块儿去吧，我们好得到许许多多的珍珠项链。"猴子说道："主子呀！就这样吧！"

于是国王为了得到珍珠项链，就带了随从出发了。国王把猴子搂在自己的怀里，猴子满怀信心地随着走了。人们说得实在对：

> 人老了老掉头发，
> 人老了老掉牙，
> 眼睛耳朵都会老，
> 只有贪心永不变化。

到了早晨的时候，他们到了那一个水池子边上；猴子对国王说道："陛下呀！太阳升到一半的时候，谁要是到这里面去，谁就会得到幸福。因此，请你命令所有的随从一下子都下去吧。你呢，就跟我一块儿下去，我好到那一个早先看好的地方去，把很多很多的珍珠项链指给你看。"于是所有的人都跳下去了，他们都给罗刹吃掉。

_____

① 财神。

　　隔了很久，他们还不回来，国王对猴子说道："喂，猴群的头子呀！我的那些随从为什么这样久还不回来呢？"听了这话以后，猴子迅速爬到一棵树上去，对国王说道："喂，你这个坏国王呀！你的随从都给一个住在水里面的罗刹吃掉了。你把我那一族统统杀光，我现在算是报了仇了。现在你走吧！因为我想到你是我的主子，我没有让你跳下去。这样，你灭了我的种，我也灭了你的种。"

　　国王听了这话以后，满怀忧愁，加快了脚步，怎样来的，又怎样回去了。

使狮子复活的婆罗门

　　在某一座城市里，住着四个婆罗门，他们之间结成了友谊。其中三个精通一切经书，但是缺乏理智；剩下一个根本不管什么经书，他只有理智。

　　有一回，他们聚在一起，互相商量，说道："如果不到国外去，取得人王帝主的恩宠，弄到银钱，知识又有什么用处呢？无论如何，我们都到外国去吧！"

　　他们走了一段路之后，其中年纪最大的说道："我们中间有一个人，那第四个，是一个傻子，他只有理智；但是只有理智，而没有知识，是不能够得到国王们的恩宠的。因此，我们得到的东西，不能够分给他。还是让他回到自己家里去吧！"

　　第二个人说道："喂，你这个有理智的家伙呀！你没有知识，因此，你回家去吧！"第三个人说道："哎呀！这样做是不对的，因为我们从小就在一块儿玩；还是让这位高贵的人跟我们去吧！我们得到的钱财也应该分给他一份。"

他们就这样办了。当他们向前走着的时候，他们在一片森林里看到了一堆死狮子的骨头。其中一个说道："哎呀！我们以前学了些知识，现在是考验的时候了。这里有一只死动物。我们要利用我们学习得很好的知识让它活转来。"

其中的一个于是就说道："我懂得怎样把这一堆骨头凑到一块儿。"第二个人说道："我可以添上皮、肉和血。"第三个人说道："我让它活转来。"

第一个人于是就把骨头都凑在一块儿，第二个人添上了皮、肉和血；但是正当第三个人想让它活转来的时候，那一个有理智的人就警告他，说道："这是一只狮子呀！如果你让它活了，它就会把我们都杀死。"

那个人说道："呸，你这个傻瓜蛋！我学了知识，不能不用。"另外一个人于是说道："那么，请你等一会儿，我要先爬到附近那一棵树上去。"

他这样做了。狮子一活转来，立刻就跳起来，把三个人全都咬死。那一个有理智的人呢，狮子一走开，就从树上跳下来，回家去了。

因此，我说：

宁愿要理智，不要知识；
理智比知识要高明得多。
失掉了理智就会灭亡，
正如有人使狮子复活。

小老鼠女嫁给老鼠

在恒河的边上，有一座净修院。河里的水撞到凹凸不平的石头上，撞击的声音惊动了游鱼，游鱼的蹿跳又激起了白色的泡沫，使浪花变幻不定；净修院里住满了苦行者，他们全神贯注，默诵祈祷词，履行誓愿，实行苦行，努力诵读、封斋、祭祀，举行宗教活动。他们希望取到澄清的有定量的水；他们的身体因为只吃球状的根、果子和世婆罗①都消瘦下去了；他们的衣服就只有一件遮蔽下体的树皮制成的短裙子。

在这里，住着一个族长，名字叫做耶若婆基耶。当他在阇那毗河里沐浴的时候，他正准备擦洗，有一只小老鼠从鹰嘴里掉下来，正落在他的手掌上。他看到了它，把它放在一个无花果树的叶子上，又去洗澡，把自己洗干净，做过了赎罪等等宗教仪式，利用自己苦行的力量，把它变成一个女孩子，带了她，走回净修院去。

他对自己的没有孩子的老婆说道："亲爱的呀！你把她收下吧！你收了一个女儿，好好地养活她吧！"她于是就喂养她，抚爱她，一直到她长到十二岁。她看到她已经可以结婚了，就对自己的丈夫说道："喂，丈夫呀！你自己的女儿的结婚年龄已经到了，你为什么竟没有注意到呢？"他说道："亲爱的呀！你说得对。常言道：'女孩子一有了月经，自己就可以把丈夫来寻找；因此，应该把诺健那嫁出去，摩奴梵天的儿子就这样教导。一个女孩子在父亲的房子里，没有结婚而见到了月信；她就被看做是下贱的女子，没有什么人会同她结婚。女儿到了结婚的年龄，父亲就要给她找一个丈夫：门第相当，或高，或低，他都不会犯什么错误。'

---

① 一种水草的名字。

"因此，我想把她许给一个门第相当的人。常言道：'两个人的门第相当，两个人的财富相等，这样才能结婚做朋友，一个吃饱一个挨饿就不行。'

"同样：'门第、脾气和保护人，知识、财产、相貌和年龄，聪明人嫁女儿别的都不管，他们就应该考虑以上七种。'

"如果她愿意的话，我就要把薄迦梵太阳神喊过来，把她许给他。"她说道："这有什么坏处呢？你就这样做吧！"

于是这一位隐士就把娑毗怛利喊了来。在一刹那的时间内，他就来到了，说道："尊者呀！你把我喊了来有什么事情呀？"他说道："站在这儿的就是我的女儿，你娶了她吧！"这样说过之后，他又对自己的女儿说道："这一位大神是三界的明灯，你喜欢不喜欢他呢？"女儿说道："爸爸呀！他太热了，我不想要他。你再喊一个比他好的来吧！"

隐士听了她的话以后，就对太阳神说道："尊者呀！还有比你强的吗？"太阳神说道："云彩就比我强，他一遮住我，别人就看不见我了。"

隐士于是就把云彩喊了来，对自己的女儿说道："女儿呀！我想把你许给他。"她说道："这家伙是黑的，又有点呆头呆脑。不要把我嫁给他，嫁给另外一个比他强的吧！"

于是隐士就问云彩道："喂，云彩呀！有比你还强的没有哇？"云彩说道："风就比我强。"

于是他就把风喊了来："女儿呀！我要把你嫁给他。"她说道："爸爸呀！这家伙太喜欢流动了。请你再找一个比他强的来吧！"隐士说道："喂，风呀！有比你还强的没有哇？"风说道："山就比我强。"

于是隐士又把山喊了来，对女儿说道："女儿呀！我要把你嫁给他。"她说道:"爸爸呀!这家伙太硬了,而且还不能移动。把我嫁给另一个吧!"

隐士问山道:"喂,山王呀!有比你还强的没有哇?"山说道:"老鼠就比我强。"①

于是隐士就喊来了一只老鼠,把它指给她看,说道:"女儿呀!你喜欢这一只老鼠吗?"

她一看到它,心里就想到:"这是我的同类,"浑身乐得直打战,说道,"爸爸呀!你把我变成一只老鼠,嫁给它吧,我好去给它管理我们这一类特有的家务!"

他就用他那苦行的神力把她变成一只老鼠,嫁给了它。

因此,我说道:

> 有那么一只小小的老鼠,
> 不愿意做太阳、雨、风和山;
> 它又恢复了自己本来的面目:
> 跳出自己的族类,实在很难。

麻雀与大象

在某一个树林子的深处,住着一对麻雀,它们的窝搭在一棵陀摩罗树的枝子上。时间过去了,它们俩生了小雏。

有一天,有那么一只因春情发动而疯狂了的大象,热得难过,就跑到陀摩罗树这里来,想找一点阴凉。春情使得它瞎了眼,它用

---

① 因为老鼠在山边挖洞。

自己的鼻子抓住那一对麻雀搭窝的那根树枝子，把它折断。树枝折断以后，麻雀卵也都打碎了。那一对麻雀因为命不该死，好歹逃出了性命。

母麻雀因为死了儿女，愁得不得了，就唠唠叨叨地哀鸣不休。正在这时候，一只啄木鸟，它最好的朋友，听到了它的悲鸣，为它的遭遇而发愁，就飞了来，对它说道："亲爱的！白白地这样悲鸣有什么意思呀！因为经书上说：'已经丢掉的、已经死了的、已经过去的，聪明人不再悲哀；因为一个人是聪明人，还是傻子，这就是分别所在。'"

母麻雀说道："正是这样！可是，为什么这个挨千刀的大象因为春情发动而把我的孩子们都杀掉了呢？如果你真是我的朋友的话，那就请你想出一个办法来，把这一只大象杀掉！能做到这一步的话，那么我因为丧子而产生的痛苦，就可以消失了。"

啄木鸟说道："你说得很对。因为常言道：'在患难中的朋友才真是朋友，即使种姓不同也没有关系；处在安乐中的时候，所有的人，谁不能跟谁称兄唤弟？'

"因此，你要看到我的理智的力量！可是我也有一个朋友，是一只苍蝇，名字叫做毗那罗婆。我去把它叫了来，好使那个万恶的大象死掉。"

于是它就同母麻雀一块儿到苍蝇那里去了，它说道："我的朋友，这一只母麻雀，受了一只可恶的大象的欺侮，它把它下的卵都给打碎了。因此，我想找一个办法把它杀掉，请你帮一下忙！"

苍蝇说道："在这样的情况下，我能说什么呢？可是我也有一个很要好的朋友，是一个蛤蟆，名字叫做弥伽杜陀。我们也要把它叫了来，应该怎么办，再怎么办。"

于是三个家伙一块儿去了，把全部的事实都告诉了弥伽杜陀。

这个家伙说道："在这一些生了气的群众面前，那一只穷凶极恶的大象又算得了什么呢？那么，苍蝇老兄，你先去，到那个欲火难忍的家伙耳朵旁边去嗡嗡几声，好让它听到你的声音，心里一舒服，就把眼睛闭上。然后呢，啄木鸟就用嘴把它的眼睛挖出来；等它渴极了的时候，我就爬到一个陷坑边上叫，它听到我的声音，以为是水池子哩，就会走过来，到了陷坑边上，掉进去，把命送掉。"

它们就这样做了，那一只春情发动的大象听到了苍蝇嗡嗡的歌声，心里一高兴，眼睛就闭上了，啄木鸟把它的眼睛啄出来；到了中午的时候，它渴得要命，到处乱闯，听到蛤蟆的叫声，就寻了来，走到一个大陷坑的边上，掉下去，死掉了。

因此，我说道：

> 有麻雀，也有啄木鸟，
> 还有苍蝇，再加上一群蛤蟆，
> 一只大象断送了性命，
> 因为它同这一大堆东西打架。

白鹭、鱼和螃蟹

在某一个池子旁边的一个地方，有一只鹭。它因为年纪老了，总想找到一个简便的方法去吃鱼，于是它就站在一个池子的岸上，表现出心烦意乱、惶惶不安的样子，连游到它跟前的鱼它都不吃了。

在这里，有一只螃蟹同鱼住在一起。它走上来，说道："叔叔呀！你为什么今天不像以前那样吃东西取乐了呢？"它说道："当我用鱼类来养活自己并且感到心满意足的时候，我吃了你们，日子过得挺痛快。现在就要有一件非常的灾祸临到你们头上，由于这个原因，到了我这样年纪，我就想改变一下这种舒舒服服的生活方式。因此我才这样失魂落魄的。"

螃蟹说道："叔叔呀！那一个非常的灾祸是什么样子呢？"白鹭说道："今天我听到走过池子旁边的许多渔夫谈话。他们说：'这是个大池子，满是鱼儿。明天在这个地方，后天在那个地方就要撒下网去。今天呢，我们先到离城挺近的那一个池子那里去。'在这样的情况下，如果你们都完蛋了，我就断了粮，我也完蛋了。我一想到这里，心里就难过，所以我今天就不吃东西。"

听了这些恶毒的话以后，水里住的这一些东西都为自己的生命担忧起来，它们对白鹭说道："叔叔呀！爸爸呀！兄弟呀！朋友呀！你这个理智上成熟的人呀！既然听到了灾难临头，也就一定有办法去对付。请你把我们从死神的嘴里救出来吧！"

白鹭说道："我是一只鸟，我没有力量同人类争斗；不过我却有力量把你们从这个水池子里运到另外一个很深的水池子里去。"于是这些家伙的理智就给这些花言巧语弄糊涂了，它们说道："叔叔呀！朋友呀！你这个只为别人着想的亲属呀！先把我运过去吧！你难道没有听见吗？在坚定的内心里把贪欲消灭，用善良的心情回忆那些善事，为了朋友，好人们甚至可以，把自己的性命看得一钱不值。"

这个坏东西心里偷偷地笑，它自己暗暗地盘算："既然我已经利用我的聪明把这些鱼骗得由我来支配，我就可以舒舒服服地吃掉它们了。"这样盘算过以后，它声明接受这一群鱼的建议，用嘴把它们一个个捞上来，带到另外一个地方的一块石板上去，把它们吃掉。一天一天的它吃得非常舒服。它到了那里以后，又捏造说自己怎样完成了使命，来安慰它们。

有一天，那一只螃蟹心里面怕死怕得要命，它再三恳求它说道："叔叔呀！你也把我从死神的嘴里救出去吧！"于是这一只白鹭就暗自思量："我老吃一种肉，也实在吃厌了，我真想尝一尝这一种以前没有吃过的特别的肉呢。"这样想过以后，它就把那一只螃蟹叼起来，从空中飞去了。

所有的有水的地方它都躲开了，它想把它带到那一块热烘烘的石板上去。螃蟹问道："叔叔呀！那一个深池子在什么地方呢？"于是它就大笑起来，说道："你看一下这一块热烘烘的大石头吧！在这上面，所有的鱼都壮壮实实地躺在那里呢。你现在也同样会壮壮实实地待下去。"

这一只螃蟹向下一看，它看到那一块刑场一般的大石头，上面堆满了鱼骨头，样子看起来阴森可怕。螃蟹于是就想道："哎呀！'宁愿同毒蛇在一起玩耍，同奸诈的敌人住在一起，也不愿同恶劣动摇愚蠢的坏朋友有什么友谊。'

"原来那些鱼就是这个家伙以前吃掉的呀，现在它们只剩下一堆堆的骨头了。我现在在做些什么事情才好呢？我还想什么呢？'危险还没有来到的时候，就应该未雨绸缪事先预防；一旦看到危险临头，就应该毫不犹豫地先下手为强。'

"在它还没有把我掷下去以前，我先用我这爪子上的四个尖钳住它的脖子。"

它这样做了以后，那白鹭又开始往前飞去、被螃蟹钳住了脖子。这白鹭糊里糊涂，一点办法也想不出来，脖子终于被钳断了。

这一只螃蟹拿了那看起来像荷花梗似的白鹭的脖子，慢慢地爬到池子里，爬到那些鱼那里去。它们对它说道："兄弟呀！你为什么又回来了？"于是它就把那个头给它们看，当做证物，说道："所有它以前用花言巧语骗走的那些鱼，它都丢在离这里不远的一块大石板上，吃掉了。在我还没有死在它手里之前，我发现它骗取了我们的信任，于是我就把它的脖子拿了来。不用再惊慌不安了。所有的水族都会安安静静地活下去了。"

萤火虫和猴子

在某一片大树林子里，有一群猴子。到了冬天的时候，它们冻得够受的。在夜色降临的时候，它们看到一只萤火虫。看到这个以后，它们都想："这是火。"于是就努力把它逮住，用干草和干树叶子把它盖起来，都把自己的胳臂、腿、肚子、胸膛伸到上面，又抓又搔，仿佛真正享受了烤火的快乐似的。有一只猴子冻得特别难受，它更是全神贯注地来烤火，不住地对着萤火虫吹了又吹。

这时有一只鸟，名叫苏质牟吉，从树上飞下来；命运注定了它要遭到杀身之祸，它对那个猴子说道："亲爱的！不要自寻苦恼了！这并不是火，而是一只萤火虫。"猴子根本不听它的话，照样吹下去。鸟虽然一再遭到拒绝，但是它仍然唠叨不休。简单一点说吧，它飞到猴子耳朵旁边，用力地去激动它，一直到猴子把它捉住，往石头上一摔，它就带着摔断了的嘴、眼、头和脖子，到阴间去了。

因此，我说道：

> 弯不过来的木头也就不要再去弯，
> 刀子不要到石头上去钻，
> 硬去教那些不可教的人带不来什么好处，
> 正如苏质牟吉一般。

婆罗门的山羊

在某一个城市里，住着一个婆罗门，名字叫做密多罗舍哩曼，他的全部精力都用来举行火祭。有一回，在磨祛月①里，当和风吹动，天上布满了云彩，雨神正慢慢地往下洒着雨点的时候，他走到某一个村庄里去，想乞讨一只祭祀用的牲畜，他向一个祭祀人请求道："喂，祭祀人呀！在下一个新月初升的夜里，我要举行一个祭祀，请你给我一只牲畜吧！"这个人也就真给了他一只肥胖的正像经典上所描述的那样的山羊。当他看到它是一只强壮的活蹦乱跳的牲畜的时候，他就赶快把它扛到肩上，起身往家里走。

走在路上，他碰上了三个流氓，这三个家伙的脖子都饿得溜细溜细的。他们看到他肩膀上扛着的那一只肥胖的牲畜，就相互说道："哎呀，如果把这一只牲畜吞下去，今天天下雪，也对我们无可奈何。因此，我们要骗他一下，把那一只牲畜骗过来，好吃了御寒。"

于是他们之中的一个就伪装起来，从一条别的路上迎面走来，对这一个事火的婆罗门说道："喂，喂，事火的婆罗门呀！你为什么干这样的让人发笑的事情呀，你竟把一只肮脏的狗扛到肩膀上。"

这个婆罗门就发火了，对他说道："你竟把一头供祭祀用的牲畜当做了狗，你难道瞎了眼吗？"他说道："婆罗门呀！你不要发火呀！你还是愿意怎样走就怎样走你的路吧！"

当他又走了一段路的时候，第二个流氓又迎面走来，说道："哎呀，哎呀，薄迦梵呀！即使你喜欢这一只死了的小牛，把它扛

① 梵语"Mgha"，玄奘《大唐西域记》译为"磨祛月"，指的是冬三月之一，大约相当于中国旧历十一月十六日至十二月十五日。

到肩膀上，也不大妙呀！"

他生着气说道："哎呀，你把一头供祭祀用的牲畜称为小牛，你难道瞎了眼吗？"他说道："薄迦梵呀！不要生气吧！因为我不知道，我才这样说的。请你随心所欲地走你的路吧！"

他走进了树林子里，走了一段路，那第三个流氓，又迎面走来了，他说道："喂！你把一只驴子扛在肩膀上，这方法不对呀！因此，你把它丢开吧，省得给别的什么人看到。"

于是这个婆罗门就认为那一只山羊是一个罗刹，把它摔在地上，吓得慌里慌张地跑回自己的家里去了。这三个家伙聚在一块儿，拿了那一头牲畜，按照他们原来想出的那个办法把它处理掉了。

因此，我说道：

> 那一些有很多心眼又能正确判断事物的人，
> 有这样的力量，
> 把比他们本领大的人来玩弄，
> 正如那些流氓骗了婆罗门的山羊。

此外，常言说得好：

> 新来的仆人举止有礼，客人来了报告消息，
> 妓女的眼泪流个不已，
> 滑头的家伙说话一说一大堆：
> 在这里，有什么人不为这些东西所迷？

还有，即使是弱者，如果他们人多，不要同他们发生战争。常言道：

同数目多的东西不要发生冲突，
因为一大堆东西无法战胜；
一条蛇王，不管它怎样左蜷右曲，
终于还是被蚂蚁吃到肚子中。

太子肚子里的蛇

在某一座城市里，有一个国王，名字叫做提婆铄枳底。有一条蛇就把他儿子的肚子当做了蚁垤，在里面住起来，他的肢体就天天消瘦下去。这一位太子厌恶透了，就到另外一个地方去。在某一个城市里，他出去要完了饭，就在一座大庙里消磨时间。

在这一个城市里，有一个国王，名字叫做巴利，他有两个年轻的女儿。其中的一个天天走到她父亲脚边，说道："愿你胜利，大王呀！"第二个却说："应该享受的，就享受吧！大王呀！"

听了这话以后，国王生气了，说道："喂，大臣呀！把这一个说难听的话的女儿随便给一个外路人吧，让她去享受一下她应该享受的！""是，是！"大臣答应着，就把这一个公主给了那一个住在庙里的太子了，只给了她极少的随从。

她心里痛痛快快地接受了这个丈夫，像对待一个神仙一般，同他一块儿，到另外一个地方去了。在一个僻远的城市的某一个地方，在一个湖边上，她把太子留在家里看家，她自己带了随从出去买奶油、香油、盐、大米，等等。当她买完了东西回来的时候，太子把头靠在一个蚁垤上，睡着了。从他嘴里探出了蛇头来，呼吸空气。在这里，从那一个蚁垤里，也爬出来了另外一条蛇，也在干同样的事。

它俩彼此看到了，眼睛都气红了，那一条住在蚁垤里的蛇说道："喂，坏家伙呀！你为什么这样折磨这一个五官四肢都生得挺漂亮的太子呢？"嘴里的那一条蛇说道："你这个坏东西为什么把这一对装满了金子的罐子弄坏了呢？"于是两个家伙就拼命揭露对方的缺点。

住在蚁垤里的那一条蛇又说道："喂，坏家伙呀！喝下罗质迦去，就能够把你治死，这个药方难道就没有人知道吗？"住在肚子里的那一条蛇说道："用热水就能够把你烫死，这个方子难道也没有人知道吗？"

就这样，公主站在树丛的后面，把它俩互相揭发的那一些话都听到了，于是就如法炮制。她这样做了以后，丈夫恢复了健康，又得到了最丰富的财宝，就回转故乡去了。他的父亲、母亲和家属对她敬重如初，她又享受到应该享受的，痛痛快快地活下去。

因此，我说道：

> 那些人，如果他们彼此，
> 不把自己身上的弱点来瞒住，
> 他们就像蚁垤上的那些蛇一样，
> 走入末路穷途。

容易受骗的丈夫

在某一个地方，有一个车匠。他的老婆跟在男人屁股后面跑，在人们心里面，名声很不好。他想考验她一下，就想道："我怎样

才能考验她一下呢？因为常言道：'火焰能变冷，月光能变热，坏人能变好，女子才贞节。'

"我从人们的嘴里知道，她是不忠实的。常言道：'在吠陀里面，在经书里面，没有看到、没有听到的东西：只有它在宇宙间发生，这一切人们都会摸底。'"

他这样考虑过之后，就对自己的老婆说道："亲爱的！明天早晨，我要到别的村庄去了；我要在那里待几天。因此，请你给我预备一些合适的路上吃的食品。"听了他的话以后，她满心高兴，满怀希望，把所有的活都放在一边，给他预备了一些非常可口的食品，里面放上了许多奶油和糖。常言说得好：

> 天气很坏，
> 夜色模糊，
> 城里有难以通行的道路，
> 自己的丈夫出门在外：
> 对荡妇来说，
> 这都是最高幸福。

天一亮，他就起来了，他走出了自己的家门。她看到他走了，就满脸堆起笑来，装饰打扮自己的身体，好歹把这一天打发过去。她走到一个她以前就熟识的花花公子家里，对他说道："那个坏蛋，我的丈夫，到别的村庄去了。等别人睡着了的时候，你一定要到我家里去。"他这样做了。

那一个车匠，在树林子里躲了一天之后，在黄昏时候，从另外一个大门走回自己的家，藏在床底下，一动也不动地待在那里。正在这时候，那一个提婆达多走来了，就坐在床上。车匠看到他，心里气呼呼的，自己想道："我现在是不是要站起来，把这家伙杀死呢？还是等他们俩睡下以后，把他们一齐杀掉呢？或者看他们干什么，听他们说什么呢？"就在这时候，她已经关好屋门，往床上爬了。

正当她往上爬的时候，她的脚碰到了车匠的身子，她心里想："这一定就是那个坏蛋车匠，他想试我哩。我现在要露一手给他看，让他看看女人们干事是多么机灵。"

正当她这样想的时候，那一位提婆达多已经忍不住，摸了她一下。她于是就双手合十，对他说道："喂，高贵的人呀！你不许摸我的身子！"他说道："如果是这样的话，你为什么又叫我来呢？"

她说道："喂！今天早晨，我到旃提迦①的庙里去，想去拜神。半空中忽然发出了一个声音：'女儿呀！我怎么办呢？你皈依了我，但是，命运已经注定了，你在六个月之内就会变成寡妇。'我于是就说道：'神灵呀！你既然知道我要倒霉；你也就一定知道预防的方法。有没有一个方法，让我的丈夫活上一百年呢？'她说道：'方法是有的。预防的方法就是全靠你。'听了这话以后，我就说道：'女神呀！即使是把我的命送上，请你说吧，我一定会照办！'女神就说道：'如果你同另外一个男人睡在一张床上，你们互相搂抱，那么，给你的丈夫注定了的暴亡就转到这一个男人身上去，而你的丈夫就能够活一百年。'因此，我才把你叫了来。你现在心里想干什么，就干什么吧！神仙的话决不会说了不算数。"他心里直想笑，脸上光彩焕发，想怎么干，就怎么干了。

那一个傻瓜车匠呢，听了她的话以后，乐得身上的汗毛都竖起来了；他从床底下爬出来，说道："好极了，你这个忠于丈夫的女

①　大神湿婆的老婆，喜马拉雅山的女儿杜哩迦（Durga）的另一个名字。

人呀！好极了，你这个带给全家快乐的女人呀！我听了坏人的话，心里就怀疑起你来；为了想试你一下，我就说要到别的村庄去，实际上却藏在这床底下，一动也不动地待在这里。你过来，搂我吧！"

这样说过之后，他就把她搂起来，把她扛在肩膀上，又对提婆达多说道："喂，你这高贵的人呀！由于我积了德，你才来到这里。由于你加恩于我，我才得到了一百年的寿限。因此，你也到我的肩膀上来吧！"

虽然这一个并不愿意，他用强力把他拖到自己的肩膀上。他就这样又跳又舞，到所有的自己的家属的大门口去。

因此，我说道：

> 即使在他眼前干坏事，
> 只要说几句好话，傻子也就会满意；
> 一个车匠竟然把自己的老婆，
> 和她的情夫放在头上高高顶起。

奶油让婆罗门的眼睛瞎掉

在某一座城市里，有一个婆罗门，名字叫做耶若达多。他的老婆老追男人，把心总是放在别的男人身上。她经常给自己的情夫做一些有糖有奶油的点心，背着丈夫偷偷地送给他。

有一天，给丈夫看见了，他说道："亲爱的！你在那儿烤的是什么呀？你老做这些东西带到什么地方去呀？你说实话！"

她临时灵机一动，就对丈夫说了一篇谎话："离这里不远，有一座供养薄俄缚底帝毗的庙。我罢过斋以后，就把一些供品和一些最特别最不平常的食品带到那里去。"于是她就在他眼前拿了东西，走向女神庙去了。因为她心里想道："我把这东西献给女神，我的丈夫就会这样想：我的老婆经常把最特别的食品带给薄俄缚底。"她到了女神庙，想沐浴一下，就到水池子里去，在里面洗起来。

就在这时候，她的丈夫从另一条路走了来，藏在女神后面，不让人瞧见。婆罗门的老婆洗完了澡，走到女神庙里，做完了沐浴、涂油、烧香、奉献供品等仪式，就跪在女神面前，说道："薄俄缚底呀！用什么方法可以让我的丈夫瞎眼呢？"

站在女神背后的婆罗门听了这话以后，就用假嗓说道："如果你经常不断地给他奶油、奶油点心等东西吃，他很快就会瞎了。"

这一个女人的心给这一套假话蒙蔽了，就真的经常给婆罗门这些东西吃。有一天，婆罗门说道："亲爱的呀！我看不太清楚了。"于是她就想道："这是女神的恩惠。"

她那心爱的人、她的情夫，心里想："这一个婆罗门已经瞎了，他对我有什么办法呢？"就放心大胆地天天到她这里来。

有一天，婆罗门看到这家伙走进来，走到跟前来了，就抓住他的头发，用棍子在他的背上揍起来，一直揍得他化为五种元素，死掉了；他又把那一个坏老婆的鼻子割下来，把她赶出去。

婆罗门、贼和罗刹

在某一个城市里，住着一个穷婆罗门；他的财产都是别人布施的，他经常缺乏好衣服、软膏、香、花环、装饰品、槟榔等享受，头发、胡子、指甲和汗毛都长得挺长，他的身体被寒冷、酷热和雨折磨得消瘦不堪。

有什么人可怜他，送给了他两头小母牛。这个婆罗门就用乞讨得来的奶油、芝麻油、草等把它们从小喂大，喂得挺胖挺胖的。

有那么一个贼看到了它们，心里想道："我要把这一个婆罗门的两头小牛偷走。"他这样想过之后，到了夜里，拿了一条捆东西用的绳子，就上了路。走在半路上，他看见了一个人，有一排稀奇古怪的尖牙齿，鼻子像苇子一样直竖起来，眼睛一高一低，身上全是鼓起来的筋肉，两腮干瘪，身体、头发和胡子就像正式的祭祀中的祭火一样的红。

这个贼看到这个家伙以后，害怕得要命，说道："你是谁呀？"

他说道："我是梵罗刹，名字叫做萨提耶婆遮那①。你也说一下你的身份吧！"

他说道："我是一个专做恶事的贼，我现在是去偷一个穷婆罗门的两头小母牛。"

于是罗刹就放了心，说道："伙计呀！我是每隔六顿饭才吃一顿的，今天我正要去吃那一个婆罗门。这太好了，我们俩的目的一样。"

于是他们俩就走了去，站在一个僻静的地方，等候适当的时机。那一个婆罗门睡下以后，贼看到罗刹就要去吃他，于是就说道："伙计呀！这样干不行！你等我把那一对小牛犊偷走以后，再去吃他吧！"

它说道："说不定什么时候，这个婆罗门就会听到回声而惊醒，那么我的事也就干不成了。"

贼说道："如果你在吃那一个婆罗门的时候，碰到了什么障碍，那我也就偷不成那一对小牛犊了。因此，你应该先让我去偷那一对

---

① 梵语"Satyavacana"，意为"实话"。

小牛犊，然后你再去吃那一个婆罗门。"

他们俩都想抢着先下手，于是就这样争论起来了，婆罗门给吵醒了。于是那一个贼就对他说道："婆罗门呀！这一个罗刹是想来吃你的。"那一个罗刹也说道："婆罗门呀！这一个贼是想来偷你那一对小牛犊的。"

婆罗门听了以后，起来，小心翼翼地，澄心涤虑，默祷自己的保护神，这样来保护自己，赶走罗刹；又用一根长棍子，把贼赶走，来保护那一对牛犊。

因此，我说道：

> 就连敌人也会带给我们好处，
> 如果他们内部互相争夺；
> 一个贼救了一个人的命，
> 一个罗刹还救了两头牛。

忠诚的埃及獴

在某一个城市里，有一个婆罗门，名字叫做提婆舍哩曼。他的老婆生了一个儿子和一只埃及獴。由于母爱，她像对待自己的儿子一样，也给这一只埃及獴奶吃，给它涂油、洗澡。但是，她却想道："这天生就是坏东西，说不定什么时候它会伤害自己的儿子。"因此就不相信它。

有一天，她把自己的儿子放在床上，放好了，拿了水罐子，对丈夫说道："喂，老师呀！我去取水了，你看着孩子，不要让埃及獴伤了他！"她离开了以后，婆罗门也离开了自己的家，到什么地方去行乞。

正在这时候，由于命运的作弄，一条黑蛇从洞里爬出来，向着小孩子的床爬去。埃及獴认出了自己的天生的敌人，害怕它会伤害自己的兄弟，在半路上向它扑去，同黑蛇战斗了一场，把它撕成碎片，抛到远处去。做了这一件英勇的事情，自己很高兴，就带着满脸的血，去迎母亲，想向她报告自己的事迹。

母亲看到它满脸鲜血十分激动地跑了来，心里想："我的小儿子一定是给这个坏东西吃掉了。"不由得勃然大怒，丝毫也没加考虑，就把水罐子对着它摔过去。被水罐子一打，埃及獴就死去了；她根本没有再管它，就回家去了：小孩子照样躺在那里，在床前她看到一条粗大的黑蛇被撕成了碎片。没有仔细考虑，就把那舍己为人的儿子杀掉，她心里非常难过，她打自己的头、胸膛等地方。

正在这时候，婆罗门不知道从什么地方乞到了一点大米粥，也回到家来了。他四下里一看，看到女婆罗门为自己的儿子伤心，她说道："喂，喂！你只贪图一点东西，就不照着我说的去做；你现在就尝一尝你自己那恶行的树上所结的痛苦的果实：儿子的死亡的味道吧！说实话，贪得无厌到盲目的人们，都会得到这样的报应。"

大象与小老鼠

有那么一个地方，在这里没有居民，没有房子，也没有庙宇。在这里，从很早的时候起，就住着一些老鼠，它们同自己的儿子们、孙子孙女们、外孙子外孙女们，在地下的那些洞里搭了窝，大窝接小窝，连绵不断。他们在过年过节的时候，在结婚的时候，有吃有喝，享受着最高的幸福，就把时间打发过去。

正在这时候，有一只象王，在成千的大象前呼后拥之下，领着象群，到一个水池子里去喝水，这里的水它以前注意到过。正当象王在老鼠窝中间向前走的时候，一些老鼠碰巧在它的脚下，那一些就被踏得脸歪、眼斜、头破、颈断。

剩下的那些就商量起来："这些浑蛋的大象在这里一走，就把我们踏死了。如果他们再来一次的话，我们就剩不下多少，连传留种子都不行了。现在总应该想出一个办法来。"

在它们想出了一个办法之后，有几只老鼠就走到水池子那里去，给象王磕过头，恭恭敬敬地说道："陛下呀！离开这里不远，就是我们的住宅，这是好几辈子传下来的。我们的子子孙孙就在那里繁荣滋长；你们跑过去想去喝水，我们成千的老鼠就给你踏死了。如果你们再走一次这一条路，我们就剩不下多少，连传宗接代都不行了。如果你们可怜我们，那么就请你们走另外一条路。因为，就连像我们这样的小东西，说不定什么时候对于你们也会有一些好处的。"

听了这话以后，群象之王就自己在心里琢磨起来，认为老鼠的话很有道理。于是，它就同意了它们的请求。

过了一些时候，有那么一个国王命令捕捉大象的人们，捕捉大象。他们把那块捉象的地区封锁起来，把象王和那一群大象都捉住了；三天以后，用绳子等把它们从那里牵出来，绑在一片树林子里枝干粗壮的树上。

捕捉大象的人走了以后，象王就琢磨起来："用什么办法，或者借助于什么东西，我才能逃走呢？除了我才想起的那些老鼠以外，没有什么其他的逃跑的方法了。"

于是象王就让它的侍从中的一只母象把自己被捉起来的情况一五一十地去告诉老鼠们，这一只母象是站在大象被拴的地区外面的，它从前就知道老鼠住的地方。

老鼠们听了以后，就成千地聚集起来，走到象群那里，来报答它们的恩情。它们看到了象王和象群都被拴在那里，哪里有绳索，它们就在哪里咬；它们还爬上树干，把那些拴在树干上的大绳子咬断，把象群都放开了。

因此，我说道：

> 不管有力量，还是没有力量，
> 朋友反正总是要交；
> 因为一群大象被捆在树林子里，
> 是老鼠把它们放掉。

蒙上虎皮的驴

在某一座城市里，有一个洗衣匠，名字叫做叔陀钵吒。他有一头驴，因为缺少食物，瘦弱得不成样子。

当洗衣匠在树林子里游荡的时候，他看到了一只死老虎。他想道："哎呀！这太好了！我要把老虎皮蒙在驴身上，夜里的时候，把它放到大麦田里去。看地的人会把它当做一只老虎，而不敢把它赶走。"

他这样做了，驴就尽兴地吃起大麦来。到了早晨，洗衣匠再把它牵到家里去。就这样，随着时间的前进，它也就胖起来了，费很大的劲，才能把它牵到圈里去。

有一天，驴听到远处母驴的叫声。一听这声音，它自己就叫起来了。那些看地的人才知道，它原来是一条伪装起来的驴，就用棍子、石头、弓箭，把它打死了。

因此，我说道：

驴蒙上了一张虎皮，

看上去非常可怕；

它不慎发出了声音，

终于还是为人所杀。

农民的老婆

在某一个地方，住着一对农民夫妇。农民的老婆因为自己的丈夫年纪大了，总是想勾引别人，无论如何也不安于室，她只对别的男人感兴趣。

有那么一个流氓，偷了别人的财物；他看到了她，说道："好人哪！我死了老婆；看到你，我为爱情所苦。因此，请你把你的全部爱情都赠给我吧！"

她于是就说道："喂，好人哪！如果是这样的话，那么，我的丈夫有很多钱；他现在老了，动不得了；我现在去拿那些钱，拿了回来，我跟你一块儿到别的地方去，共同享受爱情的幸福。"

他说道："这我觉得很好。你明天早晨，赶快到这地方来，我好同你一块儿到一个美丽的城市去，好好享受一下人生。"她赞同地说："就这样吧！"满面笑容地回到自己家里了。

在夜里，当她丈夫睡着了的时候，她拿了所有的财物；第二天天一亮，她就到了约定的地方。那个流氓让她走在前面，向着南方走去。就这样，她兴高采烈地享受着说话的幸福；走了两由旬，流氓看到前面有一条河，心里想道："这个女人已经半老了，我拿她怎么办呢？而且，说不定什么时候，有人会追了她来。这样一来，我就会倒了大霉。我只把她的钱拿过来，自己走掉好了。"

他这样想过以后，就对她说道："亲爱的呀！这一条大河不容易过。因此，我想先把我们的财物送到对岸去，然后再回来，把你一个人驮在肩上，平平安安地扛过河去。"她说道："好人哪！就这样办吧！"

她这样说过之后，他就把所有的财物都拿了过来，又说道："亲爱的呀！你把你上身和下身的衣服也都给我吧，好让你无忧无虑地到水里去！"她这样做了，流氓就拿了财物和她上下身的衣服到他自己想好的那一个地方去了。

她把两只手放在脖子上，心神不定地坐在河岸上，在那里待着；正在这时候，来了一只母豺狼，嘴里叼着一块肉。来到这里以后，它四下里一瞧，就看到一条大鱼从水里跳出来，离开水躺在河岸上。它一看到鱼，就吐出了那块肉，跑上去捉那一条鱼。正在这时候，有那么一只老鹰从天空里冲下来，叼了那一块肉，又飞走了。那一条鱼呢，一看到母豺狼走过来，就也跳到水里去了。那一只母豺狼白忙了一阵，瞪着眼看那一只老鹰飞走；赤身的女人就笑着对它说道："母豺狼呀！肉给老鹰叼走了，鱼又跳到水里去；你丢了鱼肉，还有什么可看呢？"

母豺狼听了这话，因为它已经看到这女人丢了丈夫、财物和情人，就嘲笑她道："赤身露体的家伙！不管我是多么狡猾，你的狡猾加倍胜过我；情人丢了，丈夫也丢了：你赤身露体地看些什么？"

婆罗门的一罐大麦片

在某一个地方，有一个婆罗门叫婆跋波俱利钵那。他用行乞得来的吃剩下的大麦片填满了一罐子，把罐子挂在木栓上，在那下面放了一张床，目不转睛地看着罐子，在夜里幻想起来：

"这个罐子现在是填满了大麦片。倘若遇上俭年，就可以卖到一百块钱，可以买两头山羊。山羊每六个月生产一次，就可以变成一群山羊。山羊又换成牛。我把牛犊子卖掉，牛就换成水牛。水牛再换成牝马，牝马又生产，我就可以有很多的马。把这些马卖掉，就可以得到很多金子。我要用这些金子买一所有四个大厅的房子。有一个人走进我的房子里来，就把他那最美最好的女儿嫁给了我。她生了一个小孩子，我给他起了一个名字，叫做苏摩舍摩。因为他总喜欢要我抱在膝上左右摆动着玩，我就拿了书躲到马棚后面的一个地方去念起来。但是苏摩舍摩立刻看见了我。因为他最喜欢坐在人的膝上让人左右摆动着玩，就从母亲怀里挣扎出来，走到马群旁边来找我。我在大怒之余，喊我的老婆：'来照顾孩子吧！来照顾孩子吧！'但是，她因为忙于家务，没有听到；我于是立刻站起来，用脚踢她。"

这样，他就从幻想中走出来，真的用脚踢起来。罐子一下子破了，盛在里面的大麦片也撒了一地。

乌龟与天鹅

在某一个池子里，有一个乌龟，名字叫做金部羯哩婆。它有两个朋友，是两个天鹅，一个叫做珊迦吒，一个叫做毗迦吒。时间过去了，来了一次大旱，有十二年没有下雨。它们两个就琢磨起来："这个池子里的水已经干了。我们俩到另外一个有水的地方去吧！不过呢，我们一定要跟我们相识很久的亲爱的朋友金部羯哩婆商量商量。"

它们这样做了以后，乌龟说道："为什么跟我商量呢？我是一个水里生的东西；现在，在这里，只剩下一点点水了；而同你们俩分离，我心里又难过，我不久就完蛋了。如果你们俩对我真正有什么感情的话，就请你们把我从这个死神的嘴里救出去吧。你们俩在这一个水很少的池子里所缺少的，仅仅只是吃的东西，而我呢，却就要死在这里。因此，你们请想一想吧，没有吃的和没有性命，究竟哪件事情严重呢？"

它们俩说道："我们俩没有法子把你这样一个没有翅膀的生在水里的东西带走呀！"乌龟说道："有一个法子。你们拿一根木头棍子来！"木头棍子拿来以后，乌龟用牙咬住棍子的中间，说道："你们俩用嘴牢牢地咬住棍子的两端，飞起来，在天空里平平稳稳地飞过去，一直到找到一个非常好的水池子。"

它们俩于是说道："这个法子看起来很危险呀！如果你稍微说上那么一句话，你就会离开棍子，从老高的地方掉下去，摔成碎片。"

乌龟说："从现在起，我就坚持沉默戒，在空中飞行多久，我就坚持多久。"事情就这样做了，那两个天鹅好歹把乌龟从水池子里拖上去，当它们带着它飞过附近的一个城市的上空的时候，下面的人看到了乌龟，就从低处发出了一阵低低的呼声："这两只鸟在天空里拖的是一辆什么样的车子呀？"

乌龟听到了这呼声，它注定要死了，它竟轻率地说起话来："这些人胡说些什么呀？"刚一张嘴说话，这个傻瓜就从棍子上掉下去，落在地上。就在这时候，那些想肉吃的人就用尖刀子把它撕成碎片。

《鹦鹉故事七十则》

序　言

　　《鹦鹉故事七十则》说的是一个商人的儿子，因为恋着爱妻而不肯出门经商，后来经一只鹦鹉劝说，终于离开家去做生意，而把妻子托付给鹦鹉照顾。丈夫走后，妻子不甘寂寞，要去另觅情人。鹦鹉便说故事给她听，问她若处在故事里主角的困境有什么办法。这样一夜一夜讲故事，接连讲了六十九个夜晚，一直到丈夫回家，她也没有能出门。《鹦鹉故事七十则》是一部令人着迷的故事集，讲述了女人——还有男人的不忠行为，带有明显的喜剧色彩。跟《一千零一夜》一样，故事发生在虚幻的世界里，大部分故事天真简单。像《一千零一夜》和《五卷书》一样，《鹦鹉故事七十则》采用了结构框架的故事形式；像《五卷书》和《嘉言集》一样，它采用了故事套故事的手法，喜欢插入道德格言来启迪读者；像《故事海》[①]一样，它喜欢贬低女人、愚蠢的丈夫、婆罗门和尚，还喜欢叙说流氓的故事。本书作者也不详，但此书广为流传，肯定在十一世纪之前就已存在。其中的故事启示了薄伽丘的创作。

　　使《鹦鹉故事七十则》明显突出其他故事集的是，它的评述不再是谚语式客观冷静的宽泛概括，而具有现代愤世嫉俗者和厌恶女

[①] 《故事海》，印度短篇故事集，书中收录了很多故事。C.H.托尼译，二卷本，加尔各答，1880。在伦敦印制了一个十卷本的精美版本，仅为私人订阅者印制。

人者的独特个人魅力。像《传道书》①的犬儒主义一样，犬儒主义总是令人耳目一新。就连现代女性尽管遭到贬低，她们也能忍受其中的一些笑话。

女人的花招如下：花言巧语、阴谋诡计、信誓旦旦、虚假的感情、装哭装笑、毫无意义的痛苦喜乐、恭顺地发问、冷淡漠然、逆境或顺境时的心平气和、善恶不分、斜眼瞅情人。这是这座城里的女人惯用的手腕。

不管怎么说，这个国家的女人没谁会觉得因此受到冒犯。

但作者通常更为机敏，更为含糊。而且，他还把女人、国王和蛇归为一类，这三者是他打心眼里憎恨的。

国王、女人和爬行物一般会抓住离他们最近的东西。

不要信任河流、野兽、长角的牛、带兵器的男人、女人，还有王子。国王就像穿着盔甲的士兵，行事野蛮奸诈，活像爬到你身上作恶的蛇。国王杀戮时脸上带着笑容；他可能表示尊敬，但他非常危险。大象用触觉杀人，蛇用亲吻伤人。

而且，他的评述决非局限于女人这个话题：

谁要是负债累累，谁要是娶了一位不合意的老婆，谁要是四面围敌，那他又如何能睡得着觉呢？

那些讲逆耳真话的人找不到听众。

乌鸦干净、赌棍诚实、蛇很温和、女人满足于爱、阉人有活力、醉汉讲真话，还有国王的友谊——这些事有谁听到过呢？

陌生人若富有，他就是亲戚；亲戚若是贫穷，那他就是外人。

下面这句话有点含沙射影：

给予、接受、告诉秘密、问问题、一起吃饭——这是友谊的五

---

① 基督教《圣经·旧约》中的一卷。

个证明。

以下文字摘自 B. 黑尔·沃瑟姆的译本（卢扎克，伦敦，1911）。

"《鹦鹉故事七十则》是鹦鹉讲述的七十个故事，这是典型的东方故事。故事中女主人公的丈夫名叫摩达那，他要外出很长时间，给妻子留下一只鹦鹉。这只鹦鹉似乎带有符咒。丈夫离开一段时间后，她开始觉得无聊。她的仆人或朋友建议她最好出去找个情人，这样在她丈夫不在的时候可以宽慰她。于是她准备出去。就在这时候，鹦鹉突然开了口，坚决反对她这样不名誉的想法。她下决心要把鹦鹉的脖子拧下来，但并没有真正要做这件血腥的事情。她想反正它只是一只鸟儿，于是就对它说，尽管它的建议用意良好，但她还是打算出去。这话激怒了鹦鹉，说她愿去就去吧，只要是跟它认识的一个人一样聪明。她于是问鹦鹉这个人是何人，她的聪明何在。这样就开始了第一个故事，而且就在故事的高潮到来之际，鹦鹉就不往下讲了，而是问帕拉哈瓦蒂和她的朋友们故事将会如何结局。她们当然不知道啦，鹦鹉就让她们坐卧不安，最后才把故事的结局告诉她们。但是，到了这个时候，夜色已经很晚了，这样，帕拉哈瓦蒂就没法出去会情人了，只好跟仆人们一起去睡觉。这样的过程持续了六十九个晚上，直到她的丈夫回来。她丈夫回来后，听到妻子的所作所为，心中完全不赞成妻子，心里还盘算着走极端呢。这时候，能言善辩的鹦鹉用第七十个故事使他镇静下来。此后，摩达那的父亲为儿子和儿媳举行了盛大的宴会。鹦鹉的符咒解开，之后在花雨之中升天。"

《鹦鹉故事七十则》

B.黑尔·沃瑟姆　英译

雅索戴韦和她的转生

第二天晚上，帕拉哈瓦蒂就开始想去会情人，她向鹦鹉寻求建议。鹦鹉说："你要是想去，那就去吧！就是说，你要是像雅索戴韦那样聪明，能够摆脱困境的话。"

"请问雅索戴韦是何人呀？"帕拉哈瓦蒂问道。

"我要是告诉你的话，"鹦鹉说，"把你留了下来，也许你会动念头把我的脖子拧断呢。"

"别介意，"帕拉哈瓦蒂说，"不管是怎样的结果，我得把雅索戴韦的故事听完。"

就这样，鹦鹉讲了起来：

"有一座城市，叫南达那，国王也是叫这个名字。国王有一个儿子叫拉迦塞克哈拉，儿媳叫萨丝卜拉哈。一个叫达纳塞纳的人偶然看见了萨丝卜拉哈，便疯狂般地爱上了她。达纳塞纳被欲望之火所燃烧。最后，他母亲雅索戴韦就问儿子是怎么一回事。他不停地叹气，流了许多眼泪，把事情一五一十地告诉了母亲，说他一定要娶王子的老婆。母亲听了觉得这事很难办；然而没有萨丝卜拉哈，儿子就活不下去。听完儿子的故事，雅索戴韦劝儿子快乐起来，她想想看该怎么办才好。于是，她禁食，穿上最漂亮的衣服，还带上一个妓女，去了萨丝卜拉哈那里。她脸上现出了悲哀的神情，把萨丝卜拉哈拉到一边，对她这样说道：'你瞧瞧这个妓女。我们三个前世还是姊妹呢。至于我呢，我不后悔接受情人们的挑逗。你接受了他们的殷勤，但有点儿勉强。然而，我们这个姊妹就不一样了。不管怎么说，她都不会跟男人有任何关系，她与他们保持距离。你瞧瞧她如今到了什么样的地步了。她活着得当妓女，老是在回忆自己是什么人。你因为不情愿，可能记得也可能记不得你从前的样子啦。不过，对我而言，我什么都想不起来了，因为我彻底享受了。我替你感到遗憾，所以我来到你这儿，是把她的故事告诉你，用她来给你提个醒。你要有个情人的话，我建议你答应他所有的要求，这样将来你就可以避免像她这样的可悲样子啦。因为慷慨施予者是无限恩惠的接受者。常言道，那些挨门乞讨的人，只是想让你知道他们在那儿。他们不开口索求，因为慷慨者总是根据自己的状况，随意给予那些需要帮助的人一些施舍物。'

"萨丝卜拉哈被这番话深深触动了。她紧紧抱住雅索戴韦抽泣起来，恳求她帮助自己摆脱掉这种似乎愈发逼近的命运。于是，雅索戴韦便把萨丝卜拉哈介绍给自己的儿子。拉迦塞克哈拉呢，因为有人送他大量的金银珠宝，觉得真是天上掉下来好运气啦，于是也乐意让妻子走。

"就这样，雅索戴韦利用自己的聪明和办法欺骗了王子，把王后骗了出来，达到了她的目的。你要是像她那样聪明的话，你就去吧。要是没有呢，就待在家里吧。去睡觉吧，别犯傻了。"

王后和大笑的鱼①

一

有这样一座城市，叫做乌迦伊尼，国王的名字叫毗克拉摩提亚，王后叫卡玛林娜。她出生于一个名贵家族，是国王最宠爱的妻子。有一天，国王跟她一块儿吃饭，给她一些烤鱼吃。她看着那些鱼说："陛下！我受不了看到这些男人，更甭提碰它们了！"听到了这话，鱼放声大笑起来，声音大得全城人都听到了。国王不明白这是怎么一回事，他就叫来懂鸟语的占星家，问他们鱼儿大笑是什么意思。然而，这些人谁也说不出来个中原因。于是国王就叫来自己的私人祭司，他是城里婆罗门的首领。国王对他说："如果你说不出来鱼儿听到王后的话而大笑是什么意思，那我就把你和所有的婆罗门都流放出去。"这位祭司听了国王的话，心中十分忐忑不安。他心里明白，他和其他可敬的先生们必须得离开这座城市啦，因为看起来不可能找到问题的答案。他女儿看到他心情郁闷，就说："父亲！怎么啦？你怎么看起来那么不快乐？告诉我麻烦的起因吧。你知道，拥有智慧的人即使碰到了困难，也不应该失去自控。因为常言道，'得意时不得意忘形，失意时毫不气馁，困难时坚强不屈，这样的人天生就是为了这个世界永远增添光彩和保佑的人'。"

于是，这位婆罗门就把事情一五一十地讲给了女儿听，并且还说了国王怎样威胁说要流放他。

"在这个世界上，没有哪个人的友谊或情感可以靠得住，更甭

---

① 这是另一个故事套故事的例子，也是印度故事中大量使用俏皮话评述的例子。

提常行背信弃义之事的国王啦。

"常言道：'乌鸦干净、赌棍诚实、蛇很温和、女人满足于爱、阉人有活力、醉汉讲真话，还有国王的友谊——这些事有谁听到过呢？'

"而且，不要信任河流、野兽、长角的牛、带兵器的男人、女人，还有王子、国王就像穿着盔甲的士兵，行事野蛮奸诈，活像爬到你身上作恶的蛇。国王杀戮时脸上带着笑容；他可能表示尊敬，但他非常危险。大象用触觉杀人，蛇用亲吻伤人。

"我这些年来一直忠实地为国王效劳，而如今他却成了我的敌人，要把我和我的婆罗门同胞流放。常言道：'人可以为了他的村庄而做一些放弃，可以为他的祖国而放弃村庄，但他为了救自己的性命而放弃整个世界。'"

婆罗门的女儿听到了这些，她说道："父亲，这话很对。但是不会对被主人弄得随波逐流的仆人表示尊重。

"因为常言道：'一个人可能具有最高的品格，也可能非常平庸。他如果致力于为统治者效力，无论他是什么样，他都不会从中得到什么。国王会抓住他遇到的第一个人为他效劳，无论这人是无知还是博学，应受尊敬还是不受尊重。这是因为国王、女人和爬行物一般会抓住离他们最近的东西。'此外，'一个人可能非常博学，精力充沛，做事熟练，雄心勃勃，精通职责，但倘若得不到王子的恩宠，他便一无是处。一个人可能生于贵门，非常能干，但倘若他不向王子献殷勤，就有可能一辈子沿街乞讨或是终生悔罪。谁要是落入疾病、鳄鱼或是国王的手心里，还有不知如何摆脱困境的蠢人，将永远保持不住自己在生活中的位置。'

"因为常言道：'与那些凭借自己的力量可以降服狮子、老虎、蛇和大象的智慧之人相比，国王就什么都不是了。但是，明智的人

依靠国王的恩惠，这样可以达到显赫。檀香丛只有靠马来亚山才郁郁葱葱。'

"所有级别标志——叶蚁、大象、马儿——国王都是给予他所喜爱之人。亲爱的父亲，你是国王喜爱和恩宠之人，因此别太垂头丧气。大臣的职责是不时地澄清困扰国王大脑的疑团。因此，高兴起来！我会帮你找到鱼儿大笑是何缘故。"

婆罗门听到女儿这样的建议，心中感到略微宽慰了一些。他去了国王那儿，把女儿的话对国王讲述了一遍。国王听了非常高兴，立即派人去请这位姑娘。她来到之后，冲着国王行了屈膝礼，说道："陛下！请不要那样不友好地对待婆罗门，因为这不是他们的过错。请告诉我你听到那些鱼儿发出什么样的笑声？不管怎样，我只是一位女子，不知道你是否感到羞愧，要我澄清这件事。因为——

"'国王可能非常卑微，但他还跟别人不一样，而是表现出一副神圣的样子。'您——毗克拉摩提亚，正如您的名字所言——是神圣权力的承担者。因为常言道，'力量来自因陀罗，热量来自火神，愤怒来自耶摩，财富来自库维拉，而国王则是喀与毗湿奴二者的结合'。

"您该责怪的恰恰就是您本人，因为您的职责就是除去疑团迷雾和重重困难。

"听着，我来告诉您：您要是还是找不到答案，就派人去叫我。不管怎样，您不能怀疑王后的忠贞，因为她从来没有迈出过大门一步。"

国王和那些明智的大臣一点也不明白这些诗句是什么意思。于是，婆罗门那聪明的女儿离开了，留下他们还是一片茫然。

二

国王彻夜未眠，努力要想出来这些诗句究竟是何意。因为常言道——

"谁要是负债累累，谁要是娶了一位不合意的老婆，谁要是四面围敌，那他又如何能睡得着觉呢？"

就这样过了一个难挨的夜晚，国王又派人去请那位聪慧的姑娘，对她说道："我还是弄不明白鱼儿为何大笑。"

"陛下最好别问我，"她回答说，"也许您会像商人的老婆一样懊悔，她决意要弄清楚蛋糕是从何处来。"国王说："那是怎么一回事呢？"她就对国王讲了下面的故事：

"有一座城市叫雅彦提，一位商人就住在这座城里，他的名字叫苏玛塔，他老婆名叫帕蒂米尼。他倒霉极了，把所有的钱都失去了。结果，他的家人没有什么东西可以给他，因为众所周知，财富和友谊总是一起来——

"'有金钱者有朋友，有金钱者有亲戚，有金钱者有智慧。总而言之，他是一位重要的人。'

"《摩诃婆罗多》里说，'有五种情况，一个人虽生犹死。这五种情况是：贫困、疾病、愚蠢、流放、无望的奴隶身份。'而且，'富有的陌生人是亲戚，贫困的亲戚是被抛弃的人。'

"这位商人过去常常把草和木头运到集市上去卖。有一天，他发现草没了，木头也没了，不过他看到一块木头做成的神像。他心中想道，'这很合我的心意。'

"因为常言道：'饥饿之人会为面包无所不干，被毁灭之人没有良知。这就是犯罪。一位可敬之人做梦都不会做的事情，而对这些人而言，则再自然不过了。'

"于是，他就下决心把神像劈开弄块木头。这时候，神像开口了：'你要是不动我的像，每天我会给你五块用奶和糖做的蛋糕，你可以来拿。只是你不能把怎样得到面包的事告诉任何人。你要是泄露秘密的话，我就会收回我的诺言。'

"商人高兴地答应了，于是神像给了他五块蛋糕，他就把蛋糕拿回了家，交给了老婆。她留下几块供自己家用，剩下的送给了一位朋友。有一天，这位朋友问她蛋糕从哪儿得来的，帕蒂米尼说不出来。那位朋友就说：'你要是不对我讲，那咱们的友谊到此为止。因为，常言道，给予、接受、告诉秘密、问问题、一起吃饭——这是友谊的五个证明。

"帕蒂米尼回答说，'我丈夫知道蛋糕从哪儿来，但他说这是秘密，不愿告诉我。即使我问他一百次，也会一无所获。'那位朋友回答说，'你要是弄不出来这个秘密的话，我只能说你一定最不会利用你的年轻美貌了。'

"于是帕蒂米尼又问她的丈夫，'这些蛋糕是从哪儿来的呢？''是命运的恩赐。'他回答说，'因为常言说，如果命运女神垂青于你，她就会成就你的愿望。她就会带来你想要的东西，即使这意味着要从很远的地方，从世界之巅，从大海之底。很久以前，有一只老鼠为自己挖鼠洞，结果落入了蛇的魔爪里了。这个蛇没有找到什么吃的东西，马上要饿死了。而这只小老鼠正好成了他幸运的美餐。吃了小老鼠之后，蛇马上又精力充沛起来，高高兴兴地走了。因此，命运是人升降兴衰的原因。'

"帕蒂米尼发现丈夫不愿告诉她，就不吃不喝。丈夫十分为难，说道，'我要是告诉了你想知道的事情，灾难将会降临，你会为此感到后悔。'然而，帕蒂米尼根本不理会丈夫的警告，依旧还是坚持己见。最终，丈夫不得不对她讲了。因为常言道，'神想毁一个

人的时候，会先让他失去理智，这样他就善恶不分了。'

"接下来，陛下，"婆罗门的女儿接着往下讲，"苏玛提受到愚蠢老婆的诱使，对她讲出了这个秘密。因为——

"就连罗摩都没认出那头金鹿；纳怙刹把婆罗门驯服到他的战车下；阿周那使奶牛和小牛都死去；逾底斯提拉把老婆和他四个兄弟都输掉了。因此，就连好人如若处于危机之中，也成了愚蠢的受害者。

"好了！帕蒂米尼从丈夫那儿套出了秘密，便去告诉了她的朋友。结果，那位朋友便让自己的丈夫找到神像，把蛋糕拿走了。第二天，帕蒂米尼和苏玛提一起去神像那儿，索要每天那五块蛋糕。神像明确无误地告诉他们，他们再来他这儿也没用了，因为约定已经破坏，蛋糕已经让别人拿走了。就这样，帕蒂米尼的丈夫狠狠地责骂了她一通，然后他们就回家了，非常后悔自己的所作所为。同样，陛下不该要我解释这些诗句的意义，以免您知道了感到懊悔。您最好不用我来帮助，自己把它们弄明白。"她说着站起身来，回家了。

三

国王又是彻夜未眠，因为他还是弄不明白这些诗句的意思。于是，他又把婆罗门的女儿叫了过来，对她说道："请告诉我那些诗句的意思，不要再拖延下去。"

她回答说："您不能把恳求强加于神，那样懊悔就会紧跟而来。在某个地方——哪儿并不重要——有一座城市，国王名叫毗拉醯亚，城里住着一位叫凯刹瓦的婆罗门。有一天，他心中突然涌出一个念头，'我为何不把父亲留给我的财富增大？'因为常言道，'凭借自己美德获取的荣耀是最真确的；接下来真确的是从父亲那儿继承来的荣耀；但从更远处来的荣耀一钱不值'。

"于是他便开始想方设法弄到更多的钱。在漫游的过程中，他路过了几座城市和朝圣的圣地。最后，他来到一个偏僻的地方。在那儿，他看到一位苦行者，正盘腿而坐沉思冥想。

"这位婆罗门便走上前去，恭敬地行了礼。那位苦行者看到这位婆罗门，便停下冥想，对他说道：'这个世上该向谁表示慷慨？谁该受到保护？谁该得到看来似乎不可能得到之物？'

"婆罗门从他那表示谦卑的行礼姿势中站立起来，说道：'先生，我该，我是追求财富之人。'

"苦行者知道拜访他的人是一位婆罗门，因而听到他讲出这样与身份不相称的愿望，因为常言道，'看到一位高贵者乞讨，他正处于贫困，索要他不该要的东西，这会令人困惑，尽管这人打算施予。一位好人尽管自己陷于困境，他还要承担对别人的责任。白檀可能碎成一千片，但它仍具有清凉的力量'。

"因此，那位苦行者就给那人一件神奇的斗篷，对他说道：'你只要摇晃它，就会掉下五百块金币。不过，你不能把这件斗篷给任何人，也不能说出金币从何处而来。'那个婆罗门谢过苦行者，便拿着斗篷离开了。第二天早上，他晃动斗篷，立刻掉下来五百块金币。他又接着去旅行，到了一个叫罗图瓦提的城市。在那儿，他疯狂地爱上了一个叫斯哈吉卡的姑娘。她弄不明白这些金币从何处而来，便把自己的疑团讲给了母亲听。母亲说，'哎呀，这个婆罗门是做什么生意的呀？他好像很有钱的样子。他是怎样得到这些钱的呢？'于是，姑娘问她的求爱者，但他不告诉她。然而，凭借着担忧之情，她还是想法让他讲了出来。于是，他就把神奇斗篷的事一五一十全讲给了姑娘听。结果呢，等他睡着了，那姑娘把斗篷偷了出来。就这样，他失去了所有的钱，姑娘的母亲也把他赶出了门。
常言道，'不需要太多聪明，就可欺骗住相信我们的人；不需要太
多的勇气，就可把沉睡之人杀死'。

"那位婆罗门醒来以后，发现斗篷不见了。于是就到法官那里
告状，愤怒极了，说他遭人抢劫了。因此，法官开始审案，母女俩
被指控犯了偷窃罪。母亲说：'这个窝囊废向我的女儿求爱，是他
杜撰了斗篷的故事。有理智的人谁也不会相信这一派胡言乱语。整
件事从头到尾都纯属捏造。他来到我家，我的仆人看到他是外地人，
便把他赶出门外，我们把斗篷送还给了那位圣人。'案子就这样审
定了，婆罗门既失去了斯哈吉卡，又丢掉了斗篷，而这一切都是因
为他把秘密讲了出来。要是陛下您坚持要满足您的好奇心，也许这
也是您的命运。"

说着这些话，姑娘站起身来，回家了。

四

国王还是捉摸不透那些诗句的意思。第二天，他又把婆罗门的
女儿叫来了。她说，"陛下！您不该这样强求。国王不该顽执不放，
无论他的目标是好是坏。国王就像身体，臣民只是国王的四肢。如
果我听从了您的命令，邪恶将会降临在您的身上，就像那个把家和
所有的一切都失去的商人一样。""那是怎么一回事？"国王问道。
婆罗门的女儿回答说："有一个地方叫做特里菩罗，那儿住着一位
王子，名叫毗克拉摩。一位商人也住在这座城里，他的妻子名叫萨
卜哈伽。她非常轻薄，丈夫尽最大力量不让她越轨。有一天，她在
城里闲逛，胡闹起来。她碰见一位商人，住在雅卡萨的房子里。她
一下子便爱上了这个商人。因为商人非常乐意她的挑逗，所以她决

定跟他私奔。临走的时候，她招来一位她很信任的男仆，对他说道，'我要离开一段时间。等我一走，你就往房子上放火。我丈夫忙着扑灭火，就不会发现我走了。我很快就会回来。'于是，萨卜哈伽刚刚离开，那个男仆就放火烧房。她丈夫一直对商人起着疑心，正在雅卡萨房子那儿盯着呢。他赶忙回家来，要把火扑灭。同时，她的计划极为成功，房子烧毁了。

"因此，商人失去了房子和所有的一切。您要是决意已定，陛下，这也会是您的命运。但是，如您允许，我会自己把你想知道的事情告诉你。"

说着这话，她离开了。

五

第二天早上，国王还是想不出答案，他又把婆罗门的女儿叫了过来，对她说道，"你答应对我讲那些诗句的意义，因为我自己弄不明白它们的意思。"姑娘回答道，"如果您还是不明白那些意思，那就请听我讲。在您的占卜家和智者当中，有一位叫做普什帕卡拉，是这些人的首领。我相信他是一个深谋远算、慎重谨慎之人，请告诉我，他为什么叫普什帕卡拉呢？"国王回答说，"他叫做普什帕卡拉，是因为他笑的时候，好像脸上绽开了花朵。人们就说这是他的特性，因此就派信使找到他，想证实一下关于他这个说法的真实性。他来到后，既不笑，脸上也没有什么花儿。"

婆罗门的女儿问道，"普什帕卡拉怎么不笑呢？您知道原因吗？""我一点儿也不知道。"国王回答说。"那您应该让他告诉您。"婆罗门的女儿又说，"您问我鱼儿为何大笑，去问他同样的问题吧。也许他会回答这个问题，同时告诉您他自己为何不笑。"

于是，国王派人去请普什帕卡拉。因为他是智者，又是一位重要人物，国王给了他非常值钱的礼物，然后问他为何不笑，而鱼儿却大笑起来。普什帕卡拉答道，"家丑不可外扬。金钱损失、心情悲哀、家境困窘、欺骗、蔑视——智者不会公开谈论这些东西。但是，国王的命令可以与首陀罗的命令相媲美，在世上具有非凡的力量。一提到正义、精力充沛的国王，太阳的光辉灿烂显得黯然失色。因此，我要回答陛下您的问题。我发现我妻子爱上了别人，因为心中悲伤，所以笑不起来。"

于是国王便把自己的困境摆在了智者面前。后者什么也不说，而是照着王后的脸狠狠地打了一耳光。王后假装要晕倒，普什帕卡拉大笑起来。国王气极了，看着巫师和婆罗多的女儿，说道："有什么好笑的？你这是什么意思？""陛下，"巫师答道，同时深深鞠了一躬，"王后那天晚上被跟她在一起的小伙子打了，却没有晕倒。而现在，我打了她一下，她却晕倒了，或假装晕倒了。"国王愈发生气了，说道："这是怎么回事？是你自己知道的吗？"巫师回答道："我自己亲眼所见。如果陛下不信，我来为您证明。"国王于是调查此事，结果发现了事情的真相。巫师说："我想陛下现在明白了婆罗门的女儿为什么不能告诉您鱼儿大笑的原因了。"故事的结局是，普什帕卡拉和婆罗门的女儿被送回了家，战战兢兢。王后和她的情人们被装在了麻袋里，扔到了河里。

有前途的儿子

第二天，帕拉哈瓦蒂的朋友对她说："去到檀香油膏被流淌的汗水冲掉的地方，到充斥着多种爱的声音的地方，到听不到脚镯叮当响的地方。在那样的地方，一切都可激起爱情。到普遍爱情法则占上风的地方。因为'健康、享乐、和平、权力、贵族地位——没有爱情，这些什么都算不上。'常言道，'女人那双长长的眼睛，半睁半闭，瞧着弧形镜子中自己焕发着美丽的身体，渴望着情人的到来。女人通过她们的魅力才会品尝到爱果'。"

鹦鹉答道："男子很容易被引诱过来，他们总是说得动听。那些讲真话，但不中听的人找不到听众。干吗还要多说呢？你和你的朋友们，决心要做邪恶之事了。"

鹦鹉接着说下去。

有这样一座城市，叫做帕达玛瓦提，太阳的光芒照在铺满珠宝的大街上，活像宝石照在蛇王的颈部皱皮上一样。太阳把大地烤焦了，漫长的日子令人难熬，刮来的风就像从火炉里吹来的一样，炎热把所有的东西都蒸干烤焦了。檀香油膏、轻薄衣服、清爽的饮料给人们带来征服炎热的清凉和愉悦。对那些中午时分用檀香涂抹身子的人，晚上洗浴的人，还有晚上用扇子扇来凉风的人，炎热只不过是一个奴隶罢了。

城里有个商人叫做旃达那，他和妻子帕拉哈瓦蒂在自家房顶上度过这个炎热的季节。就连天上的太阳也在助威，落日时分，把余光投射到大海之中。因为常言道，"命运逆背时，试图达到伟大，这种努力是徒劳！"

到落日时分，即使千万条光线也帮不了太阳，太阳在天上慢慢沉下，光辉渐退，光亮就像一片珊瑚。很快，睁着大眼睛的月亮出来了，占据了太阳的位置，在东山上空升起来，陪伴她的还有无数的星星，驱走黑暗。夜幕降临时，月亮爬到了东山顶上，像世界的一把火炬。月亮躺在她深爱的夜色的臂弯里，从东山后面升起来，华丽辉煌。

一天天就这样过去了，旃达那和妻子在一起。他们的儿子名叫罗摩，旃达那交给儿子神圣智慧的奥秘。

他母亲向旃陀罗祈祷说："我只有一个儿子，因为焦虑而特别痛苦。"旃陀罗回答说："你有一个儿子最好不过了。因为这一个儿子聪明温和、克己谨慎，他是学问的寓所，是美德的住地。有这样一个儿子足够了。再说，生那么多儿子又有什么用呢？他们可能给你带来悲伤和忧虑。拥有一位天性、气质都很高贵的儿子，最好心满意足。"

但帕拉哈瓦蒂并不心满意足，她叫来一个名叫德赫达摩耶的女人，向她透露了自己的心事，对她说道："你要是为我培养出来一个儿子，能够抵制住女人所有的欺骗手腕，我会给你一百块金币。""我会给你培养一个儿子，"德赫达摩耶回答说，"他要是拜倒在女人的石榴裙下，我愿意赔付你双倍的金币。"就这样，她们达成了协议。这个儿子在商人家里，成了女人所能设想出米的所有花招的攻击对象。

女人的花招如下：花言巧语、阴谋诡计、信誓旦旦、虚假的感情、装哭装笑、毫无意义的痛苦喜乐、恭顺地发问、冷淡漠然、逆境或顺境时的心平气和、善恶不分、斜眼瞅情人。这是这座城里的女人惯用的手腕。

根据协议，这个儿子交给了德赫达摩耶来管理。他父亲把他派到苏瓦那岛去获取财富。那个岛上住着一位名叫卡拉瓦蒂的女人，跟他在一起整整一年。有一天，他对卡拉瓦蒂说道："请告诉我！我最小的妹妹常说，虽然她非常精通引诱男人的手腕，但她从情人那儿却从来没有成功过。怎样才能做到这一点呢？"卡拉瓦蒂把这话给她母亲讲了一遍。"亲爱的，"老太太说，"你这位爱慕者显然非常熟悉女人的花招，你这样抓不住他。也许恭维的话会成功。他想要回家时，你说你想跟他一起走。他要是离开你，你要跳水——等等。我想这样他会答应你所有的要求。"卡拉瓦蒂说："亲爱的母亲，别这样说。没有他这个人，我对他的钱是一点不在乎的。常言道，'不要一心想得到通过邪恶手段或从被人羞辱过的敌人那儿获得的财富'。"

她母亲回答道："不是这样，女儿，财富是生死的缘由。常言道：'精力充沛去做事的人肯定会兴旺，因为万物的精力是通向财富之道。那些没有泄露秘密的人，没有做过恶事的人，没有理由不去杀戮的人，都会得到荣耀。命运是正义和非正义的缘由：是荣誉与羞辱的缘由。命运使人成为施予者和索求者。'"

"照我的话去做，"她母亲接着说，"剩下的事由我来办"。于是，她听从了母亲的建议。结果，商人的儿子把自己所有的财钱都给了她。等她把本来属于他的几百万拿到手之后，就把他轰出门去。他只好四处漂流。

就这样，卡拉瓦蒂的爱慕者回了家，钱财和信誉全都失去了。看到这种情形，父亲非常不高兴，便问他这一切究竟是怎么一回事。他不想告诉父亲，而是告诉了教父。后者对他说，"孩子，不要灰心丧气！好运和噩运同样都是人的命运。智者为何要那么关注金钱？钱丢失了，不要悲哀；钱回来了，不要欢喜。"

他父亲知晓了发生的事情，便去找德赫达摩耶，对她说道："我来告诉你，发生了一件很大的倒霉事。我儿子成了一个女人奸计的牺牲品。""谁没有被女人毁过呢？"德赫达摩耶答道，"因为常言道：'获取财富者骄傲，陷入不幸的人失去理智。谁能成为国王的朋友？谁不受死亡的统辖？谁不尊重富者？谁陷入邪恶之网能够毫无损失地逃脱出来？'因此，如果你愿意为我支付船费，我会跟你儿子一块儿回去。常言道：'损坏要由损坏赔，伤害要用伤害赔。

你要是扯断我的羽毛，我就扯断你的皮毛。'

"我答应过，要是你儿子被女人欺骗，我会负责任。因为，'尽管由蛇王、大山、乌龟和大象支撑着地球可以移动，但智慧之人决定的东西永远不变，即使在岁月流逝之中也不会改变。'"

于是，德赫达摩耶和旃达那的儿子又回到了苏瓦那。包括卡拉瓦蒂在内的所有居民都欢迎他，但他却没有追回自己的钱。因此，问题是，德赫达摩耶该怎么办呢？因为钱不是随要随到的。于是她就装扮成当地人的样子，四处走动，试图找机会把钱弄回来。在她这样走动的时候，她碰见了旃达那的儿子跟卡拉瓦蒂在一起。他也看见了她，便跑上去迎接她。——这是他俩事先约定好的。卡拉瓦蒂跟随着他，惊呼道："请问这是何人？"他回答道，"这是我的母亲。自从我没有了钱，我再也没有见过她！"德赫达摩耶抓住他的手，深情地呼唤他，"儿子！你来这位姑娘家了！你成了她奸计的受害者，但过了一段时间你逃掉了。你知道你拿走的那些钱都是我的呀。"

她就这样不停地发誓诅咒。卡拉瓦蒂和母亲把这个伪装的女人拉到他们家，说道："女士！请告诉我们，你从哪里来？叫什么名字？总之，你到底是谁？""我呀，"她答道，"是帕达玛瓦提国王的一个艺人。我儿子把我的钱都拿走了，你们又把他的钱偷走了。"卡拉瓦蒂和母亲听了这话，都给吓坏了。她们说道："钱在这儿！请拿走！""不拿。"德赫达摩耶答道，"除非这个国家的国王让我拿，我才会拿。"

母女俩跪倒在她脚旁，说道："就请你可怜可怜我们，把钱拿走吧！"这样她接了钱，又受到卡拉瓦蒂和他母亲最尊敬的礼遇，然后跟罗摩一起快快乐乐回到了他们的国家。

德维卡和她愚蠢的丈夫

有一座大村庄，叫做库克哈达。村里住着一个傻子，他妻子名叫德维卡。德维卡是一个轻浮、行为不端的女人，她有一个情人，是个婆罗门。她常跟情人在一棵离村有一段距离的树下约会。村里人经常说起她与情人的私会，这样她丈夫听到了一些流言。于是，他决定要亲自去调查这件事情，便爬上了树。他躲在树上，亲眼看到这一切，证明村里的流言蜚语都是真的。他冲着树下大声喊道："你这个无用的贱妇！这种事你已经干了好久了。"看到丈夫，这个女人有点儿困窘，说道："我不知道你在说什么呢？""你等着我下来，"他答道，"我让你知道我在说什么。"于是，她答应在树下等他下来，同时让情人赶快离开。她丈夫终于从树上下来，对她说道："你编借口也没有用了，我逮住你干这种事了。""亲爱的丈夫，"她回答道，"你知道，这棵树非常奇特：只要爬上这棵树，立刻就可以看出他的配偶是否忠实。"她丈夫答道，"那好吧，你爬上树看看是否是这一回事。"她于是上了大树，大叫起来："你这个无用的恶棍！你好多天来一直在追别的女人。"事实确实如此，傻子无话可说。于是他跟妻子和好，两人一起回家了。

女人和老虎

有个村庄叫做戴瓦拉克亚。村里住着一位好人，他的名字叫罗耶希那。他妻子的名声无可指责，但就是脾气不好，爱吵架。有一天，她跟丈夫激烈地争吵起来。结果，她带着两个儿子离开家，回她的娘家。她走过几座城市和村庄，最后来到了靠近马来西亚的一大片林地。在那儿，她看到一只老虎。老虎也看见了她，朝她走来，气恼地摇摆着尾巴。她有点惊慌，但装出大胆的样子，机灵地捆了儿子一记耳光，大声说道，"你们吵吵闹闹说要吃老虎，难道没看见旁边就有一只吗？先把这只老虎吃掉，我们再去找一只。"老虎听到这话，心中想道，"这个女人肯定是一个可怕的人。"于是老虎撒开四蹄，满心恐惧地跑开了。

很快，他碰见了一只豺狼。看见他这样，豺狼大笑起来，说道："喂！这儿有只老虎正从惊恐之物身边跑开。""豺狼朋友，"老虎说，"你跑到更远的地方去吧，越快越好，因为附近有个最可怕的人——经常吃老虎的人，这样的人只在寓言故事里才听到过。她差点把我给吃了，所以一看见她我就尽可能快地跑开了。""哎呀！我很吃惊，"豺狼说，"你是说害怕那个人吗？""我离她非常近，"老虎说，"她说的话，做的事，足以把任何老虎都吓坏。"豺狼说："那好吧，我想自己亲自去，看看能否找到这个吃老虎的女人。你也许最好别去，她可能认出你来。""我去不去都一样，"老虎说，"你是死定了。"

"那好吧，"豺狼说，"我骑在你背上，咱俩一块儿去。"于是，豺狼给拴在老虎背上，一起动身了。很快他们看到吃虎人和她的两个儿子。刚开始，那女人看到老虎又回来了，还带着一只豺狼，有些紧张，思忖了一下，她大声喊道："你这无赖的豺狼！从前你都是一次给我带来三只老虎。你今天来这儿，就带来一只。你这是什么意思？"老虎听到这话，吓得转身就跑，豺狼还在他的背上。

老虎一直不停地往前跑。豺狼捆在老虎背上，特别不舒服，也不自在。对他而言，问题是怎样摆脱这种不幸的位置。因为老虎怕极了，他蹚过河流，越过大山，穿过森林。突然间，豺狼大笑起来。

老虎叫道："嘿！有什么好笑的！""太好笑了，我觉得。"豺狼说，"我突然想到，我俩多么聪明地骗过那个卑鄙的吃虎人。在你的帮助下，我安然无恙，而那个女人却被你抛在后面，谁也不知道在哪里。我就是笑这个呢。这样，亲爱的老虎，请让我下来，看看我们跑到了什么地方。"老虎听了心里美滋滋的，非常乐意把豺狼从背上放下来。豺狼刚下来，老虎突然倒地死了。于是，豺狼高兴地跑开了。因为常言道："智慧要胜于炫耀和夸示，因为人们使用智慧赢得地位、财富和荣耀。缺乏智慧者陷入可怕的不幸。无知者的力量被用来做别人的事，就像大象的超凡力量被用来为人服务一样。"

结局故事

在这些故事快要结束的时候，摩达那从旅行中回来了。帕拉哈瓦蒂非常欢喜地接待他。

鹦鹉缓慢严肃地开口了："女人的感情算不了什么，女人的骄傲算不了什么。你不在的这些日子里，她一直是我的朋友，对我非常忠诚。"

摩达那听到鹦鹉的话，并没有太多理会。鹦鹉笑着接着说道："倾听好的建议并听从之，此人在这世和来世都有福。"摩达那便忍不住要问鹦鹉这话是什么意思。帕拉哈瓦蒂听到这些心中有点紧张，害怕鹦鹉说出点什么来，因为常言道："善人总是大胆，被善人的意识所支撑。恶人总是恐惧，因为邪恶良知把他们变成懦夫。"

于是，帕拉哈瓦蒂对丈夫说："先生！你的家供计很好，因为这所房子里住着一只鹦鹉，它好像是从神的寓所而来，讲出来的话语充满智慧。对我而言，他好像丈夫和儿子一般。"

听到帕拉哈瓦蒂的话，鹦鹉觉得有些羞愧，因为它觉得自己不值得这样的溢美之词。摩达那转向帕拉哈瓦蒂说："鹦鹉用什么智慧语言安慰你呢？"

她答道："主人，可以找到说真话的人，但不易找到听真话的人。因为常言道：'说动听话语的人总是受欢迎，讲逆耳真话的人找不到听众。'

"丈夫，请听我讲。你走以后，有一段时间我在想你，尽管我们中间隔有距离。后来，有些坏朋友来拜访，试图引我入歧途。这只鹦鹉阻止我跟随他们，七十个夜晚都用它讲的故事把我拽回来。这样，我就没有随心所欲，我的邪恶计划也没有实现。从今天起，无论是生还是死，你——我的丈夫将是我的全部。"

说完了这篇高谈阔论，摩达那转向鹦鹉，问它这一切究竟为何意。

鹦鹉答道："智者不会匆忙讲话，知是非者定会照正确的样子去做。先生，我不讲愚者、醉汉、女人、染病者、恋爱者、弱者和怒者。疯子、马大哈、胆怯者、挨饿者，这些人美德很少。有十类人不知晓正义之道，他们是疯子、马大哈、醉汉、弱者、怒者、贪吃者、草率者、懦夫、贪婪者和淫荡者。

"请原谅帕拉哈瓦蒂的缺点。这些的确不是她的过错，而是她邪恶朋友的过错。因为常言道：'有德行的人陷入邪恶之道是由于跟堕落之人的接触。就连毗湿摩在杜哩耶哈那的影响下还偷了一头牛。国王的女儿也被一个韦耶哈拉引入歧途。然而，尽管她的过错显而易见，她父亲还是宽恕了她。'"

鹦鹉接着给摩达那讲了下面的故事：

有一座山，叫马来亚。在这座山的顶上是曼诺哈拉城——乾闼婆的城。这里住着一个摩达那，他是一位乾闼婆。摩达那的妻子叫拉特那瓦厘，他们的女儿叫摩达那曼雅丽。她极为美丽迷人，谁见到她都会丧失理智，无论是神还是英雄。找不到相貌配得上她的丈夫。有一天，一个名叫纳拉达的人路过此地。他看见摩达那曼雅丽，被她的美貌迷住了，失去了理智。但是，过了一会儿，纳拉达——这是一位仙人——反应了过来。他严正地这样诅咒她："因为看到你的美丽而点燃了我心中的欲火，你将会受骗。"她父亲听到咒语，在仙人面前弯腰到地，说道："先生，请怜悯我女儿吧，宽恕她吧！"纳拉达说："她肯定会受骗，但她不会有损失，她不会失去丈夫。在默鲁山顶，有一座城叫韦普拉，里面住着乾闼婆坎纳普拉哈。他会成为你女儿的丈夫！"说完这话，纳拉达就走了。根据他的誓言，摩达那曼雅丽嫁给了那个乾闼婆。

不久，她丈夫离开她，去了凯拉萨。丈夫的离去令她伤心欲绝。她躺在自家院子里的一块石板上。一个韦耶哈拉看见了她，就上前挑逗她，遭到她的断然拒绝。最后，这人装出她丈夫的样子，达到了目的。不久，她丈夫回来了，但觉得她见到他不太高兴的样子。他心想这中间一定有什么障碍，最终心中激起了嫉妒之情，决定要把妻子弄死。摩达那曼雅丽看到死亡即将来临，就来到德迦女神庙，大声哀叹起来。女神听了她的诉说，就对她丈夫说："尊贵的乾闼婆，你妻子是无罪的，她被一个装出你的样子的韦耶哈拉骗了。因为她不明真相，怎么能责怪她呢？再说，所有这一切的起因都是仙人纳拉达在她身上起的咒，现在咒已解开，她没有罪了，你把她带回家吧。"听了女神的话，坎纳普拉哈把妻子带回了家。此后，两人幸福地生活在一起。

"因此，摩达那，"鹦鹉接着说，"你要相信我的话，就好好待你的妻子，因为她的身上没有邪恶。"

于是，摩达那听从了鹦鹉的话，把帕拉哈瓦蒂带回了家。他父亲哈里达多看到儿子归来，心中非常高兴，举行了一场大宴会。正在庆贺的时候，花儿像雨一般从天上降落下来，那只鹦鹉——帕拉哈瓦蒂的忠告者和密友——卸掉了加在他身上的咒语（即变成鹦鹉的样子），升到了神的寓所那儿。摩达那和帕拉哈瓦蒂平和幸福地度过了余生。

第三部分
佛教

《法句经》

序　言

《法句经》[①]，即"圣道之言"，是佛教箴言集，共有四百二十三句法句。不过，这种说法有点误导人，因为《法句经》并不是随意编排的智慧格言集，而是连续、独创、罕见的文学作品，在节奏、风格、主题和处理手法上都十分统一，充溢着极高的道德情感。这些寓言为佛陀本人所言，而学者们对主题存在不同看法——学者们必须这样，普通人则坚信这些思想准确真实地代表着佛的教义。《法句经》作者不详，但无论作者为何人，既然他创作了这部书，一定是捕捉到了对于宗教生活热烈呼唤的大火，感觉到我们与汤姆斯·凯姆斯联系在一起的精神愉悦。显而易见的常识性结论是，如果佛陀本人没有用他那热烈的声音讲出来，他就不可能把这些传达给弟子，即那位不知名的作者。我们必须感激的是，通过他的作品，我们可以清晰地听到佛的声音，但这部作品必须从头到尾不间断地读下去。这些话语，通常尖锐睿智，就像格言一样，这构成了这部作品的文学特征。在这些的背后，我们听到一个有重要的话要说的人的声音。这是一个令人信服的声音，很少有作品能像它那样具有

---

① 《法句经》包含26品及423句法句。佛陀以平易近人的故事，说明智慧法句的道德含义，鼓励人们在日常的身、口、意中，努力戒定慧的修持。灭除贪嗔痴，精进正念、脱离染污垢秽的心行，达到清净无烦恼无罪恶的涅槃境界。《法句经》说明法要自证，解脱要靠自己，只有自己才能解脱自己的生死轮回，佛陀只能指引解脱的道路方法。正果与生理年龄无关，它是累劫以来修行的结果。

如此真正的道德情感。

简言之,《法句经》是一声清晰的呼唤,把人从常人的倦慵懒散和不假思索的生活中唤醒,去获得所有征服中那个最伟大的征服——征服自我,从邪恶情感、欲望、仇恨和怒火的陷阱中挣脱出来,获得最高的人类自由——征服自身者的道德自由。然而,这一道德努力和抗争的呼唤伴随着逃避的紧迫感,赋予我们作为一个民族的情感:

放逸人中持正念,昏沉人中独清醒。深智者超越群众,如骏马领先弱马。(不放逸者如骏马)

还有:

佛已战胜诸垢秽,在此世间永不败。不留形迹心无尽,如何能够诱惑他。

佛已不受诸系缚,弃爱欲网除三毒。不留形迹心无尽,如何能够诱惑他。(佛陀不被诱惑)

为什么呢?因为我们都知道肉体倏忽即逝,我们大家都在寻求救赎:

失眠者长夜漫漫,疲惫者路途遥遥。不明正法愚痴者,生死轮回路漫长。(愚痴者生死轮回之路漫长)

因为:

如牧人以杖,驱牛至牧场。如是老与死,驱逐众生命。(老死驱逐生命)

但是,因为我们都会受到这个虚幻世界的诱惑,愚蠢地继续过着没有目标、懒散、软弱、放纵的生活。这种生活毫无意义,不值得一过:

若人活百岁,无慧无禅定,不如活一日,具慧修禅定。(定慧活一日胜无定慧活百年)

若人活百岁，怠懒不精进，不如活一日，毅力行精进。（精进活一日胜怠惰活百年）

若人活百岁，不见究竟法，不如活一日，得见究竟法。（了知究竟法尊贵神圣）

人还完全有可能虚长年岁：

因头发变白，不成为长老，他年龄虚长，年长非德行。

因为存在道德发展的问题：

寡闻愚者，如牛成长，增长肌肉，不长智慧。（愚者只长肌肉不长智慧）

因此，我们听到了嘹亮的号角声，把人从道德懒散、放纵、无目的胡闹的生活之中唤醒：

从现实觉醒不受骗，过如法正确的日子。在这世间在下一世，过舒适安乐的生活。

看见此世界，如庄严御车。愚人沉溺此，智者无系缚。（世间情爱虚幻不实）

第一步和最后的一步是征服自我：

汝应自警策，汝应自反省，自护与正念，比丘住安乐。

自为自依怙，自为自保护，应自我调御，如调御骏马。（自己是自己的救星）

调御的骡子优良，信度产骏马优良，昆矫罗的象优良，自调御者更优良。（善律己者最殊胜）

实非那些车乘，可达难到境地，善御自己的心，因调御可到达。（善于调御自己的心）

这一重要的思想反复出现，就像交响乐的主题一样：

彼于战场上，虽胜百万人，不如克己者，是大胜利者。（征服自己获最大胜利）

救赎的过程必须来自内部：

自己做恶行，自己被污染。自己不做恶，自己得净化。净不净依己，何人能净汝。（自造污净）

因此，佛陀呼吁不断地警戒和个人的努力：

汝应自努力，于如来宣说，追随禅修者，解脱魔系缚。

我非常喜欢那些简单直率的语言：

应做的善行，尽心尽力做，放逸游行僧，增长于尘欲。（邪行堕地狱）

然而，人必须首先摆脱掉虚假生活的幻觉，获得道德上的提升，从中他可以看到一个完全不同的世界：

智者勤奋正念，灭除放逸怠懈，圣贤登智慧阁，观愚智多忧苦。如同登于高山，俯视地上万物。（智者无欲不执着）

奇怪的是，救赎来自知识：

欲爱处处流，蔓罗盛发芽，汝见蔓罗生，以慧断其根。

还有：

视色身如瓦瓶易碎，善护心念如护城池。以智慧剑破除魔障，守胜不染着不束缚。（防守心识如固守城池）

因为最大的恶是无知之恶：

所有垢秽中，无明垢最大。弃净此垢秽，成无垢比丘。（无明恶行即垢秽）

邪恶的生活确实是无思想的生活：

精进不死道，放逸死亡路。精进者不死，放逸者如尸。

毕竟，恶苦等同；如若看不到苦就是作恶的自然结果，这些人会继续作恶：

若人已作恶，不应重复作。莫喜于作恶，积恶必受苦。（积恶受苦报）

善和乐等同：

若人已行善，应当重复行。应喜于行善，积善必受乐。（积善受乐报）

只有具有美德之人才会快乐，因为别人拿不走他具有的那种快乐：

今世喜悦来世喜悦，行善的人两世喜悦。喜悦我已做了善行，来世生善道极喜悦。（善行得喜悦）

还有：

确实喜悦地生活，于憎怨中无憎怨，充满憎怨人群中，无憎怨继续生活。

确实喜悦地生活，于贪欲中无贪欲，充满贪欲人群中，无贪欲继续生活。（不随波逐流）

确实喜悦地生活，我们这样无牵挂，以乐为食而生活，如同光音天天人。（以清净安乐为食）

因为善的力量到处弥漫散布：

旃檀多伽罗茉莉，不能逆风飘芳香。具足戒行贤德者，名声能飘送四方。

还有：

持戒善德名远方，形象高显如雪山，世间不持戒律者，夜射暗箭不能见。（持戒善德名播远方）

善人摆脱了诸根欲，甚至获得天人的羡慕：

寂静诸根欲，如御者调马。离我慢无漏，诸天人羡慕。无愤恨如同大地，坚定稳固如要塞。如海洋没有淤泥，明晰清净无轮回。（阿罗汉不再生死轮回）

在这儿，我们达到了平静圣洁生活的精神喜悦，远远超脱情欲的束缚和世俗的忧虑：

布施中法施最胜，味道中法味最胜，喜乐中法喜最胜，除爱欲灭一切苦。（佛法除爱欲灭一切苦）

我们再次听到了内心祥和的话语：

比丘入空寂静，心能摒除虚幻，审慎观照正法，经历超然快乐。

因此，人不能让仇恨、嗔怒和欲望进入心中，不能以恶报恶，而要以善胜恶：

若能抑忿怒，如止急行车，是名善御者，余为执缰人。（止怒如止急行车）

以不怒胜怒，以善胜不善，以施胜悭吝，以实胜虚妄。（四种胜利）

人若沾染上仇恨和嗔怒，若是伤害别人，最后伤害的是自己：

若伤害无邪，清净无垢者，罪恶向愚人，如逆风扬尘。（伤害贤者自食恶果）

世人所谓的胜利并非胜利，因为它孕育着更多的仇恨：

胜利生憎恨，失败住悲苦。贤者舍胜败，住平静喜悦。（舍弃胜败常住安乐）

圣人赞扬推崇的是道德胜利：

如同大象在战场，忍受弓箭的发射。我忍受极度毁谤，因为多数人无德。

调御的象可赴会，调御的象为王骑，人中自律者最大，能容忍别人毁谤。

此处，我们到达了山上训道的道德高度。驱除了头脑中常见的情欲，我们就达到了新的一套道德价值观，即内在生活的价值观：

只凭多言语，不成为智者。解脱无憎畏，是名为智者。（多言非智者）

若人害众生，不成为圣人，不害众生者，被称为圣人。（不害

众生者是圣人）

传统的社会价值观不再起作用：

邪恶者束发何益，穿兽皮苦行何益，虽然汝外表装饰，内心是垢秽渊薮。（内心清净胜外表装饰）

出身婆罗门，执着烦恼垢，虽称为先生，不是婆罗门，断秽垢欲缚，是真婆罗门。（断烦恼执着是真婆罗门）

宗教修习的外在因素代替不了内在精神生活，因为祭司也会去地狱：

穿着袈裟者，不节制恶行，恶人以恶业，重生于地狱。（恶业往生恶界）

缺德不节制，受信众施食，不如吞铁丸，炽热如火焰。（施食恶行僧不如让他吃铁丸）

以上这些都是《法句经》中反复出现的主题。尽管这些教义不能使我们得以一瞥佛教哲学，正如山上训道不能使我们一瞥基督教神学一样，但它们是佛教的核心伦理学说。这儿，我们不进入深奥难解的形而上学（参见《楞伽经》部分），但另一方面，可看到佛陀教义的清晰、朴实以及极大的人性，这种人性很容易欣赏：

及时友助是乐事，应时满足是乐事，命终积善是乐事，离一切苦是乐事。

世间敬母是乐事，恭敬父亲是乐事，敬重沙门是乐事，敬重圣人是乐事。

终老持戒是乐事，正信成就是乐事，获得智慧是乐事，不作诸恶是乐事。（有智慧不作恶是乐事）

以下选文是马克斯·穆勒在1870年翻译的。因为这部独特的作品吸引了众多学者，后来有许多人尝试重译《法句经》：F.L. 伍德沃德（1921），瓦戈斯瓦拉和桑德斯（1920，散文体），A.L. 埃德

蒙兹（诗体，《信仰颂歌》，1902）。已故的欧文·巴比特的译本是
基于马克斯·穆勒版本基础之上翻译的。[①] 一些译者的翻译可能比
马克斯·穆勒所作的直译要好，但我非常怀疑在表达的妥帖性或通
晓流畅的节奏方面比后者的译文要强。因为读者显然可以看到，这
位伟大的译者关注的不仅仅是选词——学者们总是如此，而且还非
常谙熟词语的意义。中文的《法句经》已由塞缪尔·毕尔译为英语
（《佛经文本——法句经》，伦敦和波士顿，1878）。它与儒家和道教
的思想（如关于好友的建议，智者和蠢人的区分，强调自省，劫除
恐惧，道德力量和内心宁静）极为接近，因而佛教传到中国之后，
很快为中国人接受。

　　《法句经》是世上少有的宗教经典，它是伟大精神的公开表白，
把真诚的精神激情与快乐的文学表述天才有机地结合了起来。《法
句经》比《薄伽梵歌》更为贴近现代人的生活。《薄伽梵歌》带有
崇高的道德概念，因而注定要更为打动印度人，而不是非印度人。
《法句经》直接使用常见的伦理用语，许多靠自我奋斗成功的人士
想把这些送给他们无法无天的儿子，但通常没有勇气这样做，因为
他就是父亲。因而，《法句经》属于整个世界，也属于各个时代。

---

① 去世之后发表的作品，牛津，1936。其中收录巴比特一篇极有价值的文章
　　"佛陀和西方"。巴比特对佛教中特别强调"内在抑制"和自我控制的原则
　　很感兴趣。

《法句经》

F. 马克斯·穆勒　英译

第一品　双　品

诸法意为先，意主意造作。若有邪恶意，或言语行为，人导致苦难，如轮随兽足。（邪念带来苦果）

诸法意为先，意主意造作。若有清净意，或言语行为，人导致安乐，如影不离形。（善念带来乐果）

"他骂我打我，败我掠夺我。"若人怀此意，敌意不熄灭。

"他骂我打我，败我掠夺我。"若人舍此意，敌意自熄灭。（怨恨报复带来伤害）

于此世间中，非以恨止恨。唯无恨止恨，乃智慧常法。（无嗔战胜怨恨）

有人不了知，死亡就在此。那些知晓者，冲突纷争息。（常念死亡带来和平）

生活沉迷于娱乐，不知摄护诸根识，饮食方面不节制，意志不坚又懈怠，确为心魔所征服，如强风吹倒弱树。

生活不沉迷于娱乐，摄护戒守诸根识，饮食方面知节制，意志坚定不懈怠，不被心魔所征服，如风吹不动山石。（不退转的修行）

若人穿着袈裟，未除烦恼垢秽，缺乏诚实克己，不配穿着袈裟。

若人除灭垢秽，持戒内心平静，能够诚实克己，有资格穿袈裟。（没有资格穿袈裟）

误认非法为正法，误认正法为非法，未达正确价值者，只具有错误理念。

确认正法为正法，确认非法为非法，达到正确价值者，有神圣正确理念。（发展心智领悟真理）

屋顶粗陋不密，必为雨水漏浸。人若不能修心，必为贪欲漏入。

屋顶精致密实，不为雨水漏浸。人若善于修心，不为贪欲漏入。（善修心者无贪欲）

今世悲伤来世悲伤，作恶的人两世悲伤。他悲伤他深感困扰，于现前的污秽业报。（自食恶果）

今世喜悦来世喜悦，行善的人两世喜悦。他喜悦他完全喜悦，于现前的清净业报。（自食善果）

今世忏悔来世忏悔，作恶的人两世忏悔。忏悔已做过的罪行，来世堕恶道极忏悔。（恶行受折磨）

今世喜悦来世喜悦，行善的人两世喜悦。喜悦我已做了善行，来世生善道极喜悦。（善行得喜悦）

虽常诵经文，放逸不奉行。如替人牧牛，无清净法益。

不常诵经文，能依教奉行，灭除贪嗔痴，善净解脱心，舍弃于世俗，得清净法欲。（依教奉行胜于熟读经藏）

第二品　不放逸品

精进不死道，放逸死亡路。精进者不死，放逸者如尸。

智者深知此，正念不放逸。喜悦持正念，喜圣者境界。

智者常坚忍，勇猛修禅定。解脱得安稳，证无上涅槃。（精进修行免生死轮回）

坚忍奋勉正念，行为谨慎清净，生活自制如法，不放逸增光

荣。（精进正念善名大增）

精进正念不放逸，自制克己自调御。智者自己建洲屿，不被洪水来淹没。（精进自律以自己为洲屿）

愚痴暗钝者，沉溺于放逸。智者不放逸，保护如珍宝。

不沉溺放逸，不纵情欲乐。精进修禅定，达安乐极致。（精进正念如守护财富）

智者勤奋正念，灭除放逸怠懈，圣贤登智慧阁，观愚智多忧苦。如同登于高山，俯视地上万物。（智者无欲不执着）

放逸人中持正念，昏沉人中独清醒。深智者超越群众，如骏马领先弱马。（不放逸者如骏马）

玛卡正念不放逸，所以成为诸天王。不放逸受人赞赏，放逸怠懈受苛责。（正念不放逸成为天王之王）

比丘精进正念，勤奋畏惧放逸，犹如猛火炎炎，烧尽大小束缚。（精进如猛火烧毁诸束缚）

比丘精进正念，勤奋畏惧放逸，必定不易堕落，他已趋近涅槃。（不放逸修行趋近涅槃）

第三品　心　品

心漂泊不定，难护难制伏。智者调心念，如匠矫箭直。

如捞水中鱼，抛置于陆地。舍弃邪境时，心挣扎战栗。（自律克己调心）

此心难调服，随欲望流转。智者善调心，心调得安乐。（驯服的心带来安乐）

此心难觉察，随欲望流转。智者善护心，心获得安乐。（防护

的心带来安乐）

心飘千里独来独往，无色无形隐藏深穴。若能善于调伏心念，解脱死亡魔王系缚。（调伏的心解脱系缚）

飘浮不定心，不明了正法。信心若微弱，智慧不增长。

若得无漏心，心无仇恨念。超越善与恶，清醒不恐怖。（心不坚定智慧不增长）

视色身如瓦瓶易碎，善护心念如护城池。以智慧剑破除魔障，守胜不染着不束缚。（防守心识如固守城池）

身躯实不久，躺卧在地上。失意识被弃，无用如槁木。（没有心识身躯无用）

仇敌伤仇敌，冤家害冤家。心识被误导，恶业更加大。（恶念祸害深于外敌）

善非父母做，非其他眷属。心识向正行，善业更加大。（正行的心造福更大）

第四品　花　品

谁能彻悟地界，阎魔界和天界？谁能宣说法句，如巧匠选花朵？

有学彻悟地界，阎魔界和天界。有学宣说法句，如巧匠选花朵。（彻悟佛法如巧匠采花）

知此身如泥，悟此身如幻。折死亡花箭，越魔王视线。（超魔界到无死涅槃界）

采集花卉已，心生欲染着。如死神瀑流，卷走酣睡村。（执着欲乐如洪水冲走睡村）

采集花卉已，心生欲染着。贪欲无餍足，入死魔诅咒。（死亡

系缚贪求无厌之徒）

圣者访村落，有如蜂采花。不伤花色香，但取花之蜜。（圣者化缘如蜂采蜜不伤他人）

不寻他人过，已做或未做。只观察自己，已做或未做。（只应自省不应在意批评）

如诱人花朵，美丽无芳香。理论不实践，不能得利益。

如诱人花朵，美丽又芳香。理论能实践，便能得利益。（实践重于空谈）

如聚众花朵，做成众花环。人生在世间，应实行善德。（积众善如聚众花成花环）

旃檀多伽罗茉莉，不能逆风飘芳香。具足戒行贤德者，名声能飘送四方。

旃檀多伽罗，拔悉基青莲。如此香味中，戒香为最上。（贤德的芬芳处处可闻）

多伽罗旃檀，此等香微弱。持戒者最上，香熏诸天间。（贤者芳香达天界）

正智解脱之贤者，行为完美谨慎行。全知摆脱诸垢秽，魔王不知其踪影。（完全解脱不再生死）

犹如粪秽集，弃置于大地。莲花生其中，香洁而悦意。如是粪秽等，愚昧凡夫中。正觉佛弟子，智慧光闪耀。

第五品　愚　品

失眠者长夜漫漫，疲惫者路途遥遥。不明正法愚痴者，生死轮回路漫长。（愚痴者生死轮回之路漫长）

友不胜于己，与我不相等。宁可独行居，不与愚者伴。（不与愚痴无德者为伍）

"此为我子我财"，愚者为此忧扰。自己不属于自己，何有我子我财？（自己不属于自己）

自知愚痴者，实是智慧人。自称智慧者，实是愚痴人。（了解真相就是智慧）

愚者虽终身，与智者相近，不领悟正法，如匙不知味。（愚者不易领悟正法）

慧者虽短暂，与智者亲近，速领悟正法，如舌尝汤味。（智者迅速领悟正法）

愚者无智慧，对己如仇敌。造作诸恶业，定受清苦果。（造恶业是自己的敌人）

造作恶业，会生后悔。流泪哭泣，接受苦果。（财物是毒蛇）

造作善业，不会后悔。快乐喜悦，接受善果。（虔诚的心带来善报）

恶业未成熟，愚者以为甜。恶业成熟时，愚者受苦难。（罪孽种苦果）

愚者虽月复一月，吃孤沙草尖少食，不及深入正法者，十六分之一功德。（苦行非正行）

恶业不会立刻成熟，如牛奶不立刻变酸。恶业跟随行恶的人，如火苗被灰土掩盖。（恶业如灰土掩盖火苗）

愚痴者所学，只促成伤害。愚者毁自己，如切自头颅。（滥用知识毁灭自己）

愚人追求虚荣，渴求于僧群中。超前辈领众人，受人礼敬供养。

"让僧俗共知，事无论大小，有我才成就，都由我做主。"愚痴者心想，增长贪与慢。（愚痴者以自我为中心）

"一道引世利，一道向涅槃。"佛弟子比丘，当如是了知。莫贪着世利，专注于远离。（佛弟子远离世利）

第六品　智者品

若见智慧者，能指示过失，能谴责劝诫，如引宝藏者，应与此人交，不产生邪恶。（与智者为友）

训诫与教导，阻他人犯恶。善者爱此人，恶者憎此人。（圣者珍惜善导）

莫与恶交友，莫友卑鄙者。结交尊贵者，伴随高尚者。（与贤者为伍）

喜闻妙法者，心清净安乐。智者常喜悦，圣者所说法。（智者乐妙法）

灌溉者引导水，箭匠矫直弓箭，木匠处理木材，智者调御自己。（智者自调御）

如坚固的磐石，不被风吹动摇。智者对于毁誉，保持如如不动。（智者不为毁誉动摇）

如同深潭，清明澄净。智者闻法，内心清净。（智者闻法内心清净）

善人离诸欲，不论诸爱欲，苦乐不能动，智者无喜忧。（智者不为得失心动）

不为己利他利而造恶业，不为儿子财富王国行恶，不以非法求取自己成功，他是智慧戒行的正法者。（智为不因利而行恶）

在众人群中，达彼岸者少。大多数的人，在此岸徘徊。

任何人能明晰，根据教义过活。这些人可超越，难超越的死界。

（只有少数人证得涅槃）

放弃腐败的观念，智者培养纯正性。离在家舒适生活，出家趋向解脱道。喜悦解脱，舍弃欲念，智者清净，自心垢秽。

智者正心修习，觉悟七菩提分。远离固执心念，乐舍执着系缚。漏尽而显光耀，此生解脱涅槃。（智者自净其心）

第七品　阿罗汉品

路行尽无忧悔，解脱一切事物。完全不受系缚，已不再有苦恼。（阿罗汉断绝一切烦恼系缚）

正念勤奋者，不乐于系缚。如天鹅离池，放弃其居所。（阿罗汉持正念离系缚）

他们不积聚，如实知进食。于空无相中，心智获解脱。不留欲痕迹，如鸟游虚空。（阿罗汉了达空无相）

他们诸漏已尽，不再贪着饮食。他们以空无相，以解脱为宗旨。行径如鸟翔空，其踪迹不可寻。（阿罗汉境界难以测度）

寂静诸根欲，如御者调马。离我慢无漏，诸天人羡慕。无愤恨如同大地，坚定稳固如要塞。如海洋没有淤泥，明晰清净无轮回。（阿罗汉不再生死轮回）

内心很平静，语业也平静，正智而解脱，内心得安稳。（心中无想无欲无波寂静）

无错信知无为，断一切系缚者，放弃一切欲念，是真尊贵人士。（阿罗汉不再造业）

无论村落或林间，甚至山谷或平地，哪里住着阿罗汉，哪里就幸福安乐。（阿罗汉居止处一切安乐）

树林甚迷人，众人不喜悦。无欲者离欲，不求诸欲乐。（阿罗汉无欲寂静）

第八品　千品

虽诵千言句，若无义理者，不如一义语，闻已得寂静。（即使一句法语也有莫大利益）

虽诵千言偈，若无义理者，不如一义偈，闻已得寂静。（智慧的诗偈令人寂静）

彼诵百句偈，若无义理者，不如一法句，闻已得寂静。

彼于战场上，虽胜百万人，不如克己者，是大胜利者。（征服自己获最大胜利）

胜己真尊贵，胜人不尊贵，战胜自己者，守戒过生活。天神丁达婆，魔王及梵天，皆遭到败北，不能胜彼人。（战胜自己无与伦比）

月月投千金，供牺牲百年，不如须臾间，供养律己者。能如此供养，胜火祭百年。（供养圣贤者功德大）

若人一百年，火祭于林中，不如须臾间，供养律己者。能如此供养，胜火祭百年。（供养圣贤胜火祭百年）

世间行善者，年施牲品祭。功德却不及，礼贤四分一。（礼敬贤圣是尊贵行）

常乐礼敬，圣贤长老，获四利益，寿美乐利。（礼敬贤圣护四神利益）

若人活百岁，破戒无禅定，不如活一日，持戒修禅定。（戒定活一日胜无戒定活百年）

若人活百岁，无慧无禅定，不如活一日，具慧修禅定。（定慧

活一日胜无定慧活百年）

　　若人活百岁，怠懈不精进，不如活一日，毅力行精进。（精进活一日胜怠惰活百年）

　　若人活百岁，不见生灭法，不如活一日，实见生灭法。（如实知见生灭法）

　　若人活百岁，不见不死道，不如活一日，实见不死道。（得见涅槃尊贵又神圣）

　　·若人活百岁，不见究竟法，不如活一日，得见究竟法。（了知究竟法尊贵神圣）

第九品　恶　品

　　行善宜及时，制心勿作恶。迟疑向善行，心则喜于恶。（及时行善）

　　若人已作恶，不应重复作。莫喜于作恶，积恶必受苦。（积恶受苦报）

　　若人已行善，应当重复行。应喜于行善，积善必受乐。（积善受乐报）

　　恶业未成熟，恶者以为乐。恶业成熟时，方见恶真性。（恶得恶报）

　　善业未成熟，善者以为苦。善业成熟时，方见善真性。（善得善报）

　　莫小视小恶，于我不招报。小恶如滴水，亦可满水瓶。愚夫盈其恶，少许少许积。（莫小视小恶）

　　莫小视小善，于我不招报。小善如滴水，亦可满水瓶。智者圆

其善，少许少许积。（莫小视小善）

伴少而货多，商人避险道。爱命避毒品，避离诸恶行。（避恶如避险道）

手若无疮伤口，可以手执毒药。毒不侵无伤手，无恶念不行恶。（无恶念不行恶）

若伤害无邪，清净无垢者，罪恶向愚人，如逆风扬尘。（伤害贤者自食恶果）

有人孕育在母胎，作恶者堕入地狱。行善者往生天界，漏尽者证入涅槃。（依业力升沉）

无论在空中在海洋，无论在山中在裂缝，世间无任何避难处，可以让人逃避恶果。（无处逃避恶果）

无论在空中在海洋，无论在山中在裂缝，世间无任何避难处，可以让人征服死亡。（无处逃避死亡）

第十品　刀杖品

一切众生畏惧刀杖，一切众生恐惧死亡，以身作则将心比心，自不杀生莫教他杀。（众生皆恐惧死亡）

一切众生畏惧刀杖，一切众生珍爱生命，以身作则将心比心，自不杀生莫教他杀。（众生皆珍爱生命）

于求乐有情，刀杖加恼害，但求自己乐，后世不得乐。

求乐于有情，不刀杖恼害，欲求自己乐，后世可得乐。（慈悲待人）

对人不说粗恶语，粗语得来粗语回。此种争论实痛苦，互击刀杖可伤汝。

人若能平静沉默，有如压扁的铁锅。此人已达涅槃界，互相争论不存在。（争辩带来伤害）

如牧人以杖，驱牛至牧场。如是老与死，驱逐众生命。（老死驱逐生命）

愚痴者造恶业，不自知有恶报。作恶自业感苦，如火烧受梵苦。（造恶业如火焚烧自己）

若以倒杖伤那无恶害者，十种苦难中他将得一种：

或灾苦失财，或肉体伤害，或严重疾病，或失心狂乱。

或国王惩罚，或被诬重罪，或失去亲属，或财产损失。

或房屋宅第，被劫火焚烧，愚者身亡后，在地狱重生。（伤害无辜受十种苦难）

裸身束发涂泥，绝食尘土污身，卧地蹲踞胡跪，不除惑非净行。（苦行不能断疑惑）

盛装者若是行为谦虚，寂静克己解脱修梵行。不以刀杖等加害众生，他是梵行者沙门比丘。（华服不得解脱）

以惭克己者，世间所罕见。厌避于羞耻，如良马避鞭。

如良马加鞭，人应勤忏悔。信戒勤定慧，善反省观察。内观感应心，弃除一切苦。（羞耻克己弃除苦忧）

灌溉者引水，箭匠之矫箭，木匠之绳木，智者自调御。（智者善于调御自己的欲念）

第十一品 老 品

正在燃烧中，何喜何欢笑。沉浸黑暗中，何不寻光明？（贪嗔痴如火焰燃烧）

观此粉饰娇躯，疮痍膨胀溃烂。疾病多应思维，躯体绝非永存。（盛装的娇躯一样会腐烂）

色身完全垮坏，病菌窝易瓦解。腐朽涌出溃散，有生终归有死。（身体是病菌住所）

犹如葫芦瓜，弃撒在秋季，见变色骸骨，谁还有欲望！（观骸骨无欲望）

此城骨所建，沾满血与肉。储藏老与死，我慢及虚伪。（身体是老死慢虚伪的家）

盛饰御车会朽毁，躯体如是会老化。体验教法不退转，持戒善者悟真理。（佛法永垂不朽）

寡闻愚者，如牛成长，增长肌肉，不长智慧。（愚者只长肌肉不长智慧）

经多生轮回，寻求造屋者，但未得见之，重生实痛苦。已见造屋者，已不再造屋。支柱已摧毁，结构已拆除。心不再造作，推动力停息。（已见造屋者心不再造作）

少壮不积蓄，不修清净行，如池边老鹭，无鱼空叹息。

少壮不积蓄，不修清净行，如射出流箭，空叹旧光荣。（老大徒伤悲）

第十二品　自己品

若人知自爱，须善护自己。三时中一时，智者育善德。（培养善德珍爱自己）

先建立自己，贤良的品德。然后劝他人，贤者免于过。（智者珍惜个人的净化）

想训诲他人，须如己所行。自律能律他，律己实最难。（克己后再调伏他人）

自己拯救自己，他人不能救你。修行只靠自己，获他人助太难。（自己拯救自己）

恶行由自己做，从自己心中生。恶业摧毁愚者，如金刚切钻石。（自作孽不可活）

缺乏贤德破戒，如蔓罗缠莎罗。行恶摧毁自己，如被敌人加害。（恶行自取灭亡）

恶行容易做，无益于自己。益己正义事，实为极难行。（恶行易做善事难为）

恶慧愚痴人，持错误见解。阻正直生活，碍圣贤教法。如格他格草，结果自灭亡。（持恶见者自毁）

自己做恶行，自己被污染。自己不做恶，自己得净化。净不净依己，何人能净汝。（自造污净）

众多哩他行，莫忽视己利。善知己利者，促进己修行。（利他也要利己）

第十三品　世　品

不培养败德，不放逸怠惰，不随顺邪见，不增长俗念。（不培养世俗邪念）

从现实觉醒不受骗，过如法正确的日子。在这世间在下一世，过舒适安乐的生活。

过如法正确的日子，不作恶行不入歧途。在这世间在下一世，过舒适安乐的生活。（如法生活今世来世都安乐）

视水泡易逝，视幻相不实。如是观世界，死王无法见。（观察世间虚幻不实）

看见此世界，如庄严御车。愚人沉溺此，智者无系缚。（世间情爱虚幻不实）

若先被蒙蔽，之后不蒙蔽。照耀这世界，如月出云翳。（改过者如月亮走出乌云）

若人行恶业，以善德止覆。照耀此世界，如月出云翳。（以善止恶如月亮走出乌云）

世俗多盲目，少数能内观。如鸟脱罗网，少数飞向天。（少数人脱离罗网获得自由）

天鹅飞行于虚空，智者神通翱天际。勤奋克服死亡魔，脱离世间达涅槃。（智者跨越世间）

侵犯贤德者，妄语撒谎者，不信来世者，无恶而不作。（妄语者无恶不作）

吝啬者不升天，愚邪者不布施，智慧者喜布施，来世必得安乐。（随喜乐施得安乐）

一统大地的国王，得生天界的天人，主宰宇宙的天王，不及初果者殊胜。（初果进入圣者之流）

第十四品　佛陀品

佛已战胜诸垢秽，在此世间永不败。不留形迹心无尽，如何能够诱惑他。

佛已不受诸系缚，弃爱欲网除三毒。不留形迹心无尽，如何能够诱惑他。（佛陀不被诱惑）

尊贵禅修者，决心胜垢秽。天人亦敬仰，正念正觉者。（天人敬仰佛陀）

降世为人难，生得寿终难，聆听妙法难，遇佛出世难。（珍惜人身修学佛法）

诸恶莫做，众善奉行，自净其意，是请佛教。

诸佛说涅槃最上，忍辱是最高苦行，害他实非出家人，烦恼他人非沙门。

不挑剔不骚扰，严谨持守戒律，饮食知所节制，喜悦清净独处，精进锻炼净心，是诸佛所教诲。（诸佛的教诲）

天降落金雨，欲心不满足。智者知淫欲，乐少而苦多。不欣求沉迷，欲乐之天界。正觉佛弟子，决心止贪欲。（欲望带来苦恼）

人因畏惧故，皈依于山岳，森林和花苑，树木和祠庙。

此非安稳依，此非最上依。向此皈依者，不离一切苦。

若人皈依佛，皈依法与僧，由于正智慧，见到四圣谛。苦与苦之困，以及苦之灭，并以八圣道，能令苦终止。此皈依安稳，此皈依最上，如此皈依者，解脱一切苦。（皈依佛法僧三宝）

圣者实稀有，不随处出生。智者所生处，家族蒙庆幸。（圣者带给众生幸福）

佛陀降生令人喜悦，宣说妙法令人喜悦，僧伽和合令人喜悦，和合修行令人喜悦。（佛法僧带来真正的喜悦）

礼敬佛及圣弟子，因他们值得礼敬，他们是超凡觉者，已经跨越诸忧患。礼敬已达宁静者，因他们不再畏惧，他们功德大且多，无人能予以衡量。（礼敬佛陀诸圣贤）

第十五品　乐　品

确实喜悦地生活，于憎怨中无憎怨，充满憎怨人群中，无憎怨继续生活。确实喜悦地生活，于疾病中无疾病，充满疾病人群中，无疾病继续生活。

确实喜悦地生活，于贪欲中无贪欲，充满贪欲人群中，无贪欲继续生活。（不随波逐流）

确实喜悦地生活，我们这样无牵挂，以乐为食而生活，如同光音天天人。（以清净安乐为食）

胜利生憎恨，失败住悲苦。贤者舍胜败，住平静喜悦。（舍弃胜败常住安乐）

无火如贪欲，无恶如嗔恨，无苦如无蕴，无乐如寂静。（寂静涅槃最乐）

饥为难受病，业为最大苦，如是如实知，涅槃最上乐。（最大的苦痛和最上的快乐）

健康最上利，知足最上财，信赖最上亲，涅槃最上乐。（四种最上）

领会独居味，经历寂静喜，无瑕不受染，已尝妙法乐。（独居尝法味）

值遇圣者善，与其共处乐，不见愚痴人，有助于快乐。

与愚者为伍，长处生懊悔，与愚为友苦，如与敌共处，与智者共处，乐如会亲族。

因此：圣者智者多闻者，持戒精义与圣者，结交尊崇贤惠者，如月遵循于轨道。（与贤德者为伍）

第十六品　喜爱品

做不该做事，不做该做事，弃善趋爱欲，妒羡自勉者。

莫结交亲爱，莫结交不爱，不见亲爱苦，见不爱也苦。

不应执着爱，与爱别离苦，若无爱与憎，不见秽系缚。（放弃情爱的执着）

由喜爱生忧，由喜爱生怖，若离于喜爱，何忧由何怖。（离喜爱无忧怖）

由亲爱生忧，由亲爱生怖，若离于亲爱，何忧由何怖。（离亲爱无忧怖）

由贪欲生忧，由贪欲生怖，若离于贪欲，何忧由何怖。（离贪欲无忧怖）

由欲乐生忧，由欲乐生怖，若离于欲乐，何忧由何怖。（离欲乐无忧怖）

由贪爱生忧，由贪爱生怖，若离于贪爱，何忧由何怖。（离贪爱无忧怖）

持戒调御自己，住于妙法真谛，完成应尽义务，世人爱戴此人。（圆满戒行着世人）

渴求离言法，充满思维心，诸欲心不着，是名上流人。（心不着诸欲）

离乡的游子，远方平安归，亲朋祝福者，欢欣来迎接。

善行亦如是，到了另一世，善果若亲友，欢迎游子归。（善行生善果）

第十七品　愤怒品

舍弃愤怒我慢，解脱一切系缚，不执着于名色，那人不再受苦。（不执着身心者不再受苦）

若能抑愤怒，如止急行车，是名善御者，余为执缰人。（止怒如止急行车）

以不怒胜怒，以善胜不善，以施胜悭吝，以实胜虚妄。（四种胜利）

真语不嗔恚，分施于乞者，以此三条件，能往生天界。（善德往生天界）

圣人常调身，不令受伤害，到达不死界，无悲忧处所。（调伏自身达不死界）

恒常醒觉者，日夜勤修学，志向于涅槃，熄灭诸烦恼。（醒觉律己志向涅槃）

阿拘拉啊！世间古来就这样，并非今日才如此。沉默者被人毁谤，多话者被人毁谤，少话者被人毁谤，没有不被毁谤者。

全被诽谤者，全被赞誉者，古时与未来，及现在未见。

若人朝朝反省，行无瑕疵贤明，智慧戒行兼具，此为智者称赞。智者如纯金，无人能毁谤，天人也赞誉，梵行者赞誉。（人人皆有毁誉）

防止身欲情绪，调御身体行为，舍弃身欲恶行，以自身修善行。

防止语言情绪，调御语言行为，舍弃邪恶语言，以正语修善行。

防止心念情绪，调御心念行为，舍弃邪恶心念，以正念修善行。

智者身调伏，亦复语调伏，心念亦调伏，实完全调伏。（调伏身口意）

第十八品　垢秽品

汝今已似枯萎叶，死亡力量已降临，汝已伫立死亡前，旅途不见汝资粮。

汝应自建安全洲，发奋努力成智者，扫除尘垢无罪恶，得达天界圣贤界。

汝今生命已终点，来到阎魔王面前，途中无有休息处，旅途不见供奉品。

发奋努力成智者，扫除尘垢无罪恶，不再堕入老与生，不再生死轮回圈。（自建洲屿为依止处）

刹那刹那间，智者点滴除，渐除自垢秽，如金匠冶金。（点滴清除自己的垢秽）

铁锈由铁生，腐蚀铁自身，自己造恶行，自业导恶趣。（自造恶行自导恶趣）

不诵污经典，不勤污家居，怠情污容貌，放逸污修行。（怠情即垢秽）

邪淫使妇人垢秽，吝啬使施者垢秽，不如法恶行垢秽，今世来世都垢秽。

所有垢秽中，无明垢最大。弃净此垢秽，成无垢比丘。（无明恶行即垢秽）

无耻鲁莽者，狡猾如乌鸦，诋毁且自夸，邪慢而生活。

谦虚者清苦，努力求净化，无缚不狡猾，纯净于修行。（智者生活清苦）

若人于世间，杀生说妄语，盗窃不应取，淫犯他人妻。沉迷于饮酒，如是行为者，于此世间中，毁掘自善根。

如是汝当知，恶行不易制。切莫贪非法，自受长期苦。（不再

沉迷恶行）

人依己信念，喜乐而布施。若有人嫉妒，他人之布施，将于昼与夜，不得入三昧。

若杜绝嫉妒，拔根及除灭，将于昼与夜，获得真三昧。（嫉妒挑剔心不平静）

无猛火如贪欲，无执着如嗔恚，无罗网如愚痴，无河流如爱欲。（贪欲如瀑流）

他人过失易见，自己过失难见，揭扬他人过失，如以簸箕扬糠，隐藏自己过失，如以枝叶掩体。（夸大别人的过失）

只见他人过，不停嘲笑人，增烦恼垢秽，离断惑清净。（只见他人过失）

虚空无道迹，外道无圣人，众生喜虚妄，如来无虚妄。

虚空无道迹，外道无圣人，事物无永恒，诸佛无动乱。（如来无虚妄动乱）

第十九品　法住品

随意而误判，不是持法者。智者应辨别，正义非正义。持公平正义，不随意判决。智者护正法，真正法住者。（公平正义辨别正邪）

只凭多言语，不成为智者。解脱无憎畏，是名为智者。（多言非智者）

只凭多言语，不是持法者。虽闻法少许，亲身实践法，于法不懈怠，是为持法者。（持法重实践）

因头发变白，不成为长老，他年龄虚长，年长非德行。

守佛法谛理，不杀生律己，无垢具智慧，是名为长老。（持守

谛理为长老）

人虽有辩才，相貌又俊俏，欣贪羡虚伪，不受人欢迎。

若人已拔根，清除及毁灭，放弃一切恶，称为英贤者。（贤者弃除一切恶根）

剃度非僧人[1]，妄语不实修，充满欲和贪，如何为僧人。

若完全克服，大小诸恶行，真正弃恶者，被称为僧人。（剃度不一定是僧人）

拖钵向人乞，不就是比丘，持错误信仰，不是真比丘。

超越善恶行，持更高戒律，以智住此世，被称为比丘。（持戒修行者是比丘）

愚痴者误解，沉默为寂静[2]，智者如持秤，衡量而取善。舍恶净自己，被称为寂静，以智衡身心，被称为寂静。（沉默并非寂静）

若人害众生，不成为圣人，不害众生者，被称为圣人。（不害众生者是圣人）

不以戒律行，或博学多闻，或证三昧定，或独处自满。体悟出家乐，达甚高境界，比丘有信心，证涅槃为止。（比丘不以成就自满）

第二十品　道　品

道路中八正道[3]最殊胜，真理中四圣谛[4]最殊胜，法界中离贪欲

---

[1] 梵语"Sramana"，这是该词巴利语形式，意为"苦行者"。

[2] 圣人。

[3] 正确的学说、正确的目的、正确的言论、正确的行为、正确的纯洁、正确的思想、正确的独居、正确的狂喜。

[4] 参见第十四品。

最殊胜，人类中具慧眼最殊胜。

只此一道路，能令知见净，依此道奉行，摆脱魔系缚。

追随此道行，使汝苦灭尽，知我所说道，得除去荆棘。汝应自努力，于如来宣说，追随禅修者，解脱魔系缚。（八正道解脱魔系缚）

"一切行无常"，以慧观觉悟，从苦得解脱，此乃清净道。

"一切行是苦"，以慧观觉悟，从苦得解脱，此乃清净道。

"一切法无我"，以慧观觉悟，从苦得解脱，此乃清净道。（一切缘起法无常苦无我）

该努力时不努力，年轻力壮不精进，意志消沉陷怠惰，不能寻获智慧道。（及时努力求智慧之道）

慎言及制意，不以身作恶，净此三业道，得圣所示道。（净化身口意三业）

禅定生智慧，无定灭智慧。了知此二道，及其得与失。应建立自己，增长于智慧。（自己努力增长智慧）

伐欲树不伐林，欲树生起恐畏，应伐林中欲树，获无欲林涅槃。比丘啊！

男女情丝连，欲林未伐尽，心系于女人，如犊不离母。（砍伐欲树获涅槃）

自我断除情欲缚，似以亲手摘秋莲。勤修寂静涅槃道，善逝宣说之涅槃。（亲手摘下莲花证涅槃）

"雨季我住此，冬旱亦住此。"此为愚夫想，不自觉危险。（只计划未来不知死亡将来临）

执着孩子家畜财，心受惑着污染库，死亡带走了一切，如洪水卷走睡村。（执着者终被死亡带走）

父子与亲戚，不能为保护，被死王捉去，无人能救助。了悟此

真相，智者持戒律，通达涅槃路，迅速令清净。（迅速清除通往涅槃的荆棘）

第二十一品　杂　品

若舍弃下乐，得见更大乐。智者弃小乐，当见更大乐。（弃世俗小乐得涅槃大乐）

施予他人苦，为求自己乐，被嗔慧系缚，不解脱怨憎。（为己害人得怨憎）

应做而不做，不应做而做，傲慢放逸者，漏垢秒增长。

常实践观身，不做不应做，应做努力做，观者漏灭尽。（反省自身灭烦恼）

杀母（爱欲）杀父（慢），杀刹帝利二王（常见断见），杀众臣（十二处）灭王国（执着），趋向无忧婆罗门（圣者）。

杀母（爱欲）杀父（慢），杀刹帝利二王（常见断见），杀五虎将（五盖）灭王国（执着），趋向无忧婆罗门（圣者）。（消灭邪见达涅槃）

乔答摩弟子，常善自醒觉。无论昼与夜，常观想佛陀。

乔答摩弟子，常善自醒觉。无论昼与夜，常观想达摩。

乔答摩弟子，常善自醒觉。无论昼与夜，常观想僧伽。

乔答摩弟子，常善自醒觉。无论昼与夜，常观想肉身。

乔答摩弟子，常善自醒觉。无论昼与夜，常乐不杀生。

乔答摩弟子，常善自醒觉。无论昼与夜，常乐于禅定。（常乐观身观佛法僧）

出家者离爱乐，在家者生活难，非同道共处苦，轮回往来实

苦，不应往来轮回，不应被苦纠缠。（不让自己陷于痛苦）

虔诚正信守戒律，获得名誉和财富。不论他走到何处，处处都受人尊敬。（正信持戒处处受尊敬）

持戒善德名远方，形象高显如雪山，世间不持戒律者，夜射暗箭不能见。（持戒善德名播远方）

独坐与独卧，独行不厌倦，彼独自调御，喜乐于林中。（独处者善于调御自己）

第二十二品　地狱品

说妄语者堕地狱，说妄语又不承认，此二恶业于死后，来世在地狱受苦。（妄语者死后在地狱受苦）

穿着袈裟者[①]，不节制恶行，恶人以恶业，重生于地狱。（恶业往生恶界）

缺德不节制，受信众施食，不如吞铁丸，炽热如火焰。（施食恶行僧不如让他吃铁丸）

放逸邪淫者，将获四恶果，一造恶业二不安眠，三蒙羞耻四堕地狱。

造恶堕地狱，恐畏欢乐少，国王加重刑，男莫淫他妇。（邪淫堕地狱）

错误割茅草，手将被割伤，沙门作邪行，将堕入地狱。

所以懒惰行，污染戒律行，疑清净梵行，不能得大果。

应做的善行，尽心尽力做，放逸游行僧，增长于尘欲。（邪行

---

① 祭司。

堕地狱）

不做恶业胜，做恶业受苦，做诸善业胜，做善不受苦。（恶业使人后悔）

譬如边疆城，内外均防护，保护自己心，刹那不放弃，刹那疏忽者，重身在地狱。（时刻防卫自己的心）

不该羞而羞，该羞而不羞，持此邪见者，将堕入恶道。

不该怖而怖，该怖而不怖，持此邪见者，将堕入恶道。（不知羞耻恐畏堕落恶道）

非过以为过，见过为无过，持此邪见者，将堕入恶道。

错误为错误，正确为正确，持此正见者，将往生善道。（明辨邪与正）

第二十三品　象　品

如同大象在战场，忍受弓箭的发射。我忍受极度毁谤，因为多数人无德。

调御的象可赴会，调御的象为王骑，人中自律者最大，能容忍别人毁谤。

调御的骡子优良，信度产骏马优良，昆矫罗的象优良，自调御者更优良。（善律己者最殊胜）

实非那些车乘，可达难到境地，善御自己的心，因调御可到达。（善于调御自己的心）

昆矫罗象名财护，发情期难以制伏，捕捉后不思饮食，思念林中的亲族。（被捕的大象思念亲族）

怠惰又暴食，辗转昏沉眠，好像大肥猪，不断重复生。（怠惰

暴食如大肥猪）

勤奋不放逸，善护自心念，自救出污秽，好像出泥沼。（自救出污秽）

若与善知识为伴，善行智慧富思维，克服一切恶危险，欣然谨慎共生活。

若无善知识为伴，善行智慧富思维，应如国王舍王位，好像独行在树林。

宁可一人而独处，不与愚者交朋友，独处远离欲和恶，好像独游在树林。（无善者为伴宁可独处）

及时友助是乐事，应时满足是乐事，命终积善是乐事，离一切苦是乐事。

世间敬母是乐事，恭敬父亲是乐事，敬重沙门是乐事，敬重圣人是乐事。

终老持戒是乐事，正信成就是乐事，获得智慧是乐事，不做诸恶是乐事。（有智慧不作恶是乐事）

第二十四品　爱欲品

人若住放逸，爱增如蔓萝，一世跃一世，如猴求林果。

若于此世界，被恶欲缠绵，忧苦日增长，如毗萝得雨。

若于此世界，降难降恶欲，忧苦日触落，如雨落莲叶。

此恭贺忠告，"聚集在此人，掘除爱欲恨，如掘毗萝根。勿为魔王害，如洪水侵苇"。（掘除爱欲之恨）

砍树根不损，已伐树还长，欲望根未除，屡次增长苦。

具三十六爱，心被强欲惑，具邪见思维，随强欲飘荡。

欲爱处处流，蔓罗盛发芽，汝见蔓罗生，以慧断其根。

世喜欲滋润，喜驰逐六尘，虽向乐求乐，唯得于生灭。

终生受欲缠，战栗如网兔，长受十结缚，屡次降临苦。

终生受欲缠，战栗如网兔，比丘应无欲，远离一切欲。（比丘远离一切欲）

智者不费力，除铁木草缚，断物质儿子，不再有爱欲。

智说牢固缚，坚大不易除，断此无著者，舍欲而出家。（智者舍欲出家）

情欲促人入欲流，如蜘蛛困自结网，智者已无肉欲乐，已弃欲念入涅槃。（智者弃欲入涅槃）

舍过现未来，尽解脱生有，处处无系缚，不生死去来。（已解脱的心不再轮回）

心绪激动迷惑者，沉迷情感及欲乐，恶欲在心中增长，系缚更加深牢固。

人断迷惑及猜疑，留心观想恶界事，此人已断除恶欲，脱离死魔王恶爪。（断除恶欲离魔爪）

已达目标无怖畏，离欲断垢净系缚，已经拔出生有箭，此是他之最后身。

灭欲无着无系缚，精通经典深意义，文字语言及组合，及其先后之顺序，已达完美最后身，佛大智者和圣人。（圣者灭欲无系缚是最后之身）

"已降伏已知一切，已无染着一切法，已达无欲解脱界，自证谁能为我师？"（佛陀无师自证）

布施中法施最胜，味道中法味最胜，喜乐中法喜最胜，除爱欲灭一切苦。（佛法除爱欲灭一切苦）

财富毁灭愚痴者，不毁寻求彼岸者，愚痴者贪恋财富，毁灭自

己和他人。（贪恋财富毁人毁己）

杂草损田地，贪欲害世人，布施离贪者，获得大果报。

杂草损田地，嗔恚害世人，布施离嗔者，获得大果报。

杂草损田地，愚痴害世人，布施离痴者，获得大果报。

杂草损田地，爱欲害世人，布施离欲者，获得大果报。（离贪嗔得大果报）

第二十五品　比丘①品

防守眼为善，防守耳为善，防守界为善，防守舌为善。

防守身为善，防守口为善，防守意为善，防一切为善。僧人防一切，解脱诸苦难。（比丘防护五根）

他已调御手和脚，调御语言和身体，专心禅定获平稳，独处自足名比丘。（真正的修行僧）

比丘调御口，抑语不自大，显说法义时，语言柔甘美。（僧人调御语言）

持法随顺法，思维忆念法，比丘住于法，不退转妙法。（不退转于妙法）

不轻自所得，不羡他人得，比丘羡他得，无法证寂静。

比丘所得少，不轻嫌所得，清净不懈怠，诸天所称赞。（清净的比丘诸天称赞）

不着于名色，不着我我所，非有故无忧，称为真比丘。（比丘不着身心为我）

———————

① 和尚，托钵僧，虔诚的信仰者。

比丘充满慈悲，喜悦佛陀教义，达到寂静安乐，诸行解脱境界。

比丘汲去舟水，水去则舟快行，断除贪欲嗔恚，能得证于涅槃。

断五上五下结，勤修五种善根，超越五种系缚，比丘已渡瀑流。

比丘勤修禅定，心不迷惑五盖，不吞地狱铁丸，不受炼火哀号。

无智不修禅定，不修定无智慧，智慧又修禅定，肯定接近涅槃。

比丘入空寂静，心能摒除虚幻，审慎观照正法，经历超然快乐。

人若心常正念，五蕴身心生灭，必将获得喜乐，将能达到不死。

有智慧的比丘，于此开始思维，摄受五根知足，持戒善自调御，与善知识结交，生活清净不懈。

态度礼貌善良，实践奉行教义，心将充满喜悦，灭尽一切忧苦。（比丘的修行生活）

如跋悉迦花，弃已谢花朵，比丘亦如是，弃心中贪嗔。（弃贪嗔如弃凋谢花朵）

身寂静语寂静，心寂静住三昧，比丘舍世俗乐，是为完全寂静。（比丘弃世乐身口意完全寂静）

汝应自警策，汝应自反省，自护与正念，比丘住安乐。

自为自依怙，自为自保护，应自我调御，如调御骏马。（自己是自己的救星）

比丘充满喜悦，诚信佛陀教法，抵达寂静境界，诸行解脱安

乐。（比丘以欢喜心诚信佛法）

比丘虽少年，勤行佛陀教，光辉耀此世，如月出云翳。（勤行佛陀教法光照世界）

第二十六品　婆罗门①品

奋勇断除欲流，婆罗门断肉欲，灭尽已知诸蕴，达无造作涅槃。（截断欲流达无造作涅槃）

婆罗门极熟练，止观两种法门，心则变得通达，系缚完全消失。（常住止观二法达彼岸）

无彼岸此岸，两岸不存在，离垢无系缚，成为婆罗门。（无烦恼系缚是真正婆罗门）

修禅无垢独处，所作已办无漏，获证最高境界，被称为婆罗门。（所作已办无漏是婆罗门）

太阳在日间照耀，月亮在夜间照耀，武士的盔甲辉映，婆罗门禅定生辉，唯有佛陀的慧光，能在昼夜中辉照。（佛陀慧光昼夜普照）

弃恶业称婆罗门，行为清净称沙门，已能自除垢秽者，因此称为出家人②。（恶行舍弃清净是圣人）

婆罗门不打婆罗门，被攻击者不应嗔恚，攻击婆罗门者可耻，会嗔恚者更加可耻。

婆罗门不追求小利，他以喜悦制伏嗔恚，不存恶心止息伤害，如是肯定消退忧苦。（阿罗汉不反击）

---

① 英语中通常叫做"Brahmin"。

② 梵语为"Pravrajita"，巴利语为"Pabbagita"。

通过身口意，不令再造恶，防守此三门，称为婆罗门。（防护身口意不作恶是婆罗门）

正等觉者所说法，无论从何处得闻，对那说者应敬礼，如婆罗门敬圣火。（礼敬说正法的觉者）

不因发髻或种族，或因出身婆罗门，通晓真理及教法，是为幸福婆罗门。（领悟佛法是真正婆罗门）

邪恶者束发何益，穿兽皮苦行何益，虽然汝外表装饰，内心是垢秽渊薮。（内心清净胜外表装饰）

穿着粪扫衣，消瘦露筋脉，林中独修定，称为婆罗门。（独处修禅定者是婆罗门）

出身婆罗门，执着烦恼垢，虽称为先生，不是婆罗门，断秽垢欲缚，是真婆罗门。（断烦恼执着是真婆罗门）

已断一切结，肯定无怖畏，离执着系缚，真正婆罗门。（无怖畏执着是真正婆罗门）

扯断皮带与缰绳，断除系缚与所属，觉悟愚痴诸障碍，他被称为婆罗门。（离系缚无障碍是真正婆罗门）

被辱骂殴打，忍受不动怒，具忍力强军，称为婆罗门。（忍辱不动怒是真正婆罗门）

无嗔恚具德行，持戒自律无欲，调欲达最后身，称为真婆罗门。（除恶念不嗔恚是真正婆罗门）

如水滴不滞莲叶，如芥子不缠针尖，智者不染着爱欲，称为真正婆罗门。（不染着爱欲是真正婆罗门）

若人于此世界中，觉悟苦恼已灭尽，卸下重担得解脱，我称他为婆罗门。（灭尽苦恼是真正婆罗门）

有甚深智慧，能分辨正邪，证无上境界，是真婆罗门。（辨正邪证无上境界是真正婆罗门）

不与在家出家，二者亲密混杂，无家亦无欲者，是真正婆罗门。（持戒无欲者是真正婆罗门）

于诸强弱众生，放下刀杖凶器，不杀不教他杀，是真正婆罗门。（不杀不教他杀是真正婆罗门）

无敌意对待敌意，温和对待暴力者，不执着对待执着，称为真正婆罗门。（友善仇敌不执着是真正婆罗门）

若人摆脱贪欲，嗔恚我慢虚伪，如芥子落针锋，是真正婆罗门。（摆脱贪嗔痴是真正婆罗门）

不说粗言恶语，只说益语实语，不触怒任何人，是真正婆罗门。（说益语实语是真正婆罗门）

若人于此世间中，无论粗细与好坏，不取非施予之物，称为真正婆罗门。（不偷盗是真正婆罗门）

若人今世来世，不再执着欲望，无欲摆脱垢秽，是真正婆罗门。（不再执着欲望是真正婆罗门）

若人无有贪欲，了悟而无疑惑，证得无生境界，是真正婆罗门。（不再迷惑贪欲是真正婆罗门）

若人于此世间中，超越善恶执着，清净无忧无虑，称为真正婆罗门。（超越善恶得清净是真正婆罗门）

如月清净无瑕，心中澄净清明，灭尽再生之欲，是真正婆罗门。（心净灭尽再生欲是真婆罗门）

跨越泥泞崎岖，越过愚痴轮回，度彼岸修禅定，无贪欲无疑惑，无执着证涅槃，是真正婆罗门。（无贪着证涅槃是真婆罗门）

世间若人舍欲乐，脱离世俗而出家，灭尽生死轮回欲，称为真正婆罗门。（舍欲乐出家者是真正婆罗门）

世间若人舍爱欲，脱离世俗而出家，灭尽生死轮回爱，称为真正婆罗门。（舍爱欲出家者是真正婆罗门）

舍弃人间系缚，超越天界系缚，弃除一切系缚，是真正婆罗门。（远离人天一切系缚是真正婆罗门）

舍弃喜不喜，清凉无烦恼，勇者胜世间，真正婆罗门。（舍弃喜不喜是真正婆罗门）

偏知众生生与死，亦不执着于生死，智慧明了善逝道，称为真正婆罗门。

诸天乾闼婆及人，均不自知生何处，烦恼漏尽阿罗汉，称为真正婆罗门。（烦恼漏尽阿罗汉是真正婆罗门）

过去现在未来，无有一物垢秽，不着任何垢秽，是真正婆罗门。（不着任何垢秽是真正婆罗门）

如牛王尊贵勇猛，如大仙无欲胜利，净垢秽觉悟佛性，称为真正婆罗门。（觉悟佛性是真正婆罗门）

圣人能知前世，并见天界恶趣，灭尽再生欲望，完成无上智慧，一切圆满成就，是真正婆罗门。

佛的三个布道

序　言

　　也许，有些基督徒看到佛教关于爱、怜悯以及对人和动物要友善的教义，尤其是不以恶报恶的教义，与基督教教义最精华的部分处于同样的伦理高度，可能会感到蒙受耻辱。也许，可以说，甚至于在启示真理中存在着真正真理，这一真理可以通过有独到见解的人来发见，而且在人类关系和这个宇宙的本质之中，除了任何特殊的启示以外，还有某种东西在呼吁正义和怜悯。听到这些话也许会感到非常震惊。然而，不可否认的是，佛教对它数以百万计的信仰者产生的影响并不在于进入涅槃的愿望，而是在于宣扬诸如温和、善良这样的平常真理；而且，佛的个性魅力正是温和、善良这样的魅力。

　　直到今天，除了摩门教声称其缔造者有特殊的启示这一点之外，我仍然搞不清楚摩门教与非摩门教派别在教义上究竟有何不同。有那么多不同神职人员在向大众兜售自己的宗教派别，以至于只有声称某个"特别专有过程"，才会使这一兜售令人信服。这样，我们就碰到了一个奇怪的宗教现象，即狭隘的宗教主义思想总是任何宣扬博爱的宗教的一个主要特征。对于信仰其他教的人而言，无论是基督徒或是佛教徒，相信博爱的每个虔诚的圣人或信仰者都是"异教徒"。托尔斯泰在什么地方曾经这样写道，相信自己的宗教比神还要伟大的人将会相信他们的宗派也要比他们的宗教还要伟大，到了最后，相信自己比他们的宗派还要伟大。

我一贯对中文原始资料比较偏爱，因而这里挑选了《佛说心禅经》里著名的"贝拿勒斯①的布道"。该书为阿斯瓦构裟所著，记载的是佛陀的生平事迹。公元420年从梵语译成中文，后来又由塞缪尔·毕尔从中文译成英语。该书强调中庸之道，位居极端放纵和极端禁欲之间，明智地强调了健康的身体要有健全的心灵这一思想。它还以提纲形式对佛教基本教义进行概括，这些教义关涉到"八重道路"，苦难的存在、苦难的原因以及苦难的逃避。"关于毁谤的布道"教导的是不要以恶报恶②，选自《摩诃瓦迦》（亨利·克拉克·沃伦译），T.S. 艾略特③的《荒原》里提到了这一内容，因为它散发出了预言家那种猛烈直接的大火气息。但是，在"火道"中我们将会看到，佛教中有一点永远不会令现代人信服，这就是厌恶肉体的教义。在本布道讲到，其他地方也有。只要有一种宗教教导他世的教义，我并不在乎它说的是天国之门的上天还是涅槃。肉体并非坏东西。肉体经历了老龄和死亡，但它并不坏。必须把情欲控制住，但情欲本身并非坏东西。我们的感觉印象只是幻觉，但它们也不坏。这就是现代人对肉体真理的感觉。

---

① 印度东北部城市瓦腊纳西（Varanasi）的旧称。

② 亦见《佛的福音》，和《法句经》。

③ 艾略特（1888—1965），英国诗人、剧作家和文学评论家，对20世纪英美现代派文学和新批评派评论起了开拓作用，代表作有《荒原》和获得1948年诺贝尔文学奖的《四个四重奏》，还有诗剧、批评文集等。

佛的三个布道

贝拿勒斯的布道

看到老师走近了，这五位佛教信徒约好不向他行礼，也不称他为大师，只是直呼其名。"因为，"他们这样说道，"他违背了誓言，放弃了神圣性。他不再是佛教信徒了，而是乔答摩①了。乔答摩成为沉淀于世俗享乐的那种生活富足之人了。"

然而，尽管事先有约，但佛陀庄重地走到他们身边时，他们还是不由自主地站起身来，跟他打招呼。不过，他们还是直呼其名，叫他"乔答摩朋友"。

他们这样迎接佛陀，佛说，"不要直呼老师其名，也不要称他为'朋友'，因为他是佛，是神主。佛以仁慈之心平等看待万有，他们因而称他为'父'。不尊重父亲是错误的；蔑视父亲是邪恶的。"

"老师，"佛接着说道，"并不在苦行中寻求救赎，但他也不因此而陷入世俗享乐，生活也不富足。他找到了中间之道。

"信徒们哟！有两个极端，放弃世俗之辈不该追随。一是习惯性地自我放纵，这种做法非常卑鄙愚蠢，只适合那些具有世俗头脑之人；另一个是习惯性地苦行，这种做法很痛苦，毫无用处，不会得到什么益处。

"不吃鱼肉，赤身裸体，剃光头发，不留须发，身穿粗衣，身上满是泥，向阿耆尼祭祀，这些都净化不了那些没有摆脱谬见

---

① 佛教创始人释迦牟尼的姓。

之人。

　　"诵读《吠陀》，向祭司捐献，祭祀神灵，寒暑苦行，进行许多此类苦修，以期达到永生，这些都净化不了那些没有摆脱谬见之人。

　　"嗔怒、醉酒、固执、盲从、欺骗、嫉妒、自吹自擂、诋毁他人、傲慢和恶意构成不洁；而非吃肉。

　　"信徒们哟！老师已经发现了中庸之道，避免两极。这道可以洞开人的双目，赋予理解力，从而使心态平和，获取更高智慧，达到完全启蒙，达到涅槃！

　　"那么信徒们哟！老师发现的中庸之道，避免两极，这是什么样的呢？它可以洞开人的双目，赋予理解力，从而使心态平和，获取更高智慧，达到完全启蒙，达到涅槃！

　　"我来教导你们，信徒们哟！中庸之道远离两极。苦难使憔悴的虔诚信徒心中产生迷惑和不健康的思维。苦行对世俗知识都不太有益，更甭提战胜诸根欲！

　　"用水注满油灯不会驱逐黑暗，用腐烂木材点火注定点不亮。一个人是不把欲望之火熄灭，要是还在追求世俗享乐或天国享乐，过着可鄙的生活，他又怎能摆脱自我。但是，自我灭绝者没有欲望，他不会渴求世俗享乐或天国享乐，自然需求的满足不会亵渎他。然而，他要保持适度，吃喝与身体需要相吻合。

　　"感官享受使人萎靡不振，自我放纵者是情欲的奴隶，寻欢作乐令人堕落、粗俗不堪。

　　"然而，满足日常生活需要并非邪恶。保持身体健康是职责，否则的话我们将不能装饰智慧之灯，也不能使心灵强健安详。大水围住莲花，并没有打湿它的花瓣。

　　"信徒们哟！这就是中庸之道，使人远离两极。"

佛慈善地给他的信徒宣讲，怜悯他们的过失，指出他们努力的徒劳。在大师循循劝说的温暖之中，冷却他们心灵的恶意之冰渐渐消融。

接着佛转动最非凡的大法轮，向五位信徒宣道，向他们打开永生之门，展示涅槃的极乐世界。

佛说：

"轮辐是纯洁行为的法规：正义是其长度的统一性；智慧是轮胎；诚实和体贴是不可转动的真理之轴固定的轮毂。

"识别出苦难的存在、原因、疗救及休止之人已经透彻知晓四层尊贵的真理。此人将会步入正道。

"正确的眼界是他指路的火把，正确的呼吸是他的向导，正确的语言是他途中的寓所。他的步态笔直，因为这是正确的行为。他的点心是维持生计的正确方法，正确的努力是他的步伐；正确的思想是他的呼吸；正确的默祷给他紧随脚印的平和。

"信徒们哟！这是苦难的崇高真理：

"出生伴随着痛苦，衰弱令人痛苦，疾病令人痛苦，死亡令人痛苦，与讨厌之人一起令人痛苦，与喜悦之人分离令人痛苦，渴望没有满足，这也令人痛苦。总之，由依恋而产生的身体状况令人痛苦。

"信徒们哟！这就是苦难的崇高真理。

"信徒们哟！下面是苦难起源的崇高真理：

"它是导致存在复生的渴望，伴随着感官的愉悦，到处寻觅满足感；它是满足情欲的渴望，是对来生的渴望，是对此生幸福的渴望。

"信徒们哟！下面是苦难起源的崇高真理。

"信徒们哟！下面是苦难毁灭的崇高真理：

"它是这种渴望的毁灭，没有情欲保留下来；它是把这种渴望的寓所搁置一边，还是完全摆脱掉。

"信徒们哟！这就是苦难毁灭的崇高真理。

"信徒们哟！下面是导致忧伤毁灭方法的崇高真理。这是尊贵的八重之道，就是说：

"正确的眼界、正确的呼吸、正确的语言、正确的行为，正确的生计、正确的努力、正确的思想和正确的默祷。

"信徒们哟！这就是导致忧伤毁灭的崇高真理。

"通过慈爱的修习，我已经获得心的解放，因此我肯定我永远不会陷入生死轮回。我已经进入涅槃。"

佛就这样转动高贵的车轮，狂喜震颤着诸界。

提婆们走出天上的寓所，聆听甜蜜的真理；离开尘世的圣人围聚在大师周围接受喜讯；就连地上的动物都感觉到了佛陀话语里的极乐：所有有知觉力的生物、神、人和畜生都用自己的语言听到并理解了解脱的圣信。

讨论教义时，五位信徒中最年长的康恩闳纳用心灵之眼看到了真理，他说道："佛哟！我们的神主，发现了真理！"其他几位也跟着他喊道："您就是佛，您发现了真理。"

提婆、圣人和所有已离世的善人都聆听了佛的布道，喜悦地接受了佛的教义。他们大声说："佛已经发现正义王国，佛已经转动了地球。他转动了真理之轮，这个世上没有谁——无论是神还是人——可以把它扭转过来。要在地上宣扬真理王国，正义、善意和和平将统治人类。"

关于毁谤的布道

佛陀看到社会上人们的行事，看到为了满足虚荣和追逐私利的傲慢之性，以及恶毒的天性和愚蠢的冒犯所带来的痛苦。

佛说："如果有人愚蠢地中伤我，我会用慷慨的爱的保佑回报他；他身上的恶越多，我给他的善就越多；善的香气总是来到我身上，恶的有害之气去到他那儿。"

有个蠢人听说佛奉行大爱原则，以善报恶，于是他来毁谤佛。佛一言不发，怜悯着他的愚蠢。

这人把话说完，佛问他："孩子，要是一个人谢绝送给他的礼物，这礼物该属于谁？"他回答道，"那样的话，应该属于送礼之人。"

"孩子"，佛接着说，"你刚才抱怨我，但我不接受你的毁谤，请你自己留着。这难道不是你的一个痛苦吗？正如回响属于声音，影子属于物质，痛苦必定会把作恶之人压垮。"

那毁谤之人没有答话，佛又接着说：

"邪恶之人责备美德之人，就像仰头唾天；唾沫不脏天，而是落下来把自己弄脏。

"诋毁就像逆风向别人投掷尘土，那土只会落到抛土的人身上。美德之人不可能受伤害，别人遭受的痛苦要落在他身上。"

毁谤者羞愧地走了。但他又回来了，在佛、达摩和桑诃[1]之中寻求庇护。

---

① 达摩：佛教教义的法则；桑诃：佛教教堂。佛、达摩和桑诃构成了"三庇护"。

火 道

佛动身前往加雅①方向，有一千名祭司跟随着他，这些人从前都是和尚。佛在加雅住了下来，还有那一千个祭司。

在那儿，佛向众祭司开言：

"祭司哟！万物充满火。那么充满火的都是什么呢？

"眼睛充满火；声音充满火……鼻子充满火；气味充满火……舌头充满火；味道充满火……身体充满火；有形的万物充满火……头脑充满火；思想充满火……意识充满火；头脑接受的印象充满火；起源于头脑接受的印象的依赖的任何感觉，不管是快乐或是不快或是冷漠，都充满火。

"这些是用什么充满火的？

"是用情欲之火、仇恨之火、痴恋之火；是用出生、衰老、死亡、悲痛、哀叹、痛苦、忧愁和绝望，它们充满了火。

"祭司哟！觉察到这一点，高贵博学的信徒对眼睛产生厌恶，对眼睛看到的印象产生厌恶，对起源于头脑接受的印象的依赖的任何感觉，不管是快乐或是不快或是冷漠，对这些也产生厌恶。对耳朵产生厌恶，对声音产生厌恶……对鼻子产生厌恶，对气味产生厌恶……对舌头产生厌恶，对味觉产生厌恶……对身体产生厌恶，对有形物产生厌恶……对头脑产生厌恶，对思想产生厌恶……对意识产生厌恶，对大脑接受的印象产生厌恶……起源于头脑接受的印象的依赖的任何感觉，不管是快乐或是不快或是冷

---

① 印度东北部城市。或译伽雅，是印度教和佛教圣地。

漠，对此他也产生厌恶。在产生厌恶的时候，他摆脱了情欲；没有了情欲，他就自由了；他自由了，他就意识到自己自由了；他知道了没有再生，他已过完了神圣的一生，他已经做完了应当做的事情，他已不复在此世。"

佛教寓言与传说

序 言

《伊索寓言》起源于印度 [①]，这一说法可以从整个印度文学的特征中得到证明，其中寓言的资源异常丰富。《五卷书》《嘉言集》、佛教的《本生经》(关于佛陀前世的寓言和故事，字面解释为"诞生故事"，其中佛诞生为蛇或大象，等等)以及《法句经》评注都证明了这一事实。在《法句经评注》[②]里，讲述一个故事，有时几个故事来阐释《法句经》的四百二十三句道德箴言，故事总是以《伊索寓言》的形式结束。

以下的选篇中，可以看到也许是我见到过的最优秀的婚礼布道和最优秀的葬礼布道之一。"吉沙·古塔米"的故事利用简单故事讲述了一个伟大真理，是整个印度文学中最为优秀的故事之一，开头部分把我们带入了《一千零一夜》的神奇世界。谈论的主题不是别的，正是死亡这一话题。

"伽姆般纳闳的婚宴"阐明了佛教和基督教教义之间的许多相似之处，接下来的"循师过河"的故事也是如此。第一个故事摘自中文的佛的生平——《佛本兴集经》，由塞缪尔·毕尔译为英语。第二个故事摘自中文的"法句经"——《佛教经典书目》，也是毕尔翻译的。按照保罗·卡勒斯博士《佛的福音》一书的内容，把以

---

① 参见《五卷书》序言。
② E.W.伯林盖姆译，《佛教传说》，哈佛东方系列丛书，第28、29和30卷本。亦见《佛陀寓言》，T.罗杰斯译，伦敦，1870。

上三个故事在此再现出来。另一个明显类似的例子，参见保罗·卡勒斯《佛的福音》一书的 182 页，丢失的儿子回到父亲那儿做工的故事。

《法句经评注》里"贪婪的和尚"故事阐明了同样的故事套故事技巧，具有《五卷书》的特征。"娼妓引诱僧人"的故事摘自同一书，包含有对妇女的一些评述，表明在吸引男子方面，纽约的现代女子也没什么新花样教给印度妇女。英译文为尤金·沃森·伯林盖姆所作。

佛教寓言与传说

吉沙・古塔米

有一位富人，发现自己的金币突然变成了灰烬。他躺在床上，不吃不喝。一位朋友听到他生病了，便去探望他，知道了他忧伤的根由。这位朋友说："你没有很好地利用你的财富。聚敛钱财的时候，钱财跟灰烬差不多。听从我的建议：在集市上铺个垫子，把灰烬堆在上面，假装去卖。"

富人听从了朋友的建议。他的邻居问他："你怎么卖灰烬呢？"他说："我卖物品。"

过了一段时间，一位名叫吉沙・古塔米的少女，她是一个孤儿，非常贫穷，从他旁边路过。看到富人在集市上卖东西，就说道："大人，你怎么把金银堆在这儿卖呀？"

富人说："请你把金银递给我。"吉沙・古塔米捧起一把灰烬。哎呀！灰烬变回了金币。

看到吉沙・古塔米具有超自然知识的眼界，她能看到事物的真正价值，这位富人就让她嫁给了自己的儿子。他说："对很多人而言，金子跟灰烬差不多，而对吉沙・古塔米而言，灰烬变成了纯金。"

吉沙・古塔米生了一个儿子，他死了。吉沙十分悲痛，就抱着儿子的尸体到所有邻居家去求药。人们都说："她疯了，孩子已经死了。"

最后，吉沙・古塔米碰到一个人，向他恳求。这人说："我没有药给你儿子吃，但我知道有位医生可以给你。"

吉沙说："请告诉我，先生，他是谁？"那人答道："去找释迦牟尼佛吧。"

吉沙·古塔米赶到佛那儿，哭着说："佛祖，请给我一些药，把我儿子治好吧。"

佛答道："我要一把芥菜籽。"听到这话，吉沙高兴得答应了。但佛又接着说："你必须去一家从没有失去过孩子、丈夫、父母或朋友的人家里，找到芥菜籽。"

可怜的吉沙·古塔米从一家走到另一家。人们都非常同情她的遭遇，说道："给你芥菜籽，拿着吧！"然而，吉沙·古塔米问他们："你家里曾经有过儿子、女儿、父亲或是母亲去世吗？"他们答道："哎呀！生者太少，死者太多了。不要再提醒我们这最伤心的事了。"没有哪家没有失去过亲人。

吉沙·古塔米疲惫极了，她也不再抱有任何希望。她坐在路边，看着城里万家灯火，闪烁摇曳又熄灭。后来，黑色的夜幕笼罩着大地。吉沙·古塔米想到人的命运，他们的生命也是闪烁摇曳又熄灭。于是，她心中想道，"我这么悲哀，是多么自私呀！死亡是每个人都要经历的。但是，在这个孤独凄凉的山谷中，有一条道路，使祛除自私者获得永生"。

吉沙·古塔米把儿子的尸体埋在林中，把对儿子的自私情感放在一边。她回到佛那儿，寻求他的庇护，在达摩里寻求安慰，这是抚平我们痛苦心灵创伤的一种慰藉。

佛说："凡人在此世的生活纷乱、短暂，伴随着痛苦，因为没有办法可以让活着的人避开死亡。到了老年，就面临着死亡，这是所有生命的天性。

"成熟的果子有落下来的危险，凡人总有死亡的危险。

"陶罐终究会打碎，凡人的生命也是如此。

"无论年长年幼，无论愚者智者，都会落入死亡的魔掌；所有的人都会死亡。

"那些被死神征服的离世之人当中，父救不了子，亲戚也救不了他们的亲人。

"听着！亲属哀叹，陷入极大的悲痛之中，但他们也会一个一个地死去，就像要被拉去屠宰的牛儿一样。

"因此，这个世界充斥着死亡和腐烂，智者不哀叹，他们知晓世界的终点。

"无论人怎样想一样东西的消亡，但结果常常跟想象的不一样，因而会产生极大的失望之情；瞧，这就是世界的终点。

"哭泣和悲痛都不会让人获得心灵的宁静。相反，他的痛苦会更大，他的身体会遭罪。他会把自己弄得病快快的，面色苍白，但死者并不会因他的悲叹而得到拯救。

"人们死去了，死后的命运要看他们此前的作为。

"即便一个人活到一百岁，或者活到更大的寿限，他最终还是要离开亲人们的陪伴，离开此世的生活。

"寻觅和平者应该拔掉悲哀、抱怨和悲痛之箭。

"拔掉此箭并得到安静之人将会得到心灵的宁静。克服了所有悲伤的人将无悲痛，此人有福了。"

伽姆般纳闳的婚宴

伽姆般纳闳住着一个人，他第二天要结婚了。他心中想道："如来佛会来参加婚礼吗？"

如来路过他家，看到了他。佛看出新郎内心的希望，于是答应去他家。

佛率领众多信徒出现时，主人尽力款待他们，尽管他的财礼极其有限。他说："主啊！请尽情享用吧！还有您的随从，愿吃多少就吃多少吧！"

这些圣人又吃又喝，但酒肉却丝毫不见少。主人心里想道："这真是太奇妙了！这些东西可以让所有的亲戚朋友酒足饭饱。我要把他们都请来。"

这个念头在主人的心头刚一闪过，他所有的亲戚朋友都进了屋；尽管屋子很小，但却有地方让这些人都待在里面。他们坐下来，开始吃喝。就连他们也吃不完，喝不光。

看到这么多客人带着美好的愿望来参加婚宴，如来非常高兴。他用真理之言让客人们更加活跃，更加快乐。他讲出了正义的祝福：

"凡人所能想象的最大幸福是把两颗相爱的心连在一起的婚姻。但还有比这更大的幸福，那就是拥抱真理。死亡可以把夫妻分离，但死亡永远影响不了信奉真理之人。

"因此，与真理联姻，婚姻生活中与真理共处。热爱妻子、渴望与之永远联姻的丈夫一定得忠实于妻子，正像对待真理一样；妻子也要依靠丈夫，尊敬丈夫，照料丈夫。热爱丈夫、渴望与之永久联姻的妻子也要忠实于丈夫，就像对待真理一样；丈夫要信任妻子，养活妻子。我对你们讲，他们的孩子将会像父母一样，是他们幸福的见证人。

"愿没有人是单身，愿每个人都与真理结下神圣姻盟。当摩耶来毁坏你的有形存在时，你将继续生活在真理之中，你将共享永恒，因为真理不朽。"

客人当中，每个人的精神生活都得到加强，他们都意识到了正义生活的可爱，他们在佛、达摩和桑诃里寻求庇护。

循师过河

裟瓦底的南面是一条大河，河岸上有个村庄，住着五百户人家。佛想着救赎人类，决定到这个村庄里宣道。到了河边，他坐在树下。村民们看到佛的光辉，恭敬地朝他走过来。然而，佛开始讲道了，他们却不相信。

佛离开了裟瓦底，萨哩普达心里产生了强烈的渴望，想听佛的布道。他来到河边，河水很深，河流湍急。他自言自语地说道："这条河挡不住我，我要去看佛。"他迈步踏上河面，发现脚下像石板一样地坚硬。

他来到河的中央，浪花飞扬很高，萨哩普达心里有点退却，他的身子开始下沉了。他唤醒着自己的信仰，恢复心中努力，像从前一样往前走，到了河的对岸。

村里人看到这些，心里非常吃惊。他们就问萨哩普达，一无桥梁，二无轮渡，他是怎样过的河呢。

萨哩普达答道："我一直处于无明之中，直到听到佛的声音。我因为急于听到救赎的教义，所以穿过了河流，在波涛汹涌的水面上行走，这是因为我有信心。就是这种信心，而非别的什么，让我过了河。我在这儿，是处于老师的祝福之中呀。"

如来说："萨哩普达，你讲得很好。单是信心就足以把人类从裂开豁口的陷窟中拯救出来，使人们能够走到彼岸而不湿鞋。"

佛敦促人们认识到不断克服悲伤、抛掉一切枷锁的重要性，这样就能够穿过世俗之河，摆脱死亡的束缚。

听到如来的话语，村民们心中都充满了喜悦，相信了佛的教义包含五重法则，都来寻求佛的庇护。

贪婪的和尚

这个故事讲的是，有位擅长讲道的祭司，讲过关于"以少为贵"的讲道之后，接受了几个和尚敬献的许多袈裟，而且还把他们留下的所有用具都带走了。因为雨季即将来临，他就到了乡下。他来到一个佛寺讲道，新信徒都很喜欢听他讲道，于是对他说："尊者，请在我们这儿度过雨季吧。""你们给在这儿度过雨季的和尚什么样的东西呢？"祭司问道。"一件袈裟。"他们说。祭司把鞋子留在那儿，动身去了另一个佛寺。在第二个佛寺，他问了同样的问题："这儿给什么东西？""两件袈裟。"他们这样回答。他就把自己的拄杖留了下来。然后，他去了第三个佛寺，问了同样的问题，"这儿给什么东西？""三件袈裟。"他们这样回答他。他把水罐留在了那里。

然后，他去了第四个佛寺，也问了同样的问题，"这儿给什么东西？""四件袈裟。"他们答道。"很好，我就住这儿了。"他就在这儿住了下来。他为住在这里的平信徒及和尚讲道，讲得太好了，他们就敬献给他许多衣服和袈裟。他要离开时，传话到其他佛寺，这样说道："我有条件，必须拿到住在那儿得到的东西，请给我送来。"他把所有的东西一起放在车上，继续他的行程。

在某一个佛寺里，两个年轻的和尚收到两件袈裟和一块毯子，不知道该怎样分才让两人都满意。因此，他们坐在大路旁，争执起来，说道："你可以要两件袈裟，毯子就归我了。"看到祭司走来，他们就说，"尊者，你做个公正的决定，你认为怎样合适就怎么分给我们。""那你们听从我的决定吗？""当然啦，我们听从你的决定。""这样就好。"祭司就把两件袈裟分给这两个和尚，然后对他俩说，"毯子只能归宣道的人所有。"说着这话，他把昂贵的毯子放在肩上，走了。

两个年轻的和尚非常愤慨，非常失望。于是，他们就去了师父那儿，把刚才发生的事情告诉了师父。师父说："他这样拿走你们的东西，让你们失望愤慨，这不是第一次发生这样的事情。过去也有同样的事情。"于是他讲了下面的故事。

水獭和豺狼

很久很久以前，有两只水獭，名叫阿那底拉卡哩和咖姆黑拉卡哩。它们捕捉到了一只很大的鲈鱼，开始争吵起来，说道："鱼头归我，鱼尾归你。"不能做出两个都满意的决定。看到一只豺狼，它们要它做决定，说道，"叔叔，你做决定吧，看这条大鱼怎么分合适。"豺狼说，"国王封我为法官，一下子得坐在法庭里好几个小时，我出来只是活动活动胳膊和腿。我现在可没时间做这种事。""叔叔，别这么说，做个决定吧。""你们照我的决定办吗？""当然啦，我们照你的决定办。""那好吧。"豺狼说。它把鱼头切下来，放在一边，然后把鱼尾切下来，放在一边。切完之后，它说："朋友们，沿着河岸跑的那个（阿那底拉卡哩）将得到鱼尾，钻进深水的那个（咖姆黑拉卡哩）将得到鱼头。至于中间的这块身子，那得归我，因为我是法官。"为了让这两只水獭更清楚地弄明白这件事，豺狼说出了下面的诗句：

> 阿那底拉卡哩将得到鱼尾，
>
> 咖姆黑拉卡哩将得到鱼头。
>
> 至于中间的鱼身，将归于法官。

说着这些诗句，豺狼拿起中间的鱼身，走了。至于这两只水獭呢，它们非常愤慨和失望，站在那儿，看着豺狼离开。

师父讲完这个从前的故事，接着说道："因此，早在很久以前，祭司就让人非常愤慨和失望。"师父安慰了这两个和尚，并说道，"和尚们，告诫别人者应该首先自己走正道。"他这样说，讲出了下面的诗句：

> 一个人应该首先自己走正道。
>
> 只有这样，他才能教导别人，
>
> 智者这样做，不会疲惫消沉。[①]

娼妓引诱僧人

在裟瓦底，有一户拥有四十克罗里[②]的人家。这家有一个儿子，名叫库摩拉。一天天刚亮，他看到很多人手里拿着香水和花环，前往杰塔瓦那听道。他问道，"你们去哪儿呀？""去师父那儿听道。"他们这样回答。"我也去！"他说着跟上他们一起去了，坐在集会圈子的外边。师父知道他心里的想法，就按照顺序讲道。库摩拉心里想道，"不可能同时过世俗生活和神圣生活。"

---

① 该诗行摘自《法句经》，其中这个故事是"评注"。

② 一千万。

　　师父的讲道使他急于从现世中隐退出来。因此，集会解散时，他请师父允许他加入修道会。师父说："佛只接收那些得到父母同意的人加入修道会。"于是库摩拉回到家里，费了很大力气，终于说服了父母同意他加入修道会。得到父母的同意之后，他便隐退下来，被师父收进了修道会。接下来，他全身心地做了修道会的一员。他心中又想道："我住这儿有什么用呢？"于是他离开杰塔瓦那，去了罗伽嘎哈，挨门挨户寻求人们的布施。

　　有一天，裟瓦底举行节日。那一天，库摩拉的父母看到儿子的玩伴在那里快乐地玩耍。他们开始哭泣哀叹。当时有个娼妓来到这里，看到他母亲坐在那里哭泣，就问道，"你哭什么呢？""我在想儿子，就哭了起来。""你儿子在什么地方呀？""在和尚那儿隐居呢。""难道说再让他回来不是更好？""是呀，可是他不愿意回来。他已离开裟瓦底，去了罗伽嘎哈了。""我要是能把他弄回来，你用什么感谢我呢？""让你成为掌管我们家财富的女主人。""那好吧，请给我花销的费用。"她拿上费用，带上一帮侍从，去了罗伽嘎哈。

　　她在祭司经常接受布施的那条街上找了一幢房子，住了下来。每天早上，她准备好精美的食物，祭司上街布施时，她就给他布施。好些天过去了，她对他这样说道："尊者，请坐下吃吧。"这样说着，为他端起了饭碗。祭司非常乐意地接了碗。她为他端来了精美的食物，对他说，"这里是你布施的最好地方。"好些天，她引诱他坐在走廊上，为他准备精美的食物。

　　接下来，她给几个小男孩蛋糕吃，赢得他们的好感。她对这些男孩说："瞧这儿！看到祭司来，你们也来。你们来后就把土扬起来。我要是说别扬了，你们也别听。"第二天，祭司吃饭的时候，这些孩子来了，把土扬得到处都是。女主人让他们别扬了，他们也不听。第二天，她对祭司说："尊者，这些孩子来这儿玩土。我叫他们停，他们也不听。这样吧，你进屋吃饭吧。"好些天，她为他摆好桌椅，让他在那儿吃精美的食物。然后，她又给那些男孩好吃的东西，对他们说："孩子们，那个祭司来吃饭的时候，你们大声地吵闹。我叫你们停，也别听。"孩子们照她的话办了。

第二天，她对祭司说："尊者，这个地方太吵闹了，真叫人受不了。我劝说他们别吵了，他们也不听。上楼吃饭吧。"那个祭司答应了。她让祭司走在前面，上到楼顶，关上了房门。祭司有着严格的规定要挨门挨户去接受布施，但由于他被这美味所吸引，因此还是同意了这个女人的建议，爬上了七层楼的顶层。她为他备好了桌椅。

在四十天内，她采用女人的所有手腕来勾搭祭司，无计不施。她站在祭司面前，诵读了下面的诗句：

　　染着紫胶，穿着木屐，这是娼妓的脚。

　　你很年轻，你是我的；我很年轻，我是你的。

祭司想道，"哎呀！我犯了罪！我没想想自己在干什么呢。"此刻，师父正在四十五里格以外的地方，他看到了这一切，笑了起来。阿难祭司问道，"尊者，你为何笑？你在笑什么？""阿难，在罗伽嘎哈的一幢六层楼的顶层，库摩拉和一位娼妓在决战。""尊者，谁赢谁输呢？""阿难，僧人赢，娼妓输。"师父说完这话，继续坐在那儿，又接着说道，"僧人，抛弃诱惑，摆脱欲望。"

《亚洲之光》

序　言

印度产生了太多的宗教，而中国则太少了。这种宗教精神的涓涓细流从印度洋溢出来，充满了整个东亚地区。人们禁不住感到奇怪，印度人拒绝了佛教，就像犹太人拒绝了基督教一样。人们还应该想到，一个国家所信奉的教义，在别的国家看来，这是他们对世界作出的最大贡献及其精神的最高显现。然而，事实并非如此。我所能找到的唯一线索似乎在于下面的事实，即耶稣攻击他的时代约定俗成的祭司制度，正如佛攻击婆罗门种姓的教义和司铎天赋神权说。佛教代表着对婆罗门教的反抗，在佛与两个婆罗门的谈话中，这一点显得尤为清晰①。涉及《奥义书》中的世界灵魂和个体灵魂（Brahma 和 Atman）问题，他属于不可知论者和怀疑论者。对于革命性的教义来讲，约定俗成的祭司制度似乎过于强大，在佛的面前婆罗门觉得一种受伤害的自尊，正如在耶稣的挑战面前法利赛人②和撒都该人③感到自尊受到伤害一样。然而，这还不可能是全部的理由。为什么犹太人感觉不到耶稣教义的魅力、美丽和伟大呢？为什么印度人感觉不到佛的魅力、美丽和伟大呢？更好的一种解释大

---

① 《东方圣书》（十一）。佛反对神职人员对世俗权力的使用，直接使用人们日常用语宣道，而不用婆罗门教所用的古典梵语。

② 公元前二世纪至公元二世纪犹太教的一派，标榜墨守传统礼仪。

③ 犹太教一个派别的成员。该派主要由祭司、贵族、富商等组成，与法利赛人对立，尊奉《律法书》，但不信口传律法，也不信灵魂永生及肉身复活。

概是，朱迪亚 [①] 的犹太教和印度的婆罗门教都不可被藐视为宗教性和伦理的体系，二者直到今天仍十分重要 [②]，它们在种族意识中具有更古老、更真实、更深刻的根基，佛教和基督教拥有的那些普遍、理想主义的品质则降低了其国民性性格。要是这样的话，我们可以学到关于历史影响力和国民信仰力量的一课。

无论怎么解释，佛教在亚洲——除了印度之外——的力量和影响力，显然在于佛是救世主的大乘派观念、佛的极大怜悯之情、温和和善良，以及他把人类从世上的痛苦和苦难中救赎并解放出来的启示。所有这一切构成了各种世界性宗教的伟大驱动力。

在研究佛教时，可以采取诗意的研究方式或哲学的研究方式，即通过道德放弃或理性信仰的方法。埃德温·阿诺德爵士 [③] 描写佛的生平的著名史诗《亚洲之光》表现了最出色的诗意方法，而接下来的《首楞严经》则表现了最出色的哲学方法。

一个世纪前，这首长诗发表了，此后的这些岁月里，在英国印了六十版，在美国印了八十版。在既没有最畅销书单，又没有每月之书俱乐部的时代，这诗卖了成千上万册。更加令人奇怪的是，它比同一作者后来撰写的描写耶稣生活的《世界之光》更为成功。年长一代的西方读者对佛的印象就来自这首长诗，这很容易理解。尽管该诗把佛提升到了无限的高度，但它从没有失去故事中对人的兴趣。这实质是圣乔刹法特的故事。在巴拉姆和乔刹法特的爱情故事里，他成为一位信仰基督教的王子，为世上的苦难所触动，放弃了自己富丽堂皇的荣耀，做了苦行者。因此，在十六世纪的时候，佛

---

① 古巴勒斯坦的南部地区，包括今巴勒斯坦的南部地区和约旦的西南部地区。
② 参见甘地、泰戈尔、罗摩克里希纳和维韦科南达。
③ 阿诺德（1832—1904），英国诗人和报人，代表作为史诗《亚洲之光》。

实际上被当做了基督教圣人①（关于基督教和佛教相似性的例子，参见本书"佛教寓言和传说"部分）。影响一定是相互的，因为尽管圣乔刹法特的基督教故事写于公元八世纪，但所罗门王的二母争子的故事肯定发生在佛教《本生经》②类似故事之前③。

尽管这首诗并没有呈现出作为佛教的基础，并使中国学者着迷的形而上体系，但它呈现了在普通信仰者看来，似乎是真正流行的佛的形象。为了使读者进入一种道德放弃的状态，作者使用所有的奇迹，通过一位印度佛教徒之口讲述这个故事，利用出色的艺术方法，精心描绘了印度丛林和城市丰富多彩的完整画面。这首诗拥有所有诗歌中一个最崇高的主题——人类苦难的主题。该诗的全名是《亚洲之光——伟大的摒弃，印度王子、佛教缔造者乔答摩的生平和教义（印度佛教徒所讲）》，作者埃德温·阿诺德，印度之星最低等爵士，暹罗④勋爵士团官员，第三等皇家美济德会员等。埃德温·阿诺德爵士还从《摩诃婆罗多》译了一个故事《纳拉和戴摩衍提》，写了非常动人的《印度叙述诗》一书。

埃德温·阿诺德爵士的诗歌是基于佛的生平《佛的慈悲》⑤一书创作的。《佛的慈悲》的作者是伟大的大乘派教师阿斯瓦戈河，我认为他就像基督教的圣保罗。他生活在一世纪末，是著名的《摩诃衍那》，即"信仰的觉醒"一书的作者，在五世纪初该书译成了中文。佛教大约在基督教时代初期介绍到了中国，佛教经书第一次翻译过

① 参见H.G.罗林森"欧洲思想和文学中的印度"一文，《印度遗产》，第26页。
② 《本生经》，通过叙述佛陀前生功德的寓言故事发挥佛教的基本教义。
③ 里斯·戴维斯，《佛教诞生故事》，第一、十三、四十四。中文版参见"中国故事"部分的"二母争子"故事。
④ 东南亚国家泰国的旧称。
⑤ 参见E．B．考埃尔从梵语译为英语的《东方圣书》第49卷。中文本见《佛说幸禅经》；又由塞缪尔·毕尔（1825—1889）译回英语，《东方圣书》第19卷。

来是在公元 67 年或此后，而与佛教习俗的接触早在伟大的汉武帝时代就通过土耳其斯坦籍华人已经开始了，当时已有几处提到这个话题。关于大乘派佛教和小乘派佛教的重要划分，参见本书《首楞严经》部分的序言。

亨利·克拉克·沃伦的《佛教的翻译》第一章的《本生经》序言中，对佛的生平的翻译极为出色（《哈佛东方系列》第三卷和《哈佛经典》）。

《亚洲之光》

埃德温·阿诺德爵士　著

第一篇

救世主的经书
佛主——世上的悉达多①王子——
在地上、天上和冥界都无与伦比，
光耀一切，最大智慧、最优秀、最怜悯；
涅槃和大法的教师。

他就这样为了人类而再度降世。

四王坐在最高的天上，统治着世界；
在他们下面是更近的空间，
但高高在上，圣洁的神灵死去了，
等待三万年，又再度复生。
佛主就在那个天上等着，
那五个必然出现的诞生迹象，来救我们。
提婆们②知道这些迹象，便说：
"佛又要去救世人。"

---

① 佛教创始人释迦牟尼的本名，意为"义成就者"。
② 天上的诸神灵。

"是的，"他说，"我现在要去救世人，

许多次中的最后一次，因对于我

和学习我法的众人生死因而要终止。

我要到萨克耶人 ① 中去，

他们在喜马拉雅山南边的雪山上，

在那儿住着虔诚的人民和一位正义的国君。"

就在那天晚上，苏达霍旦那国王的妻子，

玛亚王后在她的丈夫旁边入睡了，

她做了一个奇怪的梦；天上一颗星星——

光芒四射，六条光线。玫瑰红珍珠般的色彩，

标志是一头大象，

六颗长牙，白得像牛奶——

从天空中射下来，照耀进她的身体，

进入她的子宫右边。惊醒过来，

这位凡人母亲心里充满祝福，

一束可爱的光芒在拂晓之前

出现在大半个地球上。

强劲的大山在晃动；

浪花平息了；

白天开放的所有花儿都绽开了，

就像正午时分；一直到最遥远的阴间

都传来了王后的喜悦，温暖和煦的阳光

把林间的阴暗照耀成金黄色，在所有的海洋中

---

① 摩揭陀北部边疆一个皇室名称，因而佛被称为"萨克耶摩尼"或萨克耶圣人。

一个温柔的低声穿过，"噢，是的，"它说，

"要复活的死者，要死去的活人，

起来吧！倾听吧！希望啊！佛已来到！"

而在地狱的边境①传来无数多的和平，

世人的心在怦怦直跳，风吹过来

带着说不出的清新到了大地和海上。

黎明降临时，说了这样的话，

德高望重的详梦者说："这是个吉祥梦！

巨蟹座与恒星相合，

王后要生下一个男孩，一个圣子，

具有超凡智慧，为众生带来好处，

他要把人从无知中解救出来，

他要是愿意屈尊，就把这个世界来统治。"

圣者佛陀就降生在这个智慧之家。

玛亚王后在中午时分站立，她的胜利成就了，

在王宫的高地上，壮观的树干，直得就像庙宇的门柱，

上面有簇簇的茂密树叶和飘香的花朵；

知道时候已到——因为万物都知道——

这棵有意识的大树弯下腰来，

在玛亚王后陛下的周围形成一片树荫。

大地上突然绽放了千种花儿

铺成了一个卧榻；为了准备好洗浴，

---

① 相传是基督降生前未受洗的儿童及好人灵魂所居之处。

旁边坚硬的岩石流出了一条水晶般

晶莹透彻的溪流。她就这样产出了自己的儿子，

没有什么剧痛——他完美的形体，

神圣诞生的标志，三十二。

伟大的消息传到了王宫。

然而，他们抬来彩绘的轿子，

要把他带回家时，抬着四杆的

是大地的四位统治者，他们从苏美尔鲁山

下来——他们在黄铜板上

写下了人类的行为——东方的天使，

他们的主人穿着银色长袍，还佩戴着

珍珠靶子：南方的天使

他们的骑手骑着蓝色的骏马，

带着宝石蓝的盾牌：西方的天使，

那加兰邦人跟随着，骑着血红色的骏马，

带着珊瑚盾牌：北方的天使，

他的随从围住他，都穿着金色衣服，

骑在黄马上，带着金色盾牌。

这些神带着无形的盛况，下来了，

抬起轿杆，穿着浇铸的装束

像杠夫一样，但他们都是非凡的神仙；

那天神与人随意地走在一起，但人却不知晓：

因为天上充满对地下的喜悦之情，

知道佛主又来到了人间。

然而，苏达霍旦那国王却不知晓这一切；

奇观苦挠着他，直到详梦人

预言一位主导尘世的王子，

要起来统治，

千年一回；他有七种天赋——

手中的圆盘——神圣的圆盘；宝石；

那匹马——阿斯瓦，那匹骄傲的骏马，

踏着白云；一头雪白的大象，

哈斯帝，生来托负它的王；

机灵的大臣，将军

无可征服者，还有盖世无双的高雅妻子，

要比黎明女神还要可爱。

这些天赋都在这个可爱的男孩身上。

国王下令全城都要

大过节日；因此道路清扫得干干净净，

玫瑰香味喷洒在大街上，树上

挂满了彩灯和旗帜，欢乐的人群

目瞪口呆地看着耍箭人和摆姿势的人，

还有变戏法者，耍蛇者、甩绳者、走钢索者、

舞女穿着缀满亮晶晶饰片的裙衣，

铃声合着她们轻快的笑声荡漾在不停转动的脚上。

戴着假面具的人身上裹着熊皮和鹿皮，

驯虎人，摔脚手、斗鹌鹑的人，

鼓手和弹拨琴弦的人，

这些人接受国王的命令让大家快乐。

商人也从远处来了，

为了王子出生的喜讯，带来了丰富的礼物

用金盘托着；山羊皮披肩、甘松油膏，还有玉，

"夕阳"的色调，编织物——

多么精细的十二层遮隐不住诚实的面孔——

腰围缝有密密的珍珠，还有旃檀香。

进贡的城市表示敬意，他们高呼

悉达多王子"兴旺"，

在陌生人当中来了

一位白发苍苍的圣人阿西他，他的耳朵

长得可以触到地面上的东西，可以听到天上的声音，

他听到菩提树下的祈祷，

提婆们正在为佛的诞生而吟唱。

传说中他的年龄和斋戒非常神奇。

他靠近来，似手非常年高德重，

国王向他致敬，玛亚王后

把婴儿放在神圣的双脚前面。

但他看到王子时，这位老者叫了起来，

"啊，王后，不是这样！"因此他触摸了

尘土八次，把他那张面孔放在那儿，

嘴里说道，"噢，宝贝！我敬拜！你就是他！

我看到了玫瑰般的光，脚底的痕迹，

卍字饰①那柔软蜷曲的形状，

那神圣的原始迹象三十二②，

还有那八个小些的标志。你是佛，

你将向众生宣讲律法，并且把学律法的

———————

① 相传为象征太阳、吉祥等的标志。是佛教的象征，至今仍在沿用。

② 参见R.O.巴卢的《世界圣经》。

众生拯救出来，尽管我听不到，

很快要死去了，他最近渴望死去。

尽管如此我已经看到了你。知道，国王呀！

许多万年里才开花一次，

但是一旦开放，便用智慧的香气充满这个世界，

爱已经滴成蜜，从你那高贵的树根

已经生发出天上的莲花：幸福的一家啊！

然而不要完全快乐，因为一把箭必须穿透

这个孩子的肠子，而你，可爱的女王！

因为这个伟大的诞生而亲近所有的神和人，

从今以后生长得非常神圣，为了更多的悲伤，

生活就是苦难，因而在七天之内

无痛苦的你将会获得痛苦的结束。"

在第七个夜晚，玛亚王后睡着了，

脸上带着笑容，再也没有醒来，

她心满意足地去了天上，

无数的提婆敬拜她，等待

侍奉这位光辉四射的众母之首。

他们为婴儿找了一位奶娘，

摩哈普拉耶帕蒂公主，她那高贵的乳汁

滋养了他的嘴唇，

而这个嘴唇抚慰了全世界。

八年过去了，又让细心的国王想起了教育他的儿子，

一位王子应该学习的所有知识，

因为他还在躲避那些奇迹的过于巨大的预言，

佛的荣耀和苦难。

因此，他召集了全体大臣，

"伟大的先生们，谁是最具智慧的人，"他问道，

"来教我的王子那些王子应该知晓的东西？"

这些大臣几乎异口同声地回答道：

"国王！毗斯瓦米托是最智慧的人，

经书读得最深刻，还是

学识和手工艺等最优秀的人。"

因而毗斯瓦米托来了，聆听了国王的命令。

在挑选的一个吉日，王子

拿起他那棕红色的檀木板，

边上镶着美丽的珍珠，

撒满光滑的刚玉粉，

他拿着这些东西还有写字笔，站在

圣者面前，眼睛垂落下来。圣者说，

"孩子，写这个经书。"他讲出这节

名称，只有出身高贵者才可听到。

"我写，先生。"王子温顺地答道，

很快在土上写下——

不是一种笔迹，而是许多字——

神圣的诗节。

图形文学和符号语言，

山洞人和海边人的标志，

敬拜地下的蛇的人，

用火敬拜的人，

东方博士和土墩上的居民。

他追溯了所有民族所有稀奇古怪的文字，

一个接一个，用他的写字笔书写；

使用每种语言诵读老师教的诗文。

毗斯瓦米托说："可以了，

现在我们学数字。

跟着我数，直到说到十万，

一、二、三、四，一直到十，然后以十计，

直到百和千。"孩子跟着他

说出十位数、几十位，还有百位。没有停顿，

直说到完整的十万，还在轻轻地说，

一直到无数无数

哪一个是你最后数得最大的麦粒，

地上直到最细的尘土。

超出数字的是

用来标志夜晚的星星；

还有海洋的水；

循环交替的演算法；

通过之你可以算出

恒河里的沙子，直到我们来

到计量单位是十千万的沙子。

如果有人要更综合的测量，

那就是一万年来

落在世上的雨滴。

因此，神就用这些算出未来和过去。

"很好，"圣者说，"最尊贵的王子，

如果你知道这些，我还要教你

世袭的测量法吗？"

男孩谦卑地答道，"老师！

请听我讲。十帕拉玛奴斯

是一帕拉苏库斯摩；十个这些

是特拉色里尼，七个特拉色里尼

是飘在光束里的默特，七个默特

是鼠的须尖，十个这样的须尖

是一利库亚；十个利库亚是一个宇卡，

十个宇卡是一个大麦粒，大麦粒的七倍

就是黄蜂的细腰；这样十个

绿豆、芥末和大麦穗粒，

就是指节，十二个指节

为一拃宽。自此，我们到了肘尺、标杆、

弓长、矛长；二十个矛长

就是'一次呼吸'，就是说

这样的空间是肺能呼出的距离，

一沟是四十,四十倍就是

一由邪。老师！要是可以，

我可以从头至尾背下来

一由邪的许多默特。"

就这样，小王子熟练地

把所有原子的数目都报了出来。

毗斯瓦米托当面听了

这些话。他说，"因为你

是老师的老师。你——而非我——

是古鲁 ① 我敬拜你，亲爱的王子哟！
我的学派知晓，
你无书自通，无师自通。"

佛主对他所有的老师
都毕恭毕敬，
尽管他的所知超越了他们的所教；
语言谦和智慧；高贵的风度，
彬彬有礼；谦虚恭敬，
心地温柔，无畏勇敢；
没有更勇猛的骑者，
能像害羞的瞪羚羊跑得那样轻快优美，
没有更敏捷的驾驭车者，
能在模仿比赛中急速穿过王宫的大院；
然而，在游戏当中，男孩常常停下来，
让鹿儿自由地跑过；他常常放弃
已经赢得了一半的比赛，因为辛苦的骏马
在痛苦地喘息；要是他的伙伴
因输了比赛而感到难过，要是某个留恋的梦儿
掠过他的心头。这些岁月
增加我们佛主的怜悯之情，
就像一棵大树从两片柔叶中长出
把它的阴凉铺洒在远处。然而
却不知道孩子的悲伤、痛苦和眼泪。

---

① 印度教、锡克教的宗教教师或领袖。

接下来，在春天的一天里，在皇家的花园，

一群野天鹅飞过，朝北方飞去，

到了喜马拉雅山它们的巢窝。

这些快乐的鸟儿飞着，

大声鸣唱着爱的曲子。

戴瓦达塔，王子的堂弟，

随意举起了弓射了出去，

把最前面的天鹅那宽大的翅膀，

射了下来在道路上滑动。

这个箭一射，它就落了下来，

鲜红的血染红了纯洁的羽毛。

悉达多王子看到这一切，他把鸟儿

轻轻地捡起，放在怀里，

盘腿坐在那儿，就像佛主那样，

抚摸着鸟儿安慰它的惊吓，

把它弄皱的羽翼抚平，

轻柔善良的手掌像大焦一样柔软，

把鸟儿那怦怦直跳的心抚平。

他左手拿着鸟儿，右手抽出来

伤口中那残忍的铁箭，

把凉爽的叶子和治愈的蜜放在剧痛之处。

孩子还不太知道疼痛是何种滋味，

他好奇地把箭头刺入自己的手腕，

感觉到了阵痛，

满眼含泪转过来又抚慰鸟儿。

《首楞严经》

序 言

　　尽管西方学者付出了艰辛的劳动，但我认为到目前为止，还没有哪本书利用原始资料，以简洁连续的语言，对佛教思想的哲学基础进行论述。有著名学者的出色编纂，其中有分量的是保罗·卡勒斯博士的《佛的福音》（编自古代记载，芝加哥，1894）和亨利·克拉克·沃伦的《佛教的翻译》（《哈佛东方系列》，第三卷，哈佛大学出版社，1896，在《哈佛经典》里也可以看到）。卡勒斯博士著名的《佛的福音》首版于 1894 年，被译为七八种语言。对普通读者而言，该书似乎是最出色的编纂和最理想的书籍。书中采用简单英语，其出处既有大乘经书，也有小乘经书，而沃伦的书出处则限于后者。最难找到的著述是利用最原始出处统一连续地论述佛教哲学，并且公正地给出佛教论证及其方法以及风格的概念，而且还要适合本书的范围。

　　我相信，从《首楞严经》摘来的下面的选文提供了佛教信仰的哲学基础的最佳思路，因为一定不能忘记的是，佛教是一门哲学，它是建立在形而上基础之上的宗教启蒙形式。没有别的原因可以解释佛教为什么在中国学者当中一直享有极高的声誉。目前的选文类似于《人类理解力文章》和《圣约翰福音》二者加起来的东西，带有前者的理性力量和后者的宗教精神。在倾听佛和他的爱徒阿难的一问一答时，我们经历了打乱所有价值观的智力探索过程。因为佛教所教导的终极现实的真正意义——类似于康德的唯心主义基础——似乎永远会被我们关于有形世界的习惯性概念弄得含混不清，因而年轻的门徒总是陷入困惑不解、颇感沮丧的状态。快要弄清楚终极意义时，阿难自己则由于完全困惑而"哭泣起来"。

风格是熟悉的，引发出了与《约翰福音》的比较。它表明佛对年轻的阿难（圣约翰）的爱，对理解力迟钝者的怜悯同情以及他的诙谐幽默感（对国王的评述部分），描述佛有好几次责备他们"容易忘记"真理。在阐述的妥帖性和清晰性方面，它具有哲理性经典的标志，这就是我挑选了它而没有选择《楞伽经》的缘故，尽管后者更为完整地展现了更为简明的佛教教义的轮廓。译者是魏涛和德怀特·戈达德。除了佛以外，主要人物还有阿难和曼俱哩，在中国佛教寺庙里，他们总是一左一右站在佛的旁边，接受人们的敬拜。

我选择《首楞严经》，而没有选择巴利语的任何经本，除了它内在的价值以外，还有因为它代表着大乘派哲学，而这恰恰是西方学者研究佛教时所忽略的一个分支。学者们忙着研究用巴利语写就的小乘派教规的佛教三藏[①]！后者被称为所谓的"南方佛教"派的"小乘"，在锡兰、暹罗和缅甸一带流行。摩诃衍那即为"北方佛教"派的"大乘"，在中国和朝鲜、日本一带流行。对于大乘经本的研究只是在最近十年才开始正规起来，到目前为止，只有为数不很多的重要中文大乘经本才有英文译本。在西方最著名的是《莲花经》（H. 克恩译，《东方圣书》；W.E. 苏西尔的《神奇法的莲花》，牛津，1930），只是一个流行的经本，算不上大乘文献最具代表性的作品。

由于巴利语小乘文本更具条理性，保存得更完好，西方学者研究起来更为方便，还由于 T.W. 里斯·戴维斯夫妇的影响，大乘派

---

① 佛教典籍的总称，"全书"。参见E.J.托马斯所著的《佛教圣典》（东方智慧系列丛书）中的这些重要佛教教规。更为完整的分析，参见E.J.托马斯克诺夫的《佛教思想史》。

佛教不仅被忽略，而且还常被人轻蔑地谈起。不应该责备戴维斯夫妇，他们谈起大乘派佛教时，不仅带着派性观念，还带着教派仇视，把大乘派佛教视为"异端"，把小乘派佛教视为"正统"。这完全可以理解，因为他们一生都在致力于对巴利语经本的研究。也许我讲话也带着中国人的某些偏见，带有中国式的联想。大乘宗派中最重要的信条"菩提萨埵"（略作菩萨）是非常常见的一个中文词，我们谈到一个可爱孩子（像"天使"这个词）或一个泥玩偶的时候就常用这个词。这里不是辩论的地方，指出下面一点就够了，大乘派佛教徒和小乘派佛教徒不仅相互骂对方为"异教徒"，而且就连小乘派佛教徒内部也这样滥骂，因为他们就有十八个不同的流派；而且，有关佛的言语材料的确凿性，对于巴利语经本和译成中文的梵语经本一样没有关注；再有，如果大乘派经本是在佛圆寂的四五年后写就的，那么锡兰经本亦是如此。谁能说的好，究竟是色诺芬①还是柏拉图给我们道出了真正的苏格拉底②呢？不管怎么说，大乘派哲学出自于佛教，这就像保罗神学出自于耶稣基督的教义一样地自然不过了。最伟大的大乘派师长是阿斯瓦佝裟，他出生在奥德，生活在一世纪末期。像保罗一样，他是一位傲慢博学的学者，皈依了佛教。像保罗强调割礼一样，他撰写了攻击种姓制度的最著名书籍。跟保罗不同的是，他还撰写戏剧、史诗和抒情诗。毫无疑问，这是一位真正的伟人。"没有他解决不了的问题，没有他驳倒不了的对手。"从这位伟人身上产生了大乘宗教。所有"异端"的问题

---

① 色诺芬（前431—前355），古希腊将领、历史学家，苏格拉底的学生，率一万希腊雇佣军参加波斯王子Cyrus反对其兄 ArtaxerxesII的战争，远征到达黑海，著有《远征记》《希腊史》《回忆苏格拉底》等。

② 苏格拉底（前469—前399），古希腊哲学家，认为哲学在于认识自我，美德即知识，提出探求真理的助产术和辩证法。本人无著作，其学说仅见于他的学生柏拉图和色诺芬的著作。

都显得微不足道了。而且，就在婆罗门教（由约公元前 2000 年的吠陀教演变而成的古代印度宗教）重新流行，小乘派佛教徒失去对印度人民的控制的时候，大乘派宗教兴起了。

这里更重要、需要指出的是，大乘派哲学不仅代表着佛的教义的重要、自然的发展，而且还表现了极大的进展，这就说明了它为什么在中国和日本享有更高声誉、更为流行。首先，它表述了对涅槃教义灭绝的不满。其次，它表述了对为数不多的帕拉底卡斯和阿罗汉 ① 那种自私救赎的不满，代表着对众生的救赎，通过菩提萨埵的教义，已入涅槃的人自动承受生死轮回，自动抑制那种状态，从而拯救整个世界。直到全人类都被拯救出来，佛才能达到平静状态。第三，它表述了祈祷和宗教虔诚 ② 的直关重要性的原则，通过信仰而不是作为来教导救赎教义。第四，它把佛提升到个人神的地位。（比较《薄伽梵歌》中婆罗门信徒把克里希那提升到个人神的地位。）很难看出这样的发展是怎样被阻止的，也很难看出他们是怎样被认为是"堕落"的。然而，单单是"历史性"——这是一种逃避性的希望——关注的是研究型的学者，而不关注人类智慧的更大方面。

《首楞严经》作者不详，是大约一世纪的时候用梵语写就的。这部经书是印度大师帕拉摩挛带到中国的。他乘船到中国南海，公元 705 年，在一位中国学者的帮助下，他在广东把这部经书译成了中文。这是中国学者佛教徒非常喜欢的一部书，它十分盛行可以由下面的事实来证明：在中国，这部经书有五十六部评注以及不同的阐释。

感兴趣的学者可以读一下《佛教圣经》里的大乘经本，该书作者为德怀特·戈达德（出版：戈达德，塞特福德）。D.T. 铃木博士

---

① 永入涅槃再受生死果报的僧人。

② 梵语bhakti，以对一个神的虔诚信奉求得自身的解脱。

的著述《禅宗佛教指南：禅宗佛教简介》以及他各种文章，也都极为有用，该书特别研究一种大乘派——禅宗佛教[①]。艾伦·W. 沃茨的杰出著作《禅的精神》（东方智慧系列丛书）和《亚洲遗产与西方人》（芝加哥大学）对于洞察东方人世界观十分有用。

可以找到南方佛教的选文。除了上面提到的卡勒斯和沃伦的标准著述以外，还有一本优秀的小卷本《佛教经书》（东方智慧系列丛书，默里），作者 E.J. 托马斯。罗伯特·O. 巴芦著编的《世界圣经》里也包含极好的材料。

读者可能对以下佛教著述尤为感兴趣。E.W. 伯林盖姆的《佛教传说》（哈佛东方系列丛书，第 28、29、30 卷）是《法句经》著名评注的完整译本，其中有极棒的梗概，利用丰富的佛教传说来阐释《法句经》四百二十三句的意义。《佛的对话》已由里斯·戴维斯夫妇翻译了过来，共有三卷（牛津）。

---

① 佛教派别之一，以专修禅定为主。禅定指安静而止息杂虑，是佛教的修行方法。

《首楞严经》

魏涛和德怀特·戈达德　英译

如是我闻。一时佛在室罗筏城，只桓精舍。与大比丘众，千二百五十人俱。皆是无漏大阿罗汉。佛子住持，善超诸有。能于国土，成就威仪。从佛转轮，妙堪遗嘱。严净毗尼，弘范三界。应身无量，度脱众生。拔济未来，越诸尘累。其名曰：

大智舍利弗。摩诃目犍连。摩诃拘絺罗。富楼那弥多罗尼子。须菩提。优波尼沙陀等。而为上首。复有无量辟支无学。并其初心。同来佛所。属诸比丘休夏自恣。十方菩萨咨决心疑。钦奉慈严将求密义。即时如来敷座宴安。为诸会中，宣示深奥。

法筵清众，得未曾有。迦陵仙音，遍十方界。恒沙菩萨，来聚道场。文殊师利而为上首。

时波斯匿王，为其父王讳日营斋。请佛宫掖。自迎如来。广设珍馐无上妙味。兼复亲延诸大菩萨。城中复有长者居士同时饭僧。伫佛来应。佛敕大殊，分领菩萨及阿罗汉，应诸斋主。

唯有阿难，先受别请。远游未还，不遑僧次。既无上座，及阿阇黎。途中独归。其日无供。即时阿难，执持应器，于所游城，次第循乞。心中初求最后檀越，以为斋主。无问净秽，刹利尊姓。及旃陀罗。方行等慈，不择微贱。发意圆成，一切众生，无量功德。阿难已知如来世尊，诃须菩提，及大迦叶，为阿罗汉，心不均平。钦仰如来，开阐无遮，度诸疑谤。经彼城隍，徐步郭门。严整威仪，肃恭斋法。

尔时阿难，因乞食次，经历淫室，遭大幻术。摩登伽女，以娑毗迦罗先梵天咒，摄入淫席。淫躬抚摩，将毁戒体。

如来知彼淫术所加，斋毕旋归。王及大臣长者居士，俱来随佛，愿闻法要。于时世尊。顶放百宝无畏光明，光中出生千叶宝莲，有佛化身，结跏趺坐，宣说神咒。敕文殊师利将咒往护。恶咒消灭。提奖阿难，及摩登伽，归来佛所。

卷一

阿难见佛。顶礼悲泣。恨无始来。一向多闻，未全道力。殷勤启请，十方如来得成菩提，妙奢摩他，三摩，禅那，最初方便。于时复有恒沙菩萨。及诸十方大阿罗汉。辟支佛等。俱愿乐闻。退坐默然。承受圣旨。

佛告阿难。汝我同气，情均天伦。当初发心，于我法中，见何胜相，顿舍世间深重恩爱。

阿难白佛我见如来三十二相。胜妙殊绝。形体映彻犹如琉璃。

常自思维，此相非是欲爱所生。何以故。欲气粗浊，腥臊交遘，脓血杂乱，不能发生胜净妙明紫金光聚。是以渴仰，从佛剃落。

佛言：善哉阿难。汝等当知一切众生，从无始来。生死相续，皆由不知常住真心性净明体。用诸妄想。此想不真，故有轮转。

汝今欲研无上菩提真发明性。应当直心詶我所问。十方如来同一道故，出离生死，皆以直心。

心言直故，如是乃至终始地位，中间永无诸委曲相。

阿难，我今问汝。当汝发心缘于如来三十二相，将何所见，谁为爱乐。

阿难白佛言：世尊，如是爱乐，用我心目由目观见如来胜相，心生爱乐。故我发心，愿舍生死。

佛告阿难如汝所说。真所爱乐，因于心目。若不识知心目所在，则不能得降伏尘劳。譬如国王，为贼所侵，发兵讨除。是兵要当知贼所在使汝流转，心目为咎。吾今问汝，唯心与目，今何所在。

阿难白佛言：世尊，一切世间十种异生，同将识心居在身内。纵观如来青莲华眼，亦在佛面。我今观此浮根四尘，只在我面。如是识心，实居身内。

佛告阿难。汝今现坐如来讲堂。观只陀林今何所在。

世尊，此大重阁清净讲堂，在给孤园。今只陀林实在堂外。

阿难，汝今堂中先何所见。

世尊，我在堂中先见如来。次观大众。如是外望，方瞩林园。

阿难，汝瞩林园，因何有见。

世尊，此大讲堂，户牖开豁。故我在堂得远瞻见。

尔时世尊，在大众中，舒金色臂，摩阿难顶。告示阿难及诸大众。

有三摩提。名大佛顶首楞严王，具足万行，十方如来一门超出妙庄严路。汝今谛听。

阿难顶礼，伏受慈旨。

告示阿难及诸大众。

佛告阿难。如汝所言，身在讲堂，户牖开豁，远瞩林园。亦有众生在此堂中，不见如来，见堂外者。

阿难答言。世尊，在堂不见如来，能见林泉，无有是处。

阿难，汝亦如是。汝之心灵一切明了。若汝现前所明了心实在身内，尔时先合了知内身。颇有众生，先见身中，后观外物，纵不能见心肝脾胃，爪生发长，筋转脉摇，诚合明了，如何不知。必不内知，云何知外。是故应知，汝言觉了能知之心，住在身内无有是处。

　　阿难稽首而白佛言：我闻如来如是法音。悟知我心实居身外。所以者何。譬如灯光然于室中，是灯必能先照室内，从其室门，后及庭际。一切众生，不见身中，独见身外。亦如灯光，居在室外，不能照室。是义必明，将无所惑。同佛了义得无妄耶。

　　佛告阿难。是诸比丘，适来从我室罗筏城，循乞抟食，归只陀林。我已宿斋。汝观比丘，一人食时，诸人饱不。

　　阿难答言：不也，世尊。何以故。是诸比丘，虽阿罗汉，躯命不同。云何一人能令众饱。

　　佛告阿难。若汝觉了知见之心，实在身外，身心相外，自不相干。则心所知，身不能觉。觉在身际，心不能知。我今示汝兜罗绵手，汝眼见时，心分别不。

　　阿难答言：如是，世尊。

　　佛告阿难。若相知者，云何在外。是故应知，汝言觉了能知之心，住在身外，无有是处。

　　阿难白佛言：世尊，如佛所言，不见内故，不居身内。身心相知，不相离故，不在身外。我今思维，知在一处。

　　佛言：处今何在。

　　阿难言：此了知心，既不知内，而能见外。如我思忖，潜伏根里。犹如有人，取琉璃碗，合其两眼。虽有物合，而不留碍。彼根随见，随即分别。然我觉了能知之心，不见内者，为在根故。分明瞩外，无障碍者，潜根内故。

　　佛告阿难。如汝所言，潜根内者，犹如琉璃。彼人当以琉璃笼眼，当见山河，见琉璃不。

　　如是，世尊，是人当以琉璃笼眼，实见琉璃。

　　佛告阿难。汝心若同琉璃合。当见山河，何不见眼。若见眼者，眼即同境，不得成随。若不能见，云何说言此了知心，潜在根内，如琉璃合。是故应知，汝言觉了能知之心，潜伏根里，如琉璃合，无有是处。

阿难白佛言：世尊，我今又作如是思维。是众生身，腑藏在中，窍穴居外。有藏则暗。有窍则明。今我对佛，开眼见明，名为见外。闭眼见暗，名为见内。是义云何。

佛告阿难。汝当闭眼见暗之时，此暗境界，为与眼对，为不对眼。若与眼对，暗在眼前，云何成内。若成内者，居暗室中，无日月灯，此室暗中，皆汝焦腑。若不对者，云何成见。

若离外见，内对所成。合眼见暗，名为身中。开眼见明，何不见面。若不见面，内对不成。见面若成，此了知心，及与眼根，乃在虚空，何成在内。

若在虚空，自非汝体。即应如来今见汝面，亦是汝身。汝眼已知，身合非觉。

必汝执言身眼两觉，应有二知，即汝一身，应成两佛。是故应知，汝言见暗名见内者，无有是处。

阿难言：我尝闻佛开示四众。由心生故，种种法生。由法生故，种种心生。我今思维，即思维体，实我心性。随所合处，心则随有。亦非内外中间三处。

佛告阿难汝今说言，由法生故，种种心生，随所合处。心随有者，是心无体，则无所合。若无有体而能合者，则十九界因七尘合。是义不然。

若有体者，如汝以手自挃其体。汝所知心，为复内出，为从外入。若复内出，还见身中。若从外来，先合见面。

阿难言：见是其眼。心知非眼。为见非义。

佛言：若眼能见，汝在室中，门能见不。则诸已死，尚有眼存，应皆见物。若见物者，云何名死。

阿难，又汝觉了能知之心，若必有体，为复一体，为有多体。今在汝身，为复遍体，为不遍体。若一体者，则汝以手挃一支时，四支应觉。若咸觉者，挃应无在。若挃有所，则汝一体，自不能成。若多体者，则成多人，何体为汝。若遍体者，同前所挃。若不遍者，当汝触头，亦触其足，头有所觉，足应无知。今汝不然。是故应知，随所合处，心则随有，无有是处。

阿难白佛言：世尊，我亦闻佛，与文殊等诸法王子，谈实相时，世尊亦言，心不在内，亦不在外。如我思维，内无所见，外不相知。内无知故，在内不成。身心相知，在外非义。今相知故，复内无见，当在中间。

佛言：汝言中间，中必不迷，非无所在。今汝推中，中何为在。为复在处。为当在身。若在身者，在边非中，在中同内。若在处者，为有所表，为无所表。无表同无。表则无定。何以故。如人以表，表为中时，东看则西，南观成北。表体既混，心应杂乱。

阿难言：我所说中，非此二种。如世尊言，眼色为缘，生于眼识。眼有分别，色尘无知。识生其中，则为心在。

佛言：汝心若在根尘之中，此之心体，为复兼二，为不兼二。若兼二者，物体杂乱。物非体知，成敌两立，云何为中。

兼二不成，非知不知，即无体性，中何为相。是故应知，当在中间，无有是处。

阿难白佛言：世尊，我昔见佛，与大目连、须菩提、富楼那、舍利弗，四大弟子，共转法轮。常言觉知分别心性，既不在内，亦不在外，不在中间，俱无所在，一切无著，名之为心。则我无著，名为心不。

佛告阿难。汝言觉知分别心性，俱无在者，世间虚空水陆飞行，诸所物象，名为一切。汝不著者，为在为无。无则同于龟毛兔角，云何不著。有不著者，不可名无。无相则无，非无即相，相有则在，云何无著。是故应知，一切无著，名觉知心，无有是处。

尔时阿难，在大众中，即从座起，偏袒右肩，右膝着地，合掌恭敬，而白佛言：

我是如来最小之弟，蒙佛慈爱，虽今出家，犹恃憍怜。所以多闻未得无漏。不能折伏娑毗罗咒。为彼所转，溺于淫舍。当由不知真际所诣。唯愿世尊，大慈哀愍，开示我等奢摩他路，令诸阐提。隳弥戾车。

卷二

阿难作是语已，五体投地，及诸大众，倾渴翘伫，钦闻示诲。

尔时世尊，从其面门，放种种光。其光晃耀，如白千日。普佛世界，六种震动。如是十方微尘国土，一时开现佛之威神，令诸世界合成一界。其世界中，所有一切诸大菩萨，皆住本国，合掌承听。

佛告阿难。一切众生，从无始来，种种颠倒，业种自然，如恶叉聚。诸修行人，不能得成无上菩提，乃至别成声闻缘觉，及成外道，诸天魔王，及魔眷属。皆由不知二种根本，错乱修习。犹如煮沙，欲成嘉馔，纵经尘劫，终不能得。

云何二种。阿难，一者，无始生死根本。则汝今者，与诸众生，用攀缘心，为自者。

二者，无始菩提涅槃元清净体。则汝今者识精元明，能生诸缘，缘所遗者。由诸众生，遗此本明，虽终日行，而不自觉，枉入诸趣。

阿难，汝今欲知奢摩他路，愿出生死。今复问汝。即时如来举金色臂，屈五轮指，语阿难言。汝今见不。

阿难言见。

佛言，汝何所见。

阿难言：我见如来举臂屈指，为光明拳，耀我心目。

佛言：汝将谁见。

阿难言：我与大众，同将眼见。

佛告阿难。汝今答我，如来屈指为光明拳，耀汝心目。汝目可见，以何为心，当我拳耀。

阿难言：如来现今征心所在。而我以心推穷寻逐，即能推者，我将为心。

佛言。咄。阿难，此非汝心。

阿难矍然，避座合掌起立白佛。此非我心，当名何等。

佛告阿难。此是前尘虚妄相想，惑汝真性。由汝无始至于今生，认贼为子，失汝元常，故受轮转。

阿难白佛言：世尊，我佛宠弟，心爱佛故，令我出家。我心何独供养如来。乃至遍历恒沙国土，承事诸佛，及善知识，发大勇猛，行诸一切难行法事，皆用此心。纵令谤法，永退善根，亦因此心。若此发明不是心者，我乃无心同诸土木，离此觉知，更无所有。云何如来说此非心。我实惊怖。兼此大众，无不疑惑。唯垂大悲，开示未悟。

尔时世尊。开示阿难。及诸大众。欲令心入无生法忍。于狮子座，摩阿难顶，而告之言：如来常说诸法所生，唯心所现。

一切因果，世界微尘，因心成体。

阿难，若诸世界，一切所有，其中乃至草叶缕结，诘其根元，咸有体性。纵令虚空，亦有名貌。何况清净妙净明心，性一切心，而自无体。

若汝执吝，分别觉观，所了知性，必为心者。此心即应离诸一切色香味触诸尘事业，别有全性。如汝今者承听我法，此则因声而有分别。纵灭一切见闻觉知，内守幽闲，犹为法尘分别影事。我非敕汝，执为非心。但汝于心，微细揣摩。若离前尘有分别性，即真汝心。若分别性，离尘无体，斯则前尘分别影事。尘非常住，若变灭时，此心则同龟毛兔角，则汝法身同于断灭，其谁修证，无生法忍。即时阿难，与诸大众，默然自失。

佛告阿难。世间一切诸修学人，现前虽成九次第定，不得漏尽成阿罗汉，皆由执此生死妄想，误为真实。是故汝今虽得多闻不成圣果。

卷三

阿难闻已。重复悲泪，五体投地，长跪合掌，而白佛言：

自我从佛发心出家，恃佛威神。常自思维，无劳我修，将谓如来惠我三昧。不知身心本不相代。失我本心。虽身出家，心不入道。譬如穷子，舍父逃逝。今日乃知虽有多闻，若不修行，与不闻等。如人说食，终不能饱。世尊，我等今者，二障所缠。良由不知寂常心性。唯愿如来，哀愍穷露，发妙明心，开我道眼。

即时如来。从胸卍字，涌出宝光。其光晃昱有百千色。十方微尘，普佛世界，一时周遍。遍灌十方所有宝刹诸如来顶。旋至阿难，及诸大众。

告阿难言：吾今为汝建大法幢。亦令十方一切众生，获妙微密，性净明心，得清净眼。

阿难，汝先答我见光明拳。此拳光明，因何所有。云何成拳。汝将谁见。

　　阿难言：由佛全体阎浮檀金，赩如宝山，清净所生，故有光明。我实眼观，五轮指端，屈握示人，故有拳相。

　　佛告阿难。如来今日实言告汝。诸有智者，要以譬喻而得开悟。阿难，譬如我拳，若无我手，不成我拳。若无汝眼，不成汝见。以汝眼根，例我拳理，其义均不。

　　阿难言：唯然世尊。既无我眼，不成我见。以我眼根，例如来拳，事义相类。

　　佛告阿难。汝言相类，是义不然。何以故。如无手人，拳毕竟灭。彼无眼者，非见全无。所以者何。汝试于途，询问盲人，汝何所见。彼诸盲人，必来答汝，我今眼前，唯见黑暗，更无他瞩。以是义观，前尘自暗，见何亏损。

　　阿难言：诸盲眼前，唯睹黑暗，云何成见。

　　佛告阿难。诸盲无眼，唯观黑暗，与有眼人，处于暗室，二黑有别，为无有别。

　　如是世尊。此暗中人，与彼群盲，二黑校量，曾无有异。

　　阿难，若无眼人，全见前黑，忽得眼光，还于前尘见种种色，名眼见者。彼暗中人，全见前黑，忽获灯光，亦于前尘见种种色，应名灯见。若灯见者，灯能有见，自不名灯。又则灯观，何关汝事。是故当知，灯能显色。如是见者，是眼非灯。眼能显色，如是见性，是心非眼。

　　阿难，虽复得闻是言，与诸大众，口已默然，心未开悟。犹冀如来慈音宣示，合掌清心，伫佛悲诲。

　　尔时世尊。舒兜罗绵网相光手，开五轮指，诲敕阿难，及诸大众。我初成道，于鹿园中，为阿若多五比丘等，及汝四众言。一切众生，不成菩提，及阿罗汉，皆由客尘烦恼所误。汝等当时，因何开悟，今成圣果。

时憍陈那，起立白佛。我今长老，于大众中，独得解名。因悟客尘二字成果。世尊，譬如行客，投寄旅亭，或宿或食，食宿事毕，俶装前途，不遑安住。若实主人，自无攸往。如是思维，不住名客，住名主人，以不住者，名为客义。又如新霁。清旸升天，光入隙中，发明空中诸有尘相。尘质摇动，虚空寂然。如是思维，澄寂名空。摇动名尘。以摇动者，名为尘义。

佛言如是。即时如来，于大众中，屈五轮指，屈已复开，开已又屈。谓阿难言：汝今何见。

阿难言：我见如来百宝轮掌，众中开合。

佛告阿难。汝见我手，众中开合。为是我手，有开有合。为复汝见，有开有合。

阿难言：世尊宝手，众中开合。我见如来手自开合。非我见性有开有合。

佛言：谁动谁静。

阿难言：佛手不住。而我见性，尚无有静，谁为无住。

佛言如是。如来于是从轮掌中，飞一宝光，在阿难右。即时阿难，回首右盼。又放一光，在阿难左，阿难又则回首左盼。佛告阿难。汝头今日何因摇动。

阿难言：我见如来出妙宝光，来我左右，故左右观，头自摇动。

阿难，汝盼佛光，左右动头，为汝头动，为复见动。

世尊，我头自动，而我见性尚无有止，谁为摇动。

佛言如是。于是如来，普告大众，若复众生，以摇动者名之为尘。以不住者，名之为客。汝观阿难头自动摇，见无所动。又汝观我手自开合见无舒卷。云何汝今以动为身，以动为境。从始洎终，念念生灭，遗失真性，颠倒行事。性心失真，认物为己。轮回是中，自取流转。

　　尔时阿难，及诸大众。闻佛示诲，身心泰然。念无始来，失却本心。妄认缘尘，分别影事。今日开悟，如失乳儿，忽遇慈母。合掌礼佛。愿闻如来，显出身心，真妄虚实，现前生灭与不生灭，二发明性。

卷四

　　时波斯匿王，起立白佛。我昔未承诸佛诲敕。见迦旃延毗罗胝子。咸言此身死后断灭，名为涅槃。我虽值佛，今犹狐疑。云何发挥证知此心，不生灭地。今此大众，诸有漏者，咸皆愿闻。

　　佛告大王。汝身现在。今复问汝。汝此肉身，为同金刚常住不朽，为复变坏。

　　世尊，我今此身，终从变灭。

　　佛言大王。汝未曾灭，云何知灭。

　　世尊，我此无常变坏之身虽未曾灭。我观现前，念念迁谢，新新不住。如火成灰，渐渐销殒。殒亡不息，决知此身，当从灭尽。

　　佛言：如是，大王，汝今生龄，已从衰老，颜貌何如童子之时。

　　世尊，我昔孩孺，肤腠润泽。年至长成，血气充满。而今颓龄。迫于衰耄，形色枯悴，精神昏昧，发白面皱，逮将不久，如何见比充盛之时。

　　佛言大王。汝之形容，应不顿朽。

　　王言世尊。变化密移，我诚不觉。寒暑迁流，渐至于此。何以故。我年二十，虽号年少颜貌已老初十岁时。三十之年，又衰二十。于今六十，又过于二，观五十时，宛然强壮。世尊，我见密移。虽此殂落。

其间流易，且限十年。若复令我微细思维，其变宁唯一纪二纪，实为年变。岂唯年变。亦兼月化。何直月化。兼又日迁。沉思谛观，刹那刹那，念念之间，不得停住。故知我身，终从变灭。

佛告大王。汝见变化，迁改不停，悟知汝灭。亦于灭时，汝知身中有不灭耶。

波斯匿王。合掌白佛。我实不知。

佛言，我今示汝不生灭性。大王，汝年几时，见恒河水。

王言：我生三岁，慈母携我，谒耆婆天，经过此流，尔时即知是恒河水。

佛言大王。如汝所说，二十之时，衰于十岁，乃至六十，日月岁时，念念迁变。则汝三岁见此河时，至年十三，其水。云何。

王言：如三岁时，宛然无异。乃至于今，年六十二，亦无有异。

佛言：汝今自伤发白面皱。其面必定皱于童年。则汝今时，观此恒河，与昔童时，观河之见，有童耄不。

王言：不也，世尊。

佛言大王。汝面虽皱，而此见精，性未曾皱。皱者为变。不皱非变。变者受灭。彼不变者，元无生灭。云何于中受汝生死。而犹引彼末伽黎等，都言此身死后全灭。

王闻是言。信知身后舍生趣生。与诸大众，踊跃欢喜，得未曾有。

卷五

阿难即从座起。礼佛合掌，长跪白佛。

世尊，若此见闻，必不生灭，云何世尊，名我等辈，遗失真性，颠倒行事。愿兴慈悲，洗我尘垢。

即时如来垂金色臂，轮手下指，示阿难言。汝今见我母陀罗手，为正为倒。

阿难言：世间众生，以此为倒，而我不知谁正谁倒。

佛告阿难。若世间人，以此为倒，即世间人，将何为正。

阿难言：如来竖臂，兜罗绵手，上指于空，则名为正。

佛即竖臂，告阿难言：若此颠倒，首尾相换，诸世间人，一倍瞻视。则知汝身，与诸如来清净法身，比类发明，如来之身，名正遍知。

汝等之身，号性颠倒。随汝谛观。汝身佛身，称颠倒者，名字何处，号为颠倒。

于于时阿难与诸大众，瞪瞢瞻佛，目睛不瞬，不知身心，颠倒所在。佛兴慈悲，哀愍阿难及诸大众。发海潮音，遍告同会。诸善男子，我常说言，色心诸缘，及心所使诸所缘法，唯心所现。汝身汝心，皆是妙明真精妙心中所现物。

云何汝等，遗失本妙，圆妙明心，宝明妙性。认悟中迷。晦昧为空，空晦暗中，结暗为色。色杂妄想，想相为身。聚缘内摇，趣外奔逸。昏扰扰相，以为心性。一迷为心，决定惑为色身之内。不知色身，外洎山河虚空大地，咸是妙明真心中物。

譬如澄清百千大海弃之。唯认一浮沤体，目为全潮，穷尽瀛渤。汝等即是迷中倍人。如我垂手。等无差别。如来说为可怜愍者。

卷六

阿难承佛悲救深诲。垂泣叉手，而白佛言：我虽承佛如是妙音，悟妙明心，元所圆满，常住心地。而我悟佛现说法音，现以缘心，允所瞻仰，徒获此心，未敢认为本元心地。愿佛哀愍，宣示圆音。拔我疑根，归无上道。

佛告阿难。汝等尚以缘心听法，此法亦缘，非得法性。如人以手，指月示人。彼人因指，当应看月。若复观指以为月体，此人岂唯亡失月轮，亦亡其指。何以故。以所标指为明月故。岂唯亡指。亦复不识明之与暗。何以故。即以指体，为月明性。明暗二性，无所了故。汝亦如是。

若以分别我说法音，为汝心者。此心自应离分别音有分别性。譬如有客，寄宿旅亭，暂止便去，终不常住。而掌亭人，都无所去，名为亭主。此亦如是。若真汝心，则无所去。云何离声，无分别性。

斯则岂唯声分别心。分别我容，离诸色相，无分别性。如是乃至分别都无，非色非空，拘舍离等，昧为冥谛。离诸法缘，无分别性。则汝心性，各有所还，云何为主。

阿难言：若我心性，各有所还。则如来说，妙明元心，云何无还。维垂哀愍，为我宣说。

佛告阿难。且汝见我，见精明元。此见虽非妙精明心。如第二月，非是月影。汝应谛听。今当示汝无所还地。

阿难：此大讲堂，洞开东方，日轮升天，则有明耀。中夜黑月，云雾晦暝，则复昏暗。户牖之隙，则复见通。墙宇之间，则复观壅。分别之处，则复见缘。顽虚之中，遍是空性。郁孛之象，则纡昏尘。澄霁敛氛。又观清净。

阿难：汝咸看此诸变化相。吾今各还本所因处。云何本因。阿难：此诸变化：明还日轮。何以故。无日不明，明因属日，是故还日。暗还黑月。通还户牖。壅还墙宇。缘还分别，顽虚还空。郁孛还尘。清明还霁。则诸世间一切所有，不出斯类。

汝见八种见精明性，当欲谁还。何以故。若还于明，则不明时，无复见暗。虽明暗等，种种差别，见无差别。诸可还者，自然非汝。不汝还者，非汝而谁。则知汝心，本妙明净，汝自迷闷。丧本受轮，于生死中，常被漂溺。是故如来，名可怜愍。

卷七

阿难言：我虽识此见性无还。云何得知是我真性。

佛告阿难。吾今问汝。今汝未得无漏清净。承佛神力，见于初禅，得无障碍。而阿那律。见阎浮提，如观掌中庵摩罗果。诸菩萨等，见百千界，十方如来，穷尽微尘，清净国土，无所不瞩。众生洞视，不过分寸。

阿难：且吾与汝，观四天王所住宫殿。中间遍览水陆空行。虽有昏明，种种形象。无非前尘，分别留碍。汝应于此，分别自他。今吾将汝，择于见中，谁是我体，谁为物象。

阿难：极汝见源，从日月宫，是物非汝。至七金山，周遍谛观，虽种种光，亦物非汝。渐渐更观，云腾鸟飞，风动尘起，树木山川，草芥人畜，咸物非汝。

阿难：是诸近远诸有物性，虽复差殊，同汝见精，清净所瞩。则诸物类，自有差别，见性无殊。此精妙明，诚汝见性。

若见是物，则汝亦可见吾之见。若同见者，名为见吾。吾不见时，何不见吾不见之处。若见不见，自然非彼不见之相。若不见吾不见之地，自然非物，云何非汝。又则汝今见物之时。汝既见物，物亦见汝。体性纷杂，则汝与我，并诸世间，不成安立。

卷八

阿难：若汝见时，是汝非我，见性周遍，非汝而谁。云何自疑汝之真性，性汝不真，取我求实。

阿难白佛言：世尊。若此见性，必我非余。我与如来，观四天王胜藏宝殿，居日月宫，此见周圆，遍娑婆国。退归精舍，只见伽蓝。清心户堂，但瞻檐庑。世尊。此见如是，其体本来周遍一界。今在室中，唯满一室，为复此见缩大为小。为当墙宇夹令断绝。我今不知斯义所在。愿垂弘慈为我敷演。

佛告阿难：一切世间大小内外，诸所事业，各属前尘，不应说言见有舒缩。譬如方器，中见方空。吾复问汝。此方器中所见方空，为复定方，为不定方。若定方者，别安圆器，空应不圆。若不定者，在方器中，应无方空。汝言不知斯义所在。义性如是。云何为在。

阿难：若复欲令入无方圆。但除器方，空体无方。不应说言，更除虚空方相所在。若如汝问，入室之时，缩见令小。仰观日时，汝岂挽见齐于日面。若筑墙宇，能夹见断。穿为小窦，宁无续迹。是义不然。

一切众生，从无始来，迷己为物，失于本心，为物所转。故于是中，观大观小。若能转物，则同如来，身心圆明，不动道场。于一毛端，遍能含受十方国土。

卷九

阿难白佛言：世尊，若此见精，必我妙性。今此妙性，现在我前，见必我真。我今身心，复是何物。而今身心分别有实。彼见无别分辨我身。若实我心，令我今见。见性实我，而身非我。何殊如来先所难言，物能见我。唯垂大慈，开发未悟。

佛告阿难：今汝所言，见在汝前，是义非实。若实汝前，汝实见者，则此见精，既有方所，非无指示。

且今与汝坐只陀林，遍观林渠，及与殿堂，上至日月，前对恒河。汝今于我狮子座前，举手指陈，是种种相。阴者是林。明者是日。碍者是壁。通者是空。如是乃至草树纤毫，大小虽殊。但可有形，无不指著。若必其见，现在汝前。汝应以手确实指陈，何者是见。

阿难当知。若空是见，既已成见，何者是空。若物是见，既已是见，何者为物。汝可微细披剥万象，析出精明净妙见元，指陈示我，同彼诸物，分明无惑。

阿难言：我今于此重阁讲堂，远洎恒河，上观日月，举手所指，纵目所观，指皆是物，无是见者。世尊。如佛所说，况我有漏初学声闻，乃至菩萨，亦不能于万物象前，剖出精见，离一切物，别有自性。

佛言：如是如是。佛复告阿难。如汝所言。无有见精，离一切物，别有自性。则汝所指是物之中，无是见者。今复告汝。

卷十

汝与如来，坐只陀林，更观林苑，乃至日月，种种象殊，必无见精，受汝所指。汝又发明此诸物中，何者非见。

阿难言：我实遍见此只陀林。不知是中何者非见。何以故。若树非见，云何见树。若树即见，复云何树。如是乃至若空非见，云何见空。若空即见。复云何空。我又思维，是万象中，微细发明，无非见者。

佛言：如是如是。

于是大众，非无学者，闻佛此言，茫然不知是义终始，一时惶悚，失其所守。

如来知其魂虑变慴。心生怜愍。安慰阿难，及诸大众。

诸善男子。无上法王。是真实语，如所如说，不诳不妄。非末伽黎，四种不死矫乱论议。汝谛思维，无忝哀慕。

是时文殊师利法王子。愍诸四众，在大众中，即从座起，顶礼佛足，合掌恭敬，而白佛言：世尊，此诸大众，不悟如来发明二种精见色空。是非是义。

世尊。若此前缘色空等象，若是见者，应有所指。若非见者，应无所瞩。而今不知是义所归。故有惊怖。非是畴昔善根轻鲜。唯愿如来大慈发明，此诸物象，与此见精，元是何物，于其中间，无是非是。

佛告文殊，及诸大众。十方如来。及大菩萨，于其自住三摩地中，见与见缘，并所想相。如虚空华，本无所有。此见及缘，元是菩提妙净明体。云何于中有是非是。

文殊。吾今问汝。如汝文殊。更有文殊是文殊者。为无文殊。

如是世尊。我真文殊。无是文殊。何以故。若有是者，则二文殊。然我今日，非无文殊。于中实无是非二相。

佛言：此见妙明，与诸空尘，亦复如是。本是妙明无上菩提净圆真心。妄为色空。及与闻见。如第二月，谁为是月，又谁非月。文殊。但一月真。中间自无是月非月。是以汝今观见与尘，种种发明，名为妄想。不能于中出是非是。由是真精妙觉明性。故能令汝出指非指。

卷十一

阿难白佛言：世尊。诚如法王所说，觉缘遍十方界，湛然常住，性非生灭。与先梵志娑毗迦罗，所谈冥谛，及投灰等诸外道种，说有真我遍满十方，有何差别。世尊亦曾于楞伽山，为大慧等敷演斯义。彼外道等，常说自然，我说因缘，非彼境界。我今观此觉性自然非生非灭，远离一切虚妄颠倒，似非因缘，与彼自然。云何开示，不入群邪，获真实心妙觉明性。

佛告阿难。我今如是开示方便，真实告汝。汝犹未悟，惑为自然。阿难。若必自然，自须甄明有自然体。汝且观此妙明见中，以何为自。此见为复以明为自，以暗为自，以空为自，以塞为自。

阿难。若明为自，应不见暗。若复以空为自体者，应不见塞。如是乃至诸暗等相以为自者，则于明时，见性断灭，云何见明。

阿难言：必此妙见，性非自然。我今发明，是因缘生。心犹未明，咨诣如来。是义云何，合因缘性。

佛言：汝言因缘。吾复问汝。汝今因见见性现前。此见为复因明有见，因暗有见，因空有见，因塞有见。

阿难。若因明有，应不见暗。如因暗有，应不见明。如是乃至因空因塞，同于明暗。复次阿难。此见又复缘明有见，缘暗有见，缘空有见，缘塞有见。阿难。若缘空有，应不见塞。若缘塞有，应不见空。如是乃至缘明缘暗。同于空塞。

当知如是精觉妙明，非因非缘，亦非自然，非不自然，无非不非，无是非是，离一切相，即一切法。

汝今云何于中措心。以诸世间戏论名相，而得分别。如以手掌撮摩虚空，只益自劳。虚空云何随汝执捉。

阿难白佛言：世尊，必妙觉性，非因非缘。世尊云何常与比丘。宣说见性具四种缘。所谓因空因明，因心因眼，是义云何。

佛言：阿难。我说世间诸因缘相，非第一义。阿难。吾复问汝。诸世间人，说我能见。云何名见。云何不见。

阿难言：世人因于日月灯光，见种种相，名之为见。若复无此三种光明，则不能见。

阿难若无明时，名不见者应不见暗。若必见暗，此但无明，云何无见。阿难。若在暗时，不见明故，名为不见。今在明时，不见暗相，还名不见。如是二相，俱名不见。若复二相自相陵夺，非汝见性于中暂无。如是则知二俱名见，云何不见。

是故阿难。汝今当知，见明之时，见非是明。见暗之时，见非是暗。见空之时，见非是空。见塞之时，见非是塞。四义成就。汝复应知。见见之时，见非是见。见犹离见，见不能及，云何复说因缘自然。及和合相。汝等声闻，狭劣无识，不能通达清净实相。吾今诲汝。当善思惟。无得疲怠妙菩提路。

卷十二

阿难白佛言：世尊。如佛世尊为我等辈，宣说因缘，及与自然，诸和合相，与不和合，心犹未开。而今更闻见见非见，重增迷闷。伏愿弘慈，施大慧目，开示我等觉心明净。作是语已，悲泪顶礼，承受圣旨。

尔时世尊，怜愍阿难，及诸大众。将欲敷演大陀罗尼，诸三摩提。妙修行路。

告阿难言。汝虽强记，但益多闻，于奢摩他微密观照，心犹未了。汝今谛听。吾当为汝分别开示。亦令将来，诸有漏者，获菩提果。

阿难。一切众生，轮回世间，由二颠倒分别见妄，当处发生，当业轮转。云何二见，一者，众生别业妄见。二者，众生同分妄见。

云何名为别业妄见。阿难，如世间人，目有赤眚，夜见灯光别有圆影，五色重叠。于意云何。此夜灯明所现圆光，为是灯色，为当见色。阿难。此若灯色，则非眚人何不同见，而此圆影。唯眚之观。若是见色，见已成色，则彼眚人见圆影者，名为何等。

复次阿难。若此圆影离灯别有，则合傍观屏帐几筵，有圆影出。离见别有，应非眼瞩，云何眚人目见圆影。是故当知，色实在灯，见病为影。影见俱眚，见眚非病。终不应言是灯是见。于是中有非灯非见。如第二月，非体非影。何以故。第二之观，捏所成故。诸有智者，不应说言，此捏根元，是形非形，离见非见，此亦如是，目眚所成今欲名谁是灯是见。何况分别非灯非见。

云何名为同分妄见。阿难。此阎浮提，除大海水，中间平陆，有三千洲正中大洲东西括量，大国凡有二千三百。其余小洲在诸海中，其间或有三两百国。或一或二至于三十四十五十。阿难。若复此中，有一小洲，只有两国。唯一国人，同感恶缘则彼小洲，当土众生，睹诸一切不祥境界或见二日，或见两月其中乃至晕适佩玦。彗孛飞流。负耳虹霓。种种恶相，但此国见彼国众生，本所不见，亦复不闻。阿难。吾今为汝。以此二事，进退合明。阿难。如彼众生。别业妄见，瞩灯光中所现圆影，虽现似境，终彼见者，目眚所成。眚即见劳，非色所造。然见眚者，终无见咎。例汝今日，以目观见山河国土。及诸众生，皆是无始见病所成。见与见缘，似现前境。元我觉明见所缘眚。觉见即眚。本觉明心，觉缘非眚。觉所觉眚，觉非眚中，此实见见，云何复名觉闻知见。是故汝今见我及汝，并诸世间十类众生，皆即见眚。非见眚者，彼见真精，性非眚者，故不名见。

阿难。如彼众生同分妄见，例彼妄见别业一人。一病目人，同彼一国。彼见圆影，眚妄所生。此众同分所见不祥，同见业中，瘴恶所起。俱是无始见妄所生。例阎浮提三千洲中，兼四大海，娑婆世界，并洎十方诸有漏国，及诸众生。同是觉明无漏妙心，见闻觉知虚妄病缘，和合妄生，和合妄死。若能远离诸和合缘，及不和合，则复灭除诸生死因。圆满菩提，不生灭性。清净本心，本觉常住。

阿难。汝虽先悟本觉妙明，性非因缘，非自然性。而犹未明如是觉元，非和合生，及不和合。阿难。吾今复以前尘问汝。汝今犹以一切世间妄想和合，诸因缘性，而自疑惑，证菩提心和合起者。则汝今者妙净见精。为与明和，为与暗和，为与通和，为与塞和。若明和者，且汝观明，当明现前，何处杂见，见相可辨，杂何形象。若非见者，云何见明。若即见者，云何见见。必见圆满，何处和明。若明圆满，不合见和。见必异明。杂则失彼性明名字。杂失明性，和明非义。彼暗与通，及诸群塞，亦复如是。

复次阿难。又汝今者妙净见精，为与明合，为与暗合，为与通合，为与塞合。若明合者，至于暗时，明相已灭，此见即不与诸暗合，云何见暗。若见暗时，不与暗合，与明合者，应非见明。既不见明，云何明合。了明非暗。彼暗与通，及诸群塞，亦复如是。

（然而，要想对佛教思想有一个公正的评估，重要的是要回到其宗教思想的实际结果那儿，即佛教生活方式。接下来从第二章来的选篇目的是对上述的这些论述加以补充。——编者注）

佛教生活方式

"不善的教义不可能是佛的真义。"

于是阿难及诸大众，身心了然，得大开示。观佛菩提及大涅槃。犹如有人因事远游，未得归还，明了其家所归道路。普会大众，天龙八部，有学二乘，及诸一切新发心菩萨，其数凡有十恒河沙，皆得本心，远尘离垢，获法眼净。性比丘尼闻说偈已。成阿罗汉。无量众生，皆发无等等阿耨多罗三藐三菩提心。

阿难整衣服，于大众中合掌顶礼。心迹圆明，悲欣交集。欲益未来诸众生故，稽首白佛。大悲世尊。我今已悟成佛法门，是中修行得无疑惑。常闻如来说如是言。自未得度先度人者，菩萨发心。自觉已圆能觉他者，如来应世。我虽未度，愿度末劫一切众生。世尊。此诸众生，去佛渐远。邪师说法，如恒河沙。欲摄其心入三摩地。云何令其安立道场，远诸魔事。于菩提心得无退屈。

尔时世尊于大众中，称赞阿难。善哉善哉。如汝所问安立道场，救护众生末劫沉溺。汝今谛听。当为汝说。

阿难大众，唯然奉教。佛告阿难。汝常闻我毗奈耶①中，宣说修行三决定义。所谓摄心为戒。因戒生定。因定发慧。是则名为三无漏学。

阿难。云何摄心我名为戒。若诸世界六道众生，其心不淫，则不随其生死相续。汝修三昧，本出尘劳。淫心不除，尘不可出。纵有多智，禅定现前。如不断淫，必落魔道。上品魔王、中品魔民、

---

① 宗教信徒。

下品魔女、彼等诸魔，亦有徒众。各各自谓成无上道。

我灭度[①]后末法[②]之中，多此魔民，炽盛世间，广行贪淫，为善知识，令诸众生落爱见坑失菩提路。汝教世人修三摩地，先断心淫是名如来先佛世尊，第一决定清净明诲。

是故阿难。若不断淫修禅定者，如蒸沙石，欲其成饭，经百千劫只名热沙。何以故？此非饭本，沙石成故。汝以淫身，求佛妙果。纵得妙悟，皆是淫根。根本成淫，轮转三涂，必不能出。

如来涅槃，何路修正。必使淫机身心俱断，断性亦无，于佛菩提斯可希冀。如我此说，名为佛说。不如此说，即波旬说。

阿难。又诸世界六道众生，其心不杀，则不随其生死相续。汝修三昧，本出尘劳。杀心不除，尘不可出。纵有多智，禅定现前。如不断杀，必落神道。

上品之人，为大力鬼。中品则为飞行夜叉诸鬼帅等。下品当为地行罗刹。彼诸鬼神亦有徒众。各各自谓成无上道。我灭度后末法之中，多此鬼神，炽盛世间，自言食肉得菩提路。然如来之徒何以相杀相吞？

汝等当知。是食肉人，纵得心开似三摩地，皆大罗刹，报终必沉生死苦海，非佛弟子。如是之人，相杀相吞，相食未已，云何是人得出三界。汝教世人修三摩地，次断杀生。

若不断杀修禅定者，譬如有人自塞其耳，高声大叫，求人不闻，此等名为欲隐弥露。清净比丘及诸菩萨，于歧路行，不蹋生草，况以手拔。云何大悲，取诸众生血肉充食。

若诸比丘，不服东方丝绵绢帛，及是此土靴履裘毳，乳酪醍醐。如是比丘，于世真脱，酬还宿债，不游三界。何以故？服其身

---

① 接近涅槃。

② 时代或轮回。

份，皆为彼缘。如人食其地中百谷，足不离地。必使身心，于诸众生若身身份，身心二涂，不服不食，我说是人真解脱者。如我此说，名为佛说。不如此说，即波旬说。

阿难。又复世界六道众生，其心不偷，则不随其生死相续。汝修三昧，本出尘劳。偷心不除，尘不可出。纵有多智，禅定现前。如不断偷，必落邪道。

上品精灵、中品妖魅、下品邪人，诸魅所著。彼等群邪亦有徒众。各各自谓成无上道。我灭度后末法之中，多此妖邪，炽盛世间，潜匿奸欺，称善知识。各自谓已得上人法。诱惑无识，恐令失心。所过之处，其家耗散。

我教比丘循方乞食，令其舍贪，成菩提道。诸比丘等，不自熟食，寄于残生，旅泊三界，示一往还，去已无返。云何贼人假我衣服，裨贩如来，造种种业，皆言佛法，却非出家具戒比丘，为小乘道。由是疑误无量众生，堕无间狱。

若我灭后，其有比丘发心决定修三摩提，能于如来形象之前，身然一灯，烧一指节，及于身上爇一香炷。我说是人无始宿债，一时酬毕，长揖世间，永脱诸漏。虽未即明无上觉路。是人于法已决定心。

若不为此舍身微因，纵成无为，必还生人，酬其宿债。如我马麦正等无异。汝教世人修三摩地，后断偷盗，是名如来先佛世尊，第三决定清净明诲。

是故阿难。若不断偷修禅定者，譬如有人水灌漏卮欲求其满，纵经尘劫，终无平复。若诸比丘，衣钵之余，分寸不畜。乞食余分，施饿众生。于大集会，合掌礼众。有人捶詈，同于称赞。必使身心，二俱捐舍。身肉骨血，与众生共。不将如来不了义说，回为己解，以误初学。佛印是人得真三昧。如我所说。名为佛说。不如此说，即波旬说。

阿难。如是世界六道众生，虽则身心无杀盗淫，三行已圆，若大妄语，即三摩地不得清净，成爱见魔，失如来种。所谓未得谓得，未证言证。或求世间尊胜第一。谓前人言，我今已得须陀洹果，斯陀含果，阿那含果，阿罗汉道，辟支佛乘，十地地前诸位菩萨。求彼礼忏，贪其供养。是一颠迦，销灭佛种。如人以刀断多罗木。

佛记是人永殒善根，无复知见。沈三苦海，不成三昧。

我灭度后，敕诸菩萨及阿罗汉，应身生彼末法之中，作种种形，度诸轮转。① 或作沙门白衣居士，人王宰官，童男童女，如是乃至淫女寡妇，奸偷屠贩，与其同事，称赞佛乘，令其身心入三摩地。终不自言我真菩萨，真阿罗汉，泄佛密因，轻言末学。唯除命终，阴有遗付。云何是人惑乱众生，成大妄语。汝教世人修三摩地，后复断除诸大妄语。是名如来先佛世尊，第四决定清净明诲。

是故阿难。若不断其大妄语者，如刻人粪为栴檀形，欲求香气，无有是处。我教比丘直心道场，于四威仪一切行中，尚无虚假。云何自称得上人法。譬如穷人妄号帝王，自取诛灭。况复法王，如何妄窃。

因地不真，果招纡曲。求佛菩提，如噬脐人欲谁成就。若诸比丘，心如直弦，一切真实，入三摩地永无魔事。我印是人成就菩萨无上知觉。如我所说，名为佛说。不如此说，即波旬说。

阿难。汝问摄心。我今先说入三摩地，修学妙门，求菩萨道。要先持此四种律仪，皎如冰霜。自不能生一切枝叶。心三口四，生必无因。阿难。如是四事，若不遗失。

---

① "菩提萨埵"教义自发地戒绝涅槃，继续在再生的轮回之中，直到整个世界得以拯救。它是大乘佛教一条重要的信条。因此，"菩提萨埵"与基督教的"救世主"思想有点相符。

　　若有宿习不能灭除。汝教是人，一心诵我佛顶光明摩诃萨怛多般怛啰无上神咒。斯是如来无见顶相，无为心佛从顶发辉，坐宝莲华所说心咒。

　　且汝宿世与摩登伽，历劫因缘恩爱习气，非是一生及与一劫。我一宣扬，爱心永脱，成阿罗汉。彼尚淫女，无心修行。神力冥资速证无学。云何汝等在会声闻，求最上乘决定成佛。

涅槃为何物

序　言

　　研究佛教的每位学者一定都会对正确理解涅槃——这一宗教的终极目标感兴趣。非常自然，这个概念已使许多严肃的智者十分困惑。埃德温·阿诺德在《亚洲之光》序言中写道，"三分之一的人将永远不会相信空空的抽象概念或作为存在问题的空虚。"然而，涅槃是什么呢？

　　以上《首楞严经》中的哲学阐述一定会使读者想到将要读到这类思索的哲学性同时又是神秘性的结果。宗教启蒙的过程是使自身摆脱掉感官世界观念——比如康德的唯心主义的过程。这是一个去掉从有限的"敏锐大脑"中产生的错误的稳定过程，这样的错误诸如习惯性和根深蒂固的自我观和物质的个体性。从这一点，读者已经推断出最终会是怎样的结果，就是达到那个无条件无限的世界。然而，那样的话，我们的思维机制和语言机制便不灵了，因为我们的语言表达不了一种无条件的存在。把它称为"毁灭"，就是假定有要破坏的东西；把它称为"空虚"，就是假定它与物质世界的对比。我们读到涅槃是"既无有，又无没有"，我们意识到"有"和"没有"这样的词语已不再能够充分表述这样的概念。如果我们能想象出来一个没有我们所喜爱的时空观念的世界，即无条件的世界，我们就会产生涅槃究竟意味着什么这一概念。然而，顽固地坚持逻辑性，有限的大脑永远达不到这个概念，因而西方学者很难理解其意义。

　　以上的探讨摘自《楞伽经》的结尾处。在我看来，《楞伽经》最好地表述了大乘派的涅槃观。它在研究佛教的中国学者那儿非常盛行，因而有四个中文译本，分别译自公元 420 年、443 年、513 年和 700 年，其中第一个译本现已遗失。与《首楞严经》相比，《楞伽经》采用了较为短小，但更有条理、更为完整的方式，描绘出来清晰、推理完好的佛教形而上学轮廓。读者若对这样一个清晰的概括感兴趣，可以读读德怀特·戈达德编著的《佛教圣经》（出版：戈达德，塞特福德）。不过我还是挑选了《首楞严经》，而没有挑选《楞伽经》，是因为后者像一个写得极棒的哲学史，而前者则像一部原始的哲学杰作。尽管两部书都使用了佛式的对话方法，但只要仔细看一下，很容易发现，从佛的阐释来看，《首楞严经》无疑具有更优胜的妥帖性和新意以及现实品质。

涅槃为何物

尔时，大慧菩萨请佛言：请为告知涅槃。

佛告大慧：诸外道有四种涅槃。云何为四？谓性自性，非性涅槃；种种相性，非性涅槃；自相自性，非性觉涅槃；诸阴自共相，相续流注断涅槃。

或有外道，阴、界、入灭。境界离欲，见法无常，心心法品不生。不念去来，现在境界，诸受阴尽。如灯火灭，如种子坏，妄想不生。斯等于此，作涅槃想。非以见坏，名为涅槃。

或以从方至方，名为解脱。境界想灭，犹如风止。或复以觉所觉见坏，名为解脱。或见常无常，作解脱想。或见种种相想，招致苦生因，思维是已。不善觉知自心现量，怖畏于相，而见无相，深生爱乐，作涅槃想。

或有觉知内外诸法，自相、共相，去来、现在，有性不坏，作涅槃想。或谓我、人、众生、寿命，一切法坏，作涅槃想。或以外道，恶烧智慧，见自性及士夫，彼二有间，士夫所出，名为自性。如冥初比，求那转变，求那是作者，作涅槃想。

或谓福非福尽。或谓诸烦恼尽。或谓智慧，或见自在，是真实作生死者，作涅槃想。

或谓辗转相生，生死更无余因，如是即是计着因。而彼愚痴，不能觉知。以不知故，作涅槃想。

或有觉二十五真实；或王守护国，受六德论，作涅槃想。或见时是作者，时节世间，如是觉者，作涅槃想。

或谓性，或谓非性，或谓知性、非性；或见有觉与涅槃差别，作涅槃想。有如是比，种种妄想；外道所说，不成所成，智者所弃。

如是一切，悉堕二边，作涅槃想。如是等外道涅槃妄想，彼中都无，若生若灭。

彼一一外道涅槃，彼等自论。智慧观察，都无所立。如彼妄想，心意来去，漂驰流动，一切无有得涅槃者。

如我所说涅槃者，谓善觉知自心现量，不着外性。离于四句，见如实处。不堕自心现，妄想两边，摄所摄不可得。一切度量，不见所成。愚于真实，不应摄受，弃舍彼己，得自觉圣法，知二无我，离二烦恼；净除二障，永离二死。上上地，如来地，如影幻等诸深三昧，离心意、意识，说名涅槃。

主要参考书目

1.《梵竺庐集》（甲、乙、丙），金克木著，江西教育出版社，南昌，1999

2.《五十奥义书》，徐梵澄译，中国社会科学出版社，北京，1984

3.《薄伽梵歌》，徐梵澄译，中国佛教文化研究所出版，北京，1990

4.《罗摩衍那》，蚁垤著，季羡林译，人民文学出版社，北京，1984

5.《五卷书》，季羡林译，人民文学出版社，北京，1959

6.《法句经要义》，陈燕珠编述，宗教文化出版社，北京，2003

图书在版编目（CIP）数据

印度的智慧 / 林语堂著；杨彩霞译 . —长沙：湖南文艺出版社，2016.9
（中国印度之智慧）
书名原文：The Wisdom of China and India: The Wisdom of India
ISBN 978-7-5404-7715-8

Ⅰ.①印… Ⅱ.①林… ②杨… Ⅲ.①文化史—研究—印度 Ⅳ.① K351.03

中国版本图书馆 CIP 数据核字（2016）第 182792 号

著作权合同登记号：图字 18-2016-152

上架建议：名家经典·文化

The Wisdom of China and India: The Wisdom of India
By Lin Yutang
This edition arranged with Curtis Brown Group Ltd.
through Andrew Nurnberg Associates International Limited

YINDU DE ZHIHUI
印度的智慧

作　　者：林语堂
译　　者：杨彩霞
出 版 人：刘清华
责任编辑：薛　健　　刘诗哲
监　　制：蔡明菲　　潘　良
特约策划：李　荡
特约编辑：苗方琴
版权支持：辛　艳
营销支持：李　群　　杨清方
装帧设计：利　锐
出版发行：湖南文艺出版社
　　　　　（长沙市雨花区东二环一段 508 号　邮编：410014）
网　　址：www.hnwy.net
印　　刷：北京鹏润伟业印刷有限公司
经　　销：新华书店
开　　本：880mm×1230mm　1/32
字　　数：270 千字
印　　张：11.5
版　　次：2016 年 9 月第 1 版
印　　次：2016 年 9 月第 1 次印刷
书　　号：ISBN 978-7-5404-7715-8
定　　价：38.00 元

质量监督电话：010-59096394
团购电话：010-59320018